PRINCESS KASUNE ZULU | BELINDA COLLINS

MEIN HERZ FÜR AFRIKA

EINE SAMBISCHE PRINZESSIN KÄMPFT FÜR DAS LEBEN

SCM Hänssler

SCM

Stiftung Christliche Medien

© der deutschen Ausgabe 2012
SCM Hänssler im SCM-Verlag GmbH & Co. KG · 71088 Holzgerlingen
Internet: www.scm-haenssler.de; E-Mail: info@scm-haenssler.de

Originally published in English by InterVarsity Press as »Warrior Princess« by Princess Kasune Zulu with Belinda A. Collins. © 2009 by Princess Kasune Zulu and Belinda A. Collins.
Translated and printed by permission of InterVarsity Press, P.O. Box 1400, Downers Grove, IL 60515, USA.
Cover art used by permission of InterVarsity Press

Die Bibelverse sind, wenn nicht anders angegeben, folgender Ausgabe entnommen:
Neues Leben. Die Bibel, © der deutschen Ausgabe 2002 und 2006 SCM R.Brockhaus im SCM-Verlag GmbH & Co. KG, Witten.

Übersetzung: SunSide Übersetzung
Umschlaggestaltung und Hintergrundbild: OHA Werbeagentur GmbH, Grabs, Schweiz; www.oha-werbeagentur.ch
Satz: Satz & Medien Wieser, Stolberg
Druck und Bindung: CPI – Ebner & Spiegel, Ulm
Gedruckt in Deutschland
ISBN 978-3-7751-5363-8
Bestell-Nr. 395.363

Dieses Buch wurde geschrieben zum Gedenken an

- *jedes einzelne Leben, das durch Aids und die Folgen dieser Krankheit ausgelöscht wurde – euer Mut und eure Hoffnung geben mir Kraft,*

- *meine Mutter, Joyce Mwanamusulwe Kasune, meinen Vater, Goodson Moffat Kasune, meine kleine Schwester Linda und meinen Bruder Kelvin,*

- *Moffat David Tombosangu Zulu, den Vater von Joy und Faith, dessen Leben für immer ein Teil meines Lebens sein wird, der mir nicht nur meine geliebten Töchter schenkte, sondern auch eine Geschichte, die ich erzählen muss – ohne ihn gäbe es dieses Buch nicht –,*

- *meine Cousine Beatrice, meine lieben Freunde Betty, Brian und viele andere enge Freunde und Familienangehörige, deren Namen ich nicht einzeln aufzählen kann – dieses Buch ist für euch.*

Ich wünschte, dass diese Geschichte ganz allein meine wäre, doch leider ist es die Geschichte von Millionen von Menschen. Ich hoffe, mit dem Erzählen meiner persönlichen Geschichte die Geschichte Afrikas zu erzählen; denn die Geschichte jedes einzelnen Mädchens, jedes Jungen, jeder Frau und jedes Mannes sind gleichermaßen wichtig.

Unsere Kinder müssen wissen, dass jemand da ist, der ihnen zuhört. Sie müssen wissen, dass wir für sie da sind und dass wir ihre Schreie hören.

Princess Kasune Zulu

Inhalt

Zu meiner Geschichte

Wenn eine ganze Generation von Eltern stirbt, nimmt sie die unersetzlichen Erzählungen über die Kindheit der folgenden Generation mit in den Tod.

Ich habe meine Eltern vor vielen Jahren verloren. Trotzdem habe ich versucht, die Geschichte meiner Kindheit wieder aufleben zu lassen und zu erzählen, auch wenn keiner mehr da war, der die Einzelheiten bestätigen konnte. Wo immer möglich, habe ich die Lücken durch die Erinnerungen anderer Familienmitglieder und älterer Menschen, die meine Eltern, Großeltern, Moffat und unsere Familie kannten, zu füllen versucht. Es war eine bewegende, aber lohnende Erfahrung, alle diese Geschichten zu hören.

Wenn man sich im Rückblick mit seinem eigenen Leben beschäftigt, besteht immer die Gefahr, die eigene Rolle, das eigene Verhalten oder das, was man selbst gesagt hat, zu romantisieren. Ich habe versucht, nicht in diesen Fehler zu verfallen. Ich hoffe, dass ich meine Stärken und Schwächen, die mutige Frau und das ängstliche junge Mädchen, die Starke und die Naive, wahrheitsgetreu nachgezeichnet habe, denn diese Eigenschaften leben in uns allen.

Um meiner Geschichte Leben einzuhauchen, habe ich die Gespräche wiedergegeben, wie sie mir in Erinnerung sind. Manchmal war ich gezwungen, den Personen Worte in den Mund zu legen, doch ich habe stets lange überlegt, um sicherzugehen, dass diese Worte den Geist und die Absichten der Menschen widerspiegeln, die sie ursprünglich aussprachen.

Manche der auftauchenden Personen freuten sich, dass ich ihre Namen nannte und ihre Geschichten erzählte, doch andere Namen habe ich geändert, um die Identität der Betreffenden zu schützen.

In den letzten Jahren war in den Medien vieles über den Ursprung meines Namens, den zeitlichen Ablauf der Ereignisse und den Tod meiner Eltern zu hören und zu lesen. Manches davon stimmt, manches nicht.

Nachdem meine Geschichte nun so aufgeschrieben ist, wie ich es haben wollte, sollen Sie als meine Leser wissen, dass dieses Buch einen wahren und zutreffenden Bericht über mein bisheriges Leben darstellt – so gut nacherzählt, wie ich es vermochte.

Vorwort der Co-Autorin

Die Reise, die zu *Mein Herz für Afrika* führte, begann im Jahr 2002. Damals begegnete ich Princess Kasune Zulu, einer Frau, die mein Leben in ungeahnter Weise bereichert und verschönert hat.

Nachdem ich vier Jahre lang in der Kommunikationsbranche tätig gewesen war, hatte ich diese Arbeit an den Nagel gehängt und die Aufgabe einer Pressesprecherin bei einer internationalen Hilfsorganisation in meiner Heimat Australien angenommen. Der Welt-Aids-Tag rückte näher. Mein erster Auftrag war, in einem Land mit 20 Millionen Einwohnern und der verhältnismäßig geringen Zahl von etwa 15 000 HIV-Positiven ein Bewusstsein für die greifbare Realität der Aids-Pandemie zu wecken.

Aber wie greifbar war diese Sache wirklich? 40 Millionen Menschen sind HIV-positiv, das sind doppelt so viele wie die Gesamtbevölkerung Australiens. Diese Zahl ist unfassbar und ich wollte sie auch gar nicht begreifen.

Um die Krankheit zu verstehen, brauchte Aids einen Namen und ein Gesicht. Ich recherchierte ein bisschen und stieß dabei auf Princess. Sie war etwa in meinem Alter und einer der wenigen Menschen in Schwarzafrika, die zugaben, HIV-positiv zu sein. Über eine etwas undeutliche Telefonverbindung wurde vereinbart, dass sie nach Australien kommen sollte. Ich hatte keine Ahnung, worauf ich mich da einließ.

Was mir als Erstes auffiel, war die bemerkenswerte Schönheit von Princess, die durch das prachtvolle afrikanische Gewand, das sie trug, wunderbar zur Geltung kam. Man sah sofort, dass sie aus königlichem Geblüt stammte. Als wir dann die Beach Road entlangfuhren, das endlose blaue Meer zu unserer Rechten, fragte Princess mit einem fröhlichen Lächeln:»Belinda, kann man das Verdeck von Ihrem Auto aufklappen?« Ich tat es und gleich darauf stand Princess aufrecht in meinem Wagen; dabei hielt sie das Ende des langen roten Tuches, das sie um den Kopf gewickelt hatte, in der Hand und lachte voller Lebensfreude – ein herrlich freies, kindliches Lachen.

Mir war damals schon klar, dass ich einem ganz besonderen Menschen begegnet war, doch ich hatte keine Ahnung, welche Reise wir an jenem Sommertag begannen.

Voller Bewunderung sah ich zu, wie Princess alle, die sie traf, für sich einnahm. Sie ist von Natur aus warmherzig und freundlich, doch das kann ganz schnell umschlagen, wenn die scharfsinnige geborene Führungspersönlichkeit in ihr gefragt ist. Sie spricht außerordentlich gewandt, dabei sehr bescheiden und überaus mutig über Dinge, über die zu reden nicht leichtfällt.

Gegen Ende der Woche hatte Princess der Aids-Pandemie tatsächlich ein Gesicht und einen Namen gegeben. Es waren das Gesicht und der Name meiner Freundin. Jetzt war das Ganze für mich zu einer persönlichen Angelegenheit geworden.

In den folgenden Jahren reiste ich mehrmals nach Afrika. Ich wollte mich selbst von den Zuständen dort überzeugen, und was ich sah, zerriss mir das Herz. Manchmal reiste ich allein, doch meistens war Princess dabei und unterstützte mich, während ich unbeholfen versuchte, mich mit den komplexen Gegebenheiten Schwarzafrikas zurechtzufinden. Wir begegneten Kindern, manche höchstens acht Jahre alt, die durch Aids ihre Eltern verloren hatten und in heruntergekommenen Hütten lebten. Wir trafen gebrechliche Großeltern, die für ihre Enkel sorgten, deren Eltern dahingesiecht waren. Wir besuchten die fauligen Wasserstellen, an denen die Kinder Trinkwasser holen. Auf anderen Reisen, in Begleitung von Journalisten, sah ich Kinder, die einem Leben als

Kindersoldaten in den Kriegen der Erwachsenen entflohen waren. Ein kleiner Junge trug eine Kalaschnikow, mit der er sich auf seinem dreitägigen Marsch in die Freiheit verteidigte.

Durch Gottes Gnade bin ich, was ich bin, dachte ich – ein Satz, der mir auf meinen Reisen immer wieder in den Sinn kam. *Jedes dieser Schicksale hätte meines sein können.*

Meine Reisen führten mich an Stätten unvorstellbaren menschlichen Elends, doch an ebendiesen Stätten erlebte ich auch tiefe Freude und sah unfassbare Schönheit. Ich hatte das Gefühl, von den Menschen, die ich besucht hatte, so viel bekommen und ihnen so wenig gegeben zu haben. Mein Herz war schwer vor Kummer. Ich würde nie mehr dieselbe sein. Die Aids-Pandemie war für mich mehr als real geworden.

Der irische Sänger Bono bezeichnet den Ort, an dem wir geboren werden, sehr passend als »einen Zufall des Breitengrades«. Da ich in eine liebevolle Familie in einem Land voller Möglichkeiten hineingeboren worden war, genoss ich unglaubliche Vorrechte. Ich hatte eine wunderschöne Kindheit, gesunde Eltern, fließend warmes und kaltes Wasser in meinem sicheren, warmen Zuhause, ein Überangebot an frischen Nahrungsmitteln, eine Ausbildung, die ich als mir zustehend hinnahm, und einen großartigen Job. Dank meines Geburtsortes gehörte ich zu dem einen Prozent der Weltbevölkerung, das es am besten getroffen hatte. *Es hätte auch anders kommen können.*

Mein privilegiertes Leben wurde noch offensichtlicher, als mein Mann Darren und ich einen Sohn bekamen, Samuel. Wenn er in Sambia geboren worden wäre, stünde die Chance, dass er seinen fünften Geburtstag erlebt hätte, eins zu fünf und die Gefahr, dass er durch Aids zur Waise geworden wäre, eins zu drei. Während ich über seinen Schlaf wache, weine ich angesichts dieses grausamen Tatbestands. Ist es wirklich dieselbe Welt, in der wir leben? Ich danke Gott jeden Tag, dass mein Sohn gesund ist, und bete von ganzem Herzen darum, dass er vor Unheil bewahrt wird. Ich verstehe nicht, warum die Zukunft für meinen Sohn, für meine Familie so viel heller ist, nur weil wir zufällig in Australien geboren wurden.

Noch unfassbarer ist, dass es nicht so sein müsste. Wenn Sie *Mein Herz für Afrika* lesen, werden Sie erfahren, dass es weltumspannende Pläne zur Ausrottung der extremen Armut und der vermeidbaren Krankheiten gibt. Diese Pläne wurden im Jahr 2000 entwickelt, doch kaum jemand hat je von ihnen gehört. Dabei werden Sie merken, dass unser Umgang mit diesen Plänen eine der ganz großen moralischen Fragen unserer Zeit ist.

Ich hatte das Privileg, Co-Autorin von *Mein Herz für Afrika* werden zu dürfen. Es ist eine fast beängstigende Verantwortung, die Geschichte eines Menschen aufzuschreiben, der unendlich viel weiser und beredter ist als man selbst. Princess war nur deshalb einverstanden, ihre Geschichte zu erzählen, weil ihr Leid sich tagtäglich in Millionen von Familien in Schwarzafrika wiederholt. Sie hofft, dass sie, indem sie ihre Geschichte erzählt, den Menschen die Not der Kinder bewusst machen kann, die durch Aids zu hilflosen Waisen geworden sind.

Dieses Buch soll Sie bewegen und inspirieren. Es soll Sie zum Weinen und zum Lachen bringen – dazu, Fragen zu stellen. Wir möchten, dass Sie zornig werden und berührt sind. Wir möchten, dass Sie sich dem Kampf anschließen.

Danke!

Belinda Collins

Teil I

Ein Kind des Mutes und der Hoffnung

Positiv

»Mrs Zulu, Sie sind HIV-positiv.«

In dem Augenblick, in dem ich diese Worte höre, bricht das Dach über mir auf und die Strahlen eines blendend hellen Lichts fallen direkt in mein Herz. So fühlt es sich jedenfalls an. Ein wunderbares Gefühl der Ruhe und des Friedens erfüllt mich. Ich schwebe auf einer Wolke. Mein Herz möchte rufen: »Gelobt sei Gott!«

Wenn ich heute an diesen Tag zurückdenke, ist es, als sähe ich mir einen Film an: irgendwie unwirklich. Im nächsten Szenenbild sehe ich das freundlich-besorgte Gesicht meines Arztes. Dr. Tembo, ein kleiner Mann, trägt einen frisch gestärkten weißen Kittel, der einem das Gefühl vermittelt, in guten Händen zu sein. Er ist untröstlich. In seinen Augen ist mein Schicksal besiegelt. Er hat das Todesurteil über mich gesprochen: die Diagnose einer Krankheit, gegen die er nichts tun kann. Da steht er, dieser freundliche, bescheidene Mann, dessen Leidenschaft es ist, Leben zu retten, der sein Leben der Heilung von Kranken verschrieben hat. Angesichts eines Gesundheitssystems, das so morsch ist wie das von Sambia, war dies an sich schon eine Herausforderung, doch nun hat das HI-Virus seinen systematischen, tödlichen Marsch durch das Land Dr. Tembos angetreten, und holt sich alles junge Leben, das ihn umgibt. Der Arzt weiß nicht, was er sagen soll – wie kann ich ihm in dieser Situation erklären, dass mein Herz voller Hoffnung ist? Die Worte sind unhörbar und doch höre ich sie ganz deutlich: *Sagen Sie: »Gelobt sei Gott!«*

Jetzt kommen mir Worte und Bilder aus der Vergangenheit in den Sinn: meine zum Skelett abgemagerte kleine Schwester, noch ein Baby, das dahinsiecht, die Gesichter der Kranken im Krankenhaus, die ich pflege, meine ständig hustende Mutter, die einen Sack Mais schleppt, eine Reihe von Bildern in einem rosa Buch, mein Vater, allein in einer Hütte liegend – und über allem Worte, deren Sinn mir lange Zeit verschlossen blieb: »Ich, ich werde vor dir herziehen und werde die Berge einebnen [...] damit du erkennst, dass ich der Herr bin [...] der dich bei deinem Namen ruft.« *Aha! Das ist es also? Da ist er, nach der langen, langen Zeit – mein Berg, den Gott einebnen will.* Mit einem Mal erkenne ich es, weiß ich: Das Virus ist der Grund dafür, dass ich lebe. *Deshalb* hat Gott mich ins Leben gerufen. HIV ist der Berg, den ich erklimmen muss.

Im Januar 1998 wussten die meisten Sambier noch herzlich wenig über das Humane Immundefizienz-Virus. Doch nachdem ich ein rosa gebundenes Buch gelesen habe, das mir eine Krankenschwester gegeben hat, weiß ich Bescheid. Ich weiß, was Dr. Tembos Diagnose bedeutet.

Ich habe das Buch mehrmals gelesen, habe die Bilder darin betrachtet und voller Entsetzen die Symptome zur Kenntnis genommen, die das Virus hervorruft, wenn es einen Körper befällt. Mehrere Monate lang habe ich versucht, mich testen zu lassen; anfangs lehnte das Krankenhaus mich ab, dann verweigerte mir mein Mann die Erlaubnis. Doch irgendwann schaffte ich es und jetzt bin ich HIV-positiv. Ich weiß, was das bedeutet – und dennoch schlägt mein Herz stark und regelmäßig und eine unhörbare Stimme fordert mich auf zu rufen: »Gelobt sei Gott!«

Ich versuche mich zu konzentrieren, während Dr. Tembo meinem Mann das Ergebnis des Tests mitteilt, den dieser ebenfalls hat durchführen lassen.

Die Augen rücksichtsvoll gesenkt, informiert Dr. Tembo ihn: »Moffat Zulu, es tut mir leid; Sie sind ebenfalls HIV-positiv.«

Mit fest auf den Boden gestemmten Füßen frage ich: »Und was jetzt, Doktor?«

»Nun … es tut mir sehr leid, Ihnen sagen zu müssen, dass wir Ihnen nicht helfen können, zumindest nicht hier in Sambia. Die Behandlung ist zu teuer. Sie haben noch etwa sechs Monate zu leben.«

Erst vor einem Jahr hatte ein in Taiwan geborener Wissenschaftler namens David Ho, der Sohn von Flüchtlingen, einen Medikamentencocktail zusammengestellt, der das Virus unterdrücken kann. Das *Time Magazine* hat Dr. Ho zur »Person des Jahres« erklärt. Doch Hos Medikamentencocktail musste erst noch seinen Weg in das arme, entlegene Township von Luanshya finden, wo es kaum jemanden gab, der sich die zehntausend Dollar leisten konnte, die die Medikamente im Jahr kosteten. Noch heute, fünf Jahre nach Dr. Hos Entdeckung, haben erst achttausend Menschen in Afrika Zugang zu den Leben rettenden Medikamenten.[1]

Als Moffat und ich aus der düsteren Atmosphäre des Krankenhauses ins helle Tageslicht hinaustreten, wirkt Moffat zutiefst erschüttert. Mit hängenden Schultern stapft er voran. Zuerst scheinen seine Augen noch nach Antworten zu suchen, nach Hoffnung, nach einem Wunder, doch nach wenigen Sekunden schlägt mir nur noch dumpfe Hoffnungslosigkeit aus seinem Blick entgegen. Er verabschiedet sich und geht zur Arbeit. Für mich jedoch sieht Luanshya mit einem Mal heller aus, irgendwie anders. Ich betrachte die Welt mit neuen Augen, während ich die Straße überquere, um per Anhalter nach Hause zu fahren.

Wie immer dauert es nicht lange, bis jemand anhält, und schon bald sitze ich in einem alten blauen Auto. Innen an den Türen fehlt die Polsterung, sodass ich rostiges blaues Metall und den Mechanismus der Türverriegelung und des Fenstergriffes sehe. Wir sind noch nicht lange unterwegs, als mein Fahrer auch schon andeutet, dass ich mit sexuellen Gegenleistungen für die Fahrt bezahlen könne. »Sir, bitte, ich bin eine verheiratete Frau«, protestiere ich. Doch ich merke schnell, dass es mehr braucht, um diesen hartnäckigen Burschen abzuschrecken. »Ich bin auch verheiratet«, meint er gelassen. »Das ist schon in Ordnung.«

»Sir, ich bin ein Kind Gottes. Ich bin meinem Mann treu.«

»Wir sind alle Gottes Kinder, meine Liebe.«

Er gibt nicht auf. Es wird Zeit, die Bombe platzen zu lassen. »Sir, ich bin HIV-positiv.«

Das Verhalten des Mannes ist zwar extrem, doch an sich ist sein Ansinnen für mich, eine schöne, sinnliche, einundzwanzigjährige Frau, nichts Ungewöhnliches. Bis jetzt habe ich mich nicht weiter an derartigen Anträgen gestört; es gehörte einfach zum Leben dazu. Doch ab heute nicht mehr. Ab heute ist alles anders. *Wie viele Männer wie dieser Fahrer tragen das Virus durch unser ganzes Land und nach Hause in ihre Familien?*, frage ich mich.

Ich betrachte die schrottreifen alten Autos und Lastwagen, die an uns vorbeifahren, und muss unwillkürlich schaudern. *Mein geliebtes Afrika.* Vor meinem inneren Auge nimmt das riesige Land die Gestalt einer Frau an. Wenn Sambia ihr von Land umgebenes Herz ist, erstrecken ihre langen Beine sich durch Simbabwe, Botsuana, Namibia und Südafrika. Malawi, Tansania und Angola bilden ihre Arme. Ihr elegant geschwungener Hals und der Kopf ruhen bequem in der Demokratischen Republik Kongo. Das Bild der Straßen und Autobahnen, die wie Arterien den endlosen Strom der das Virus verbreitenden Fahrzeuge befördern – von ihren Händen, Füßen, Armen und Beinen zu ihrem Herzen und wieder zurück –, trifft mich bis ins Mark. Wenn der Kampf gegen das Virus meine Berufung ist, dann liegt meine Aufgabe ganz klar vor mir.

Doch wie lautet meine eigene Geschichte? Was für einen Weg hat ein hoffnungsvolles junges Mädchen hinter sich, bis es am 17. Januar 1998 in Dr. Tembos Büro sitzt, um zu hören, dass es HIV-positiv ist? Meine Geschichte beginnt folgendermaßen:

Princess ist ihr Name

»Ihr Name ist Princess. Sie wird eine Prinzessin unter Prinzessinnen sein. Sie wird mit den bedeutendsten Männern der ganzen Welt zusammenkommen.« Dies sind die Worte meines Bataa (so nenne ich meinen Vater in der Sprache meines Stammes, der Lenje), gesprochen unter den Schatten spendenden Blättern eines Mangobaumes in unserem Zuhause in Kabwe, etwa eine Woche nach dem 6. Januar 1976 – dem Tag, an dem ich geboren wurde.

Ich kenne diese Geschichte, weil sie mir in meiner Kindheit wieder und wieder erzählt wurde. Wenn ich jetzt daran zurückdenke, habe ich das Gefühl, die Szene beinahe zeichnen zu können: den dunklen Kopf hoch erhoben, verkündet er mit starker, stolzer, selbstsicherer Stimme seinen Entschluss.

Die Wahl meines Namens war eine große Sache gewesen, denn ich war das erste Kind meiner Eltern. Nach sambischen Maßstäben führten wir ein privilegiertes, modernes Leben. Meine Mutter brachte mich unter der Obhut einer Krankenschwester im Krankenhaus in Kabwe zur Welt, nicht in ihrem Dorf, wo mich eine Familienangehörige oder Geburtshelferin unseres Stammes auf die Welt geholt hätte. Trotzdem hielten sich meine Eltern an den traditionellen sambischen Brauch, dass meine Bamaa, meine Mutter, die letzten Stunden vor der Geburt im Kreis der Frauen der Familie verbrachte. Bataa war in diesem Kreis nicht zugelassen.

Während Bamaa und die Schwester mit meiner Geburt beschäftigt waren, befassten sich die Frauen, die von nah und fern angereist waren, damit, einen passenden Namen für das Neugeborene auszusuchen. »Freda. Sie sieht Freda so ähnlich, sie muss Freda heißen«, meinte eine der Tanten von Bataa. Ich habe nie erfahren, wer Freda war oder was meine Tante in mir sah, das sie so sehr an Freda erinnerte. Vielleicht war es mein Lächeln, denn später sagten sie mir, dass ich nach der Geburt nicht etwa geschrien, sondern gelacht hätte. Aber das sind Spekulationen; wissen werde ich es nie.

Bataa hatte den Vorschlag gehört und wusste nicht recht, was er tun sollte. Als Vater des Kindes und Oberhaupt der Familie hatte er das Recht, meinen Namen auszusuchen. Doch unsere Kultur verlangt, die Älteren zu achten, und da die betreffende Tante etliche Jahre älter war als er, war er geneigt, den Namen, den sie vorgeschlagen hatte, zu akzeptieren. Bamaa verhielt sich während dieser Diskussion völlig still, so erzählte man mir; es war ihr wohl zu riskant, Partei zu ergreifen.

Warum es eine volle Woche dauerte, einen Namen für mich zu finden? Nun, eine wichtige sambische Tradition, die meine Eltern befolgen wollten, besagt, dass ein Kind erst dann einen Namen erhalten darf, wenn seine Nabelschnur abgefallen ist und unter einem Baum begraben wurde. An dem Tag, an dem das geschah, fasste mein Bataa, während er die winzige Schnur, die neun Monate lang meine Lebensader gewesen war, mit Erde bedeckte, einen Entschluss. »Ich will nichts mehr hören. Ihr Name ist Princess. Ich sage euch, dass dieses Kind zu Großem bestimmt ist.«

Nun ist Freda zwar ein sehr schöner Name, doch ich bin heute noch froh, dass mein Bataa so unnachgiebig war. Ich habe die Erfahrung gemacht, dass dem Namen einer Frau etwas Magisches anhaftet. Der Name *Princess* hat mir später viele Türen geöffnet, die sich vielleicht nicht aufgetan hätten, wenn man mich Freda genannt hätte.

Mein Bataa nahm sich das Recht heraus, mich Princess zu nennen, weil meine Abstammung durch ihn auf den Häuptling unseres Stammes zurückgeht. In meinem Land bringen mich mein

Name und meine Abstammung in Verbindung mit der Königsfamilie. Die Tatsache, dass ich Princess genannt wurde, bedeutet jedoch nicht, dass ich Königin werden könnte; Sambia hat keine Königin und meine Verbindung zur Königsfamilie wäre auch nicht eng genug.

Ich gehöre zum Stamm der Lenje, dem Stamm meines Bataa. Bamaas Eltern waren Lamba und Kaonde Ile. In meiner Kultur gehören Kinder zum Stamm ihres Vaters, deshalb wurde Bamaa eine Lamba. Die Vorfahren der Lenje und ihre Verbindung zu unserem Land reichen weiter zurück als die aller anderen Stämme, deshalb sind wir der Ansicht, dass wir von allen Stämmen das größte Anrecht auf den Eingeborenenstatus in Sambia haben, und deshalb pflegen wir auch oft mit leicht spöttischer Überlegenheit zu

Mein Bataa Goodson Moffat Kasune, etwa 1975 in Livingstone. Dies ist das einzige Bild, das wir noch von ihm besitzen.

sagen: »So bene chishi« – »Uns gehört das Land.« Andere Stämme necken uns deswegen; sie lächeln und sagen: »Kulibonesha«, das bedeutet: »Ihr seid zu stolz« oder: »Ihr prahlt zu gern.«

Heute gibt es in Sambia über siebzig Stämme und fast ebenso viele Dialekte. Die gebräuchlichste Sprache ist Nyanza Bemba; sie wird auch in unserem Teil des Landes, dem sogenannten Kupfergürtel, gesprochen. Die wichtigsten Stämme Sambias sind die Bemba, die Ngoni, die Tonga, die Lozi, die Luda, die Lu-vale und die Kaonde Ile.[2]

23

In gewisser Hinsicht hat der Stamm der Lenje mit dem Einzug der Errungenschaften der Moderne an Prestige gewonnen, da die Eisenbahn im Innern des Landes durch unser Gebiet führt. Seit die Hauptstadt von Livingstone nach Lusaka verlegt wurde, liegt auch sie in unserem Gebiet, sodass unser Stamm als Stadtvolk gilt.

Ich erinnere mich noch an den Tod eines der Lenje-Häuptlinge. Mein Onkel aus dem Dorf kam zu Besuch. Er war zwar traurig über den Todesfall, gleichzeitig aber sehr aufgeregt, weil mein Bruder Muyani, der nach mir geboren wurde, als neuer stellvertretender Häuptling in Betracht kam – eine große Ehre, die unserer Familie wegen ihrer Verbindung zur Häuptlingsfamilie zufiel.

Bamaa aber hatte anderes im Sinn. Als sie den Vorschlag meines Onkels hörte, nahm sie Muyani und tauchte mit ihm unter – wochenlang, wie mir schien. Sie hoffte, wenn sie ihren Sohn lange genug versteckte, würde mein Onkel seine kühnen Pläne schließlich aufgeben.

Bamaa, eine tiefgläubige Christin, konnte sich das traditionelle Leben eines Häuptlings für ihren Sohn nicht vorstellen. Zu den Dingen, die ihr besonders widerstrebten, gehörte die Initiationszeremonie der Häuptlinge. Zwar hatte noch keiner von uns je an einer solchen Zeremonie teilgenommen, doch wir wussten, dass dazu die Anrufung der Geister der Ahnen zum Schutz des Häuptlings gehörte. Wir hatten auch gehört, dass Häuptlinge so etwas wie spirituelle Führer haben, die sie mithilfe von Hexerei und Voodoo vor ihren Feinden beschützen. Mochte das nun stimmen oder nicht – es genügte, um Bamaa abzuschrecken.

Medizinmänner spielten in Sambia von jeher eine wichtige Rolle und daran hat sich bis heute wenig geändert. Man glaubt, dass sie mithilfe von Zaubertränken, Wurzelextrakten, Pulvern und Pülverchen, Tierblut, Flüchen und geheimnisvollen Riten das Schicksal eines Menschen beeinflussen können. Sie werden wegen aller möglichen Dinge aufgesucht, angefangen vom Wunsch nach geistlicher Führung bis hin zur Heilung von Kranken, Abwendung von Missernten und Stillung von Rachegelüsten. Oft besitzen sie kleine Boote oder Flugzeuge, gebastelt aus Gräsern und Reisig, mit denen sie die Menschen angeblich an einen anderen Ort und in eine andere Zeit bringen können. Bamaa gefiel das alles gar nicht. Sie kehrte erst nach Hause zurück, als ein anderer zum Häuptling gewählt worden war und sie ihren Sohn wieder in Sicherheit wusste.

Neben dem traditionellen Lebensstil eines Häuptlings machte Bamaa sicherlich der Gedanke Sorgen, dass ihr Sohn in so jugendlichem Alter eine so große Verantwortung übernehmen sollte. Die Menschen wandten sich von nah und fern mit allen möglichen Problemen an ihren Häuptling und Muyani war doch noch ein Kind. Bataa mochte hochfliegende Träume für seine Kinder haben, doch Bamaas Aufgabe war es, ihre kleine Familie zu beschützen.

Nehmen wir einmal an, Muyani wäre Häuptling geworden, dann hätte er in einem Palast gelebt, wenn es auch natürlich kein Palast gewesen wäre, wie man ihn aus Kinofilmen kennt. Der Palast eines sambischen Stammesfürsten besteht im Allgemeinen aus einer mit Gras gedeckten Lehmhütte; nur wenige haben Hütten aus Eisenblech und Asbest, das es in meinem Land noch immer gibt. Manchmal verfügt der Palast eines Stammesfürsten sogar über Stromanschluss. Die Menschen, die meinen Bruder besuchten, würden ihm Geschenke mitbringen: Öl, Zucker, Getreide oder andere wertvolle Dinge. Zu unserem Leben gehörten dann viele Rituale. Als Häuptling hätte mein Bruder einen Kapaso, eine Art Leibwächter oder Assistenten, und die Besucher würden zuerst mit dem Kapaso sprechen müssen, bevor sie zu ihm vorgelassen wurden.

Die Stammeshäuptlinge besitzen noch heute große Macht. Wenn unser Präsident einen Stammesfürsten besucht, muss er sich als Erster verneigen. Bis zu einem gewissen Grad sind sie in unsere, nach britischem Vorbild organisierte, Regierung integriert. So gibt es im Parlament eine Kammer der Häuptlinge, in der die Stammesfürsten sich untereinander beraten können. Sambias Städte werden zwar von Abgeordneten regiert, doch die Dörfer unterstehen noch immer den Häuptlingen, die die Interessen der Menschen im Parlament vertreten. Einer dieser Häuptlinge steht über allen anderen. Er ist der Einzige, den die Engländer während ihrer Herrschaft anerkannt haben; es ist der Häuptling des Stammes der Lozi; wir nennen ihn den Litunga. Als wir unsere Unabhängigkeit erlangten, erhielten die Häuptlinge wieder den ihnen rechtmäßig zustehenden Platz.

Ja, Goodson Moffat Kasune, mein Bataa, war stolz auf seine königliche Herkunft. Man merkte es an seinem Gang, seinem stolz erhobenen Kopf und seiner gewählten Sprache. Bataa sagte oft zu uns: »Muli bana babami« – »Ihr stammt aus einer königlichen Familie«. Er weckte in mir größten Respekt für unsere traditionellen Häuptlinge. Von ihm lernte ich, dass sie, auch wenn sie keinerlei materielle Reichtümer besitzen, doch unsere geistigen Führer und die Bewahrer unserer Kultur sind. »Ihre Rolle kann gar nicht überschätzt werden«, pflegte er mir unermüdlich zu predigen. »Sambias Häuptlinge sind unsere Torhüter; die Wächter unserer Kultur. Ohne sie sind wir ein verlorenes Volk.«

Auf diese Weise prägte Bataa von Anfang an mein Selbstbild. Immer wieder hielt er mir vor Augen, dass ich eine wichtige Rolle in diesem ganz entscheidenden Bereich unserer Kultur spielte. Von Kindesalter an, als ich noch gar nicht wusste, welche Richtung mein Leben nehmen würde, lernte ich, stolz auf meine Lenje-Herkunft zu sein. Zugleich wuchs in mir der Wunsch, Verantwortung für andere zu übernehmen – ein Wesenszug, der mein Leben auf eine Weise beeinflussen sollte, wie ich es nie zu träumen gewagt hätte.

Meine große Familie

Ich weiß noch genau, wie ich Bamaa einmal gefragt habe, wie es war, als sie Bataa kennenlernte. Ihre Augen leuchteten und spiegelten den Lichtschein des Lagerfeuers, während sie mir erzählte, wie sie sich in meinen Vater verliebt hatte. »Dein Vater war ein ganz besonderer Mann; ich wusste sofort, dass ich mein Leben mit ihm verbringen wollte. Es gibt nicht viele Männer wie deinen Vater. Er war fast zwei Meter groß und der attraktivste, eleganteste, intelligenteste und bestangezogene Mann, den ich je gesehen hatte.«

Aber auch Bataa pflegte mit Bamaa anzugeben. Eines Abends, ich war vierzehn oder fünfzehn Jahre alt, gingen wir zu einer Tanzveranstaltung. Als eine Frau kam und ihn zum Tanz aufforderte, antwortete er: »Du solltest dich lieber wieder hinsetzen oder einen anderen auffordern. Du bist nicht so schön wie meine Frau. Sie ist die schönste Frau auf der Welt. Sie ist die Einzige für mich.« Mir war das schrecklich peinlich für die Frau, doch die Erinnerung an diese Worte und die Liebe meines Vaters zu meiner Mutter, die daraus sprach, hat sich mir unauslöschlich eingegraben.

Mein Vater hatte mehrere Frauen, bevor er Bamaa heiratete. Zu dem Zeitpunkt, an dem die beiden sich begegneten, war er jedoch gerade geschieden. So fühlte sich die junge Joyce Mwanamusulwe, eine treue Anhängerin der Zeugen Jehovas, frei, ihrem Herzen zu folgen und Goodson Moffat Kasune zu heiraten, einen Mann, der etwa zwanzig Jahre älter war als sie.

Ich meine etwa zwanzig Jahre älter, weil es damals nicht üblich

27

war, dass die sambischen Männer ihr Alter verrieten. Die meisten sambischen Frauen, wie meine Mutter auch, heirateten ältere Männer, die neben der Rolle des Ehemannes auch die des Vaters und Ernährers übernahmen. Doch ungeachtet all dessen konnte jeder sehen, dass Bataa das Herz meiner Bamaa erobert hatte und sie das seine.

Goodson Kasune war ein hochgewachsener Mann und ich war mir mit Bamaa darüber einig, dass er der attraktivste Mann war, den wir kannten. Er hatte eine helle Haut und einen kräftigen, durchtrainierten Körper. Als ich klein war, maß ich alle Männer an meinem gut aussehenden Vater. Noch heute staune ich manchmal darüber, welche Macht ein Vater über ein Kind, insbesondere über eine Tochter, hat. In meiner Welt war er der wunderbarste Mann, den ich mir vorstellen konnte.

Bataas Spitzname war Ronald Reagan, weil er so elegant und selbstsicher war. Ich weiß nicht, ob ich überhaupt etwas über den echten Ronald Reagan wusste; wir wussten nur, dass das der Name eines wichtigen Mannes in einem fernen Land namens Amerika war. Auch wenn seine Schulbildung zu wünschen übrig ließ, war unser Ronald Reagan ein hart arbeitender und dabei äußerst charmanter und zielstrebiger Mann.

Im Gegensatz zu den anderen Vätern in unserem Dorf war Bataa, was die Erziehung seiner Kinder betraf, nicht allzu sehr in der Tradition verhaftet. Solange wir uns zu benehmen wussten, spielte Bataa gerne den guten Geist der Familie, verwöhnte uns und machte uns teure Geschenke. Wenn Bamaa ins Dorf ging, kochte Bataa köstliche Mahlzeiten für uns. Unsere Mutter wusste, wie wichtig es war, mit den Vorräten hauszuhalten, doch unser Vater bereitete Fleisch und viele andere Köstlichkeiten zu, ohne Rücksicht auf die Kosten. Wir Kinder hatten ja keine Ahnung, dass er unser Haushaltsbudget damit hoffnungslos überzog! Später begriffen wir dann, dass es bezeichnend für ihn war, nicht über die Zukunft nachzudenken.

Mein Vater nahm uns auch häufig mit auf Ausflüge. Seine Position brachte es mit sich, dass wir von Zeit zu Zeit umzogen. Am liebsten habe ich in Livingstone gewohnt, denn dort unternahm Bataa die schönsten Ausflüge mit uns. In Livingstone gibt es eines der neuen sieben Weltwunder der Natur– die Viktoriafälle. Bataa zeigte uns die Wasserfälle oder fuhr mit uns den Sambesi-Fluss hinauf, wo wir Krokodile und Nilpferde beobachten konnten. Oder wir besuchten das Maramba Culture Village, wo die Dorfbewohner für die Touristen tanzten und uralte Rituale vollzogen. Bei einer dieser Gelegenheiten mussten wir uns vor einer vorbeistürmenden Herde wilder Elefanten in Sicherheit bringen – das hypnotische Boomba, Boomba, Boomba der Maramba-Trommeln hatte die vorbeiziehende Herde angelockt.

Normalerweise galt es als Tabu, den eigenen Vater zu umarmen, doch ich umarmte Bataa oft und er umarmte mich ebenfalls. Als Oberhaupt der Familie war Goodson Moffat Kasune allerdings unerbittlich, was das gute Benehmen seiner Kinder betraf. Darin war er sehr streng und zögerte auch nicht, uns zu züchtigen, wenn es nötig war.

Bamaa dagegen schlug uns selten. Sie war glücklich, wenn wir spielten. Sie war eine liebenswürdige, zärtliche, auf ihre ganz eigene Weise sehr starke Frau. Wenn ich etwas Unrechtes tat, wurde ihre leise Stimme ganz scharf: »Princess. Lass das.«

Wenn wir uns wirklich einmal danebenbenahmen, sagte Bamaa – wie viele Mütter auf der ganzen Welt – einfach: »Ich werde es deinem Vater sagen«, und sofort waren wir wieder artig. Ich habe nie gehört, dass sie jemanden beschimpft hätte. Wenn man sie aufregte, fing sie meist an zu weinen. Ihr Herz war voller Zärtlichkeit; ihre Tränen flossen rasch.

Meine liebste Zeit am Tag war, wenn Bamaa uns Kindern eine Geschichte erzählte, die sie in der Sprache ihrer Mutter zu singen pflegte. Diese Geschichten wurden entweder am Lagerfeuer oder in unserem Schlafzimmer erzählt. In den meisten Häusern, in denen wir wohnten, teilte ich mir ein Zimmer mit vier oder gelegentlich auch sechs meiner Schwestern, Halbschwestern und Cousinen; die anderen Mädchen schliefen zusammen in einem oder zwei Doppelbetten, ich selbst lag auf dem Fußboden auf einer Matte aus leeren Maismehlsäcken. Ich musste auf dem Fußboden schlafen, weil ich ein peinliches nächtliches Problem hatte: Ich pflegte, bis ich dreizehn war, nachts einzunässen. Doch wenn wir Kinder uns um Bamaa scharten, um ihre Geschichten zu hören, vergaß ich meine nächtlichen Probleme.

Die meisten afrikanischen Geschichten, die Bamaa erzählte, zielten darauf ab, uns Moralvorstellungen und Werte zu lehren. Sie erzählte keine Märchen von Aschenputtel oder Schneewittchen, von der Zahnfee oder dem Weihnachtsmann; es kamen keine teuren Autos oder Geschenke darin vor, keine edlen Ritter oder kämpferischen Ninjas. Bamaas Geschichten zeigten uns, dass unsere Handlungen Folgen hatten. Sie lehrte uns, die Älteren zu achten, immer die Wahrheit zu sagen und nicht zu stehlen. Eine meiner Lieblingsgeschichten war »Munge, Munge«. Sie erzählte sie abwechselnd in einer ihrer verschiedenen Sprachen.

»Kwakalinga« oder »es war einmal«, so fing sie an, »ein junges Mädchen, dessen Schönheit im ganzen Dorf gerühmt wurde. Als die Zeit kam, dass sie heiraten sollte, ließ ihr Vater die besten jungen Männer vor seiner Tochter aufmarschieren. Er suchte in den Dörfern fern und nah nach Männern, die sich durch große Weisheit, Bescheidenheit und Liebe zu ihrer Familie auszeichneten. Doch die Tochter lehnte alle Männer, die ihr Vater aussuchte, ab.

Die Bewerber gaben nicht auf und taten alles, um ihr Herz zu gewinnen, doch sie blieb hart. Bis schließlich ein junger Mann kam, vornehm gekleidet und prachtvoll anzusehen wie kein anderer. Er erzählte ihr von seinem unermesslichen Reichtum und dem verschwenderischen Leben, das sie zusammen führen würden. Und tatsächlich – ihm gelang es, das Herz des Mädchens zu erweichen. Sie sagte zu ihrem Vater, er sei der Mann, den sie wolle, und keinen anderen. Ihr Vater war nicht sehr angetan von diesem Ansinnen. Irgendetwas an dem jungen Mann gefiel ihm nicht.

Die eigensinnige Tochter gab jedoch nicht nach und so erklärte ihr Vater sich schließlich bereit, der Verbindung unter der Bedingung zuzustimmen, dass die jüngere Schwester des Mädchens bei dem Paar wohnte, wie es in unserer Kultur Brauch ist. Die Braut war einverstanden, doch es gefiel ihr gar nicht, dass ihre Schwester bei ihnen lebte, und deshalb behandelte sie sie sehr schlecht.

Sobald die beiden verheiratet waren, brach der Mann jeden Abend auf und ging auf die Jagd, um Nahrung für seine Frau und ihre Schwester zu beschaffen. Er pflegte erst tief in der Nacht von seinen Beutezügen zurückzukommen und rief dann jedes Mal: ›Munge, Munge.‹ Seine Frau antwortete darauf: ›Tushinkwele Bamuyama bamazanga zanga bene batwele mwane, mbwane bahile nakwisamba chuni.‹ Der Mann brachte ihr von jeder Jagd das wohlschmeckendste Fleisch mit, das man sich nur vorstellen kann, und hin und wieder teilte seine Frau ihre Mahlzeit sogar mit ihrer Schwester.

Da die Frau ihre Schwester normalerweise gar nicht gut behandelte, hielt sie es zuerst für einen Akt der Rache, als die Schwester zu ihr kam und sagte: ›Dein Mann ist ein Ungeheuer. Er verwandelt sich jede Nacht, wenn er auf die Jagd geht, in eine Hyäne. Wie sollte er sonst so viele große Tiere töten können?‹«

An diesem Punkt der Geschichte bekamen alle Kinder regelmäßig große Angst. Bamaa fragte dann, ob wir genug hätten, doch wir wollten immer, dass sie fortfuhr.

»Natürlich glaubte die Frau ihrer Schwester nicht. Ihr Mann konnte einfach keine Hyäne sein! Die jüngere Schwester wusste, dass sie etwas unternehmen musste, um sich selbst und ihre

Schwester vor dem Mann zu schützen. Und so fertigte sie heimlich eine Trommel an, die, wenn sie geschlagen wurde, sie und ihre Schwester durch die Luft forttragen konnte. Sie brauchten die Trommel, um fliehen zu können, wenn die Zeit gekommen war.

Natürlich hatte das Mädchen recht. Der Mann verwandelte sich tatsächlich jede Nacht in eine Hyäne. Sein Plan war, seine Frau und ihre Schwester dick und fett zu füttern und sie dann aufzufressen. Seine Hyänen-Freunde fragten ihn ständig, wann denn das große Fest stattfinden würde, denn sie wurden des Wartens allmählich müde.

›Sie haben noch nicht genügend Fleisch auf den Rippen. Wir müssen noch ein bisschen Geduld haben‹, pflegte er zu antworten. Doch die anderen Hyänen konnten nicht mehr warten. Die Mädchen sahen bereits allzu verlockend aus. Sie beschlossen, ihrem Anführer ungehorsam zu sein, und bereiteten alles vor, die beiden Frauen, die schon wunderbar dick und rund geworden waren, zu überfallen und aufzufressen. Vor allem die Ehefrau des Mannes hatte schon sehr schön zugenommen. Als die Hyänen absolut nicht mehr warten konnten, machten sie sich auf den Weg.

Die Schwester, die schon seit längerer Zeit vierundzwanzig Stunden am Tag wachte, sah sie von ferne kommen und fing an, ihre Trommel zu schlagen. ›Mbitibiti kalikoma kamabingoma kalikono, bumm, bumm, bumm.‹ Die junge Frau verstand nicht, was da vorging, doch als sie sich umdrehte, sah sie ein Rudel hungriger Hyänen auf sich zukommen. Sie schrie vor Angst auf und erstarrte.«

Ganz gleich, wie oft ich die Geschichte hörte, an dieser Stelle war es immer, als sähe ich einen Horrorthriller im Kino. Ich setzte mich aufrecht hin, das Kinn in die Hände gestützt, und konnte es nicht erwarten zu hören, was als Nächstes geschehen würde. Gebannt starrte ich in das Gesicht meiner Mutter, während sie weitererzählte. Sie war eine echte Afrikanerin – nicht zu dünn und nicht zu dick, mit samtiger Schokoladenhaut und einer zartrosa Zunge, die in ihrem Mund tanzte, während sie ihren Kindern die Geschichte vorsang.

Wenn wir zu große Angst bekamen, beruhigte sie uns, indem sie sagte: »Schhhh, meine Kinder, es ist doch nur eine Geschichte.« An manchen Abenden jedoch, wenn wir zu laut waren, machte sie uns richtig Angst, sodass wir es kaum erwarten konnten, ins Bett gehen zu dürfen.

Und sie fuhr fort: »»Mbiti biti kalikoma kamabili kalikoma‹, erklang die Trommel, während das junge Mädchen ihre ältere Schwester packte und die beiden sich in die Luft erhoben.

Der Ehemann war außer sich vor Wut, als er nach Hause kam und sah, dass seine dicke Frau und ihre Schwester nicht mehr da waren. Am folgenden Tag machte er sich auf den Weg in das Dorf ihrer Familie, um sie zurückzuholen – auch diesmal wieder in der Verkleidung des gut aussehenden, schneidigen jungen Mannes.

Doch als er im Dorf anlangte, hatten die Mädchen ihren Angehörigen bereits die schreckliche Wahrheit erzählt. Ihre Familie hatte die Situation rasch durchschaut. Sie begrüßten den jungen Mann liebevoll und wiegten ihn auf diese Weise in falscher Sicherheit. Auf keinen Fall wollten sie ihn merken lassen, dass sie sein furchtbares Geheimnis kannten. Nach außen hin behandelten sie den Mann mit größtem Respekt. Sie forderten ihn auf, sich zu setzen, und boten ihm zu essen und zu trinken an. Er nahm ihre Gastfreundschaft an, ohne zu merken, dass er überlistet worden war. Die Dorfbewohner hatten dafür gesorgt, dass er über einer tiefen, tiefen Grube Platz nahm, in die sein Stuhl denn auch bald hineinstürzte. So endete das Leben der Hyäne.«

Die Geschichte schließt damit, dass die ältere Schwester der jüngeren dankt und sich bei ihr entschuldigt, weil sie sie so schlecht behandelt hat. Danach sagte Bamaa uns, dass wir jetzt schlafen sollten, und wir legten uns hin und dachten über eine Botschaft nach, die eines Tages sehr wichtig für uns werden sollte.

Als ich älter wurde, suchte Bamaa häufiger nach Gelegenheiten, Zeit mit mir zu verbringen. Manchmal durfte ich ihr helfen, einen Zitronenkuchen oder eine Victoria-Sandwich-Torte zu backen. Oder sie zeigte mir, wie man die Kleidungsstücke nähte, die sie für ihre Familie anfertigte und teilweise auch verkaufte. Ich liebte es, mit ihr zusammen auf dem Boden zu sitzen, während sie herrliche bunte Stoffe zuschnitt. Das Surren der Nähmaschine, die die Stücke dann zusammenfügte, hypnotisierte mich förmlich und ich beobachtete fasziniert, wie unter den Händen meiner Mutter wunderschöne neue Kleider entstanden.

Meine Mutter war eine tief religiöse Frau, eine gläubige Christin. Wenn sie mir keine afrikanischen Geschichten erzählte, las sie mir Geschichten aus der Bibel vor. Meine Lieblingsgeschichte war die des kleinen Mose. Ich wurde nicht müde, zu hören, wie das Baby im Schilf entdeckt wurde und zu dem Mann heranwuchs, der so große Taten vollbrachte. Wir gingen nicht nur in die katholische Kirche, Bamaa nahm mich auch mit in ihre Gemeinde. Als kleines Mädchen verstand ich die christlichen Lehren zwar noch nicht, doch ich sah die Gottesfürchtigkeit meiner Bamaa und wollte sein wie sie.

Ich habe meine Bamaa fast nie untätig gesehen. Normalerweise war sie erst spätabends fertig mit der Vorbereitung unserer Mahlzeiten, der Hausarbeit und der Versorgung von uns, ihren Kindern. Ganz zuletzt legte sie sich jeden Abend sorgfältig ihre Kleider für den nächsten Tag heraus.

Bamaa ging neben ihrer Hausarbeit noch einer bezahlten Tätigkeit nach, was in jener Zeit sehr ungewöhnlich für eine sambische Frau war. Sie arbeitete als Sekretärin für einen höheren Regierungsbeamten. Die Arbeit meines Bataa bei der Eisenbahnpolizei brachte es mit sich, dass wir regelmäßig umziehen mussten, von Ndola nach Kabwe oder Livingstone und wieder zurück, doch Bamaa war eine so fähige Sekretärin, dass die Regierung in der Regel überall, wo wir gerade lebten, eine Beschäftigung für sie fand. Ich habe nie gehört, dass sie sich beklagt hätte; sie liebte ihre Arbeit.

Meine Bamaa Joyce Mwanamusulwe Kasune bei ihrer Arbeit im Chibombo District Council, wo sie als Sekretärin eines hohen Regierungsbeamten tätig war. Das Bild wurde 1992 aufgenommen, im letzten Jahr ihrer Berufstätigkeit, bevor sie so krank wurde, dass sie nicht mehr arbeiten konnte.

Ich weiß nicht, was Bamaa einfach zu ihrem Vergnügen tat – oder ob sie überhaupt Zeit für Vergnügungen hatte. Sie telefonierte nie mit ihren Freundinnen und unternahm selten einen Ausflug, höchstens in ihr Heimatdorf, zu ihrer Familie. Wenn sie nicht arbeitete, las sie in der Bibel, werkelte im Garten oder tat irgendetwas für ihre Familie. In der Rückschau ist mir klar, was für eine ungeheure Arbeitsleistung meine Bamaa Tag für Tag erbrachte – und das in einem Haus, in dem sich ständig so viele Menschen aufhielten. Zeitweise lebten zwischen fünfzehn und zwanzig Personen unter unserem Dach – meine Geschwister und ich, Cousins und Cousinen, Familienangehörige, die auf Besuch waren, und dazu jeder, der gerade ein Dach über dem Kopf brauchte.

Mein Vater und meine Mutter hatten vier gemeinsame Kinder; ich war das älteste. Nach mir kam mein Bruder Muyani, dann meine Schwestern Caroline und Linda. Bamaa hatte darüber hinaus zwei ältere Söhne, Kelvin und Felix, bei denen mein Bataa Vaterstelle vertrat. Und dann waren da noch Bataas andere Kinder; er hatte insgesamt vierundzwanzig, von verschiedenen Frauen.

Eine dieser Frauen war Jennifer, meine Bamaa Banini, meine kleine Mutter, die ebenfalls bei uns lebte. Wie Sie daran sehen, lebte mein Vater in Vielehe. Ich weiß nicht genau, wie lange er mit meiner Bamaa verheiratet war, bevor er eine zweite Frau nahm. Bataa und Jennifer hatten eine Tochter zusammen, Sheila, die ebenfalls bei uns lebte und die Bamaa behandelte wie ihre eigenen Kinder. Wenn ein Mann eine zweite Frau nimmt, braucht er dazu eigentlich die Erlaubnis seiner ersten Frau. Doch meiner Erfahrung nach kommt es oft auch dann zu einer zweiten Ehe, wenn diese Erlaubnis verweigert wird.

Viele von seinen Kindern, die nicht bei uns lebten, besuchten uns gelegentlich, und dann erklärte Bamaa uns jedes Mal mit großem Ernst: »Das sind eure Brüder und Schwestern. Ihr sollt sie lieben und ihnen Achtung erweisen.« Einige von ihnen kannte ich jedoch nur dem Namen nach. Manchmal nahm Bamaa ein Stück Papier und zeichnete darauf voller Stolz einen Familienstammbaum, in dem wir der Reihe nach, nach Geburtsdaten geordnet, eingetragen wurden. Ich wünschte, ich hätte diese Zeichnungen behalten, denn heute fällt es mir schwer, mich an die genaue Abfolge dieser Genealogie zu erinnern. Doch wie alle kleinen Mädchen war ich überzeugt, dass mein Bataa immer da sein würde, um mir alles zu erklären. Wie hätte ich auch ahnen können, welches Schicksal uns erwartete?

Wir gehörten zu den Glücklichen, die einen Fernseher besaßen –
ein Luxus, den sich die meisten Familien damals noch nicht leisten konnten. Ich habe gehört, dass es auch heute nur fünfhundert-
tausend Fernseher für zwölf Millionen Menschen in Sambia gibt.[3]
In jedem Haus, in dem ein Fernseher stand, fanden sich zu den
Zeiten, wenn Tom und Jerry, Zorro, Bozo oder die Muppet Show
liefen, ganze Kinderscharen ein. Der Besitz eines Fernsehers machte es einem leicht, Freunde zu gewinnen. Bevor wir unser eigenes
Gerät besaßen, ließen unsere Freunde die Fenster ihrer Häuser
offen stehen, damit wir von draußen unsere Lieblingssendungen
anschauen konnten. Hin und wieder, wenn die Fensterläden geschlossen waren, stand ich zusammen mit meinen Brüdern und
Schwestern trotzdem draußen und wir versuchten mitzubekommen,
was sich drinnen auf dem kleinen Bildschirm abspielte.

Als wir dann einen eigenen Fernseher hatten, durften wir in der
Regel bis zwanzig Uhr abends fernsehen, dann mussten wir entweder ins Bett oder noch irgendwelche Arbeiten erledigen. Ich
war jeden Abend völlig aus dem Häuschen, wenn die Nachrichten
kamen und Maureen Nkandu erschien. Do-do, do-do, do-do erklang die Nationalhymne, gefolgt vom sambischen Wappen und
dem Slogan: *Ein Sambia, ein Volk.* Ich erinnere mich kaum noch,
was Maureen Nkandu als Nachrichtensprecherin sagte – viel zu
sehr war ich von ihrer Art und ihrem Auftreten in Anspruch genommen. Ich wollte unbedingt sein wie sie.

Wenn das Badezimmer leer war, verwandelte es sich vor meinem inneren Auge in die Studios von Sambias nationalem Rund-
funksender. Ich pflegte mich darin zu verstecken und das Lied *Ein
Sambia, ein Volk* zu singen. Danach war es Zeit für die Ansage: »Es
folgen die neuesten Nachrichten von Maureen Nkandu.« Nun
stand ich mit einer Haarbürste in der Hand – meinem Mikrofon –
vor dem Spiegel und begann: »Danke und guten Abend. Hier sind

die Nachrichten des Tages.« Ich wünschte mir so sehr, Maureen zu sein. Und so ahmte ich sie nach und erfand Nachrichten des Tages.

Als Kind hatte ich in meiner Familie den Spitznamen »die Reporterin«. Das lag daran, dass ich damals – und im Übrigen auch heute noch – eine sehr laute Stimme hatte und meinem Vater und meiner Mutter immer sofort mitteilte, wenn meine Brüder und Schwestern etwas Verbotenes getan hatten.

Außerdem war ich als Kind sehr offen und direkt. Wenn mein Bataa im Unrecht war oder meine Bamaa nicht behandelte, wie es ihr zustand, trat ich stets für meine Mutter ein. Eigentlich war mein Bataa der Ansicht, dass er der Herr im Haus war und sich keiner von uns gegen ihn auflehnen durfte, doch mit mir war es irgendwie anders. Als ich älter war, scheute ich nie davor zurück, ihn zur Rede zu stellen. Wenn ich das tat, fragte er mich jedes Mal ganz verblüfft: »Was bist du nur für ein Mensch, meine Tochter? An dir ist etwas ganz Besonderes.« Ich pflegte dann keck zu antworten: »Ich weiß es nicht. Du bist es doch, dem ich mein Leben verdanke.« Es heißt, die Charakterzüge, die man als Kind hat, verstärken sich im Erwachsenenalter noch. Ich hatte schon in frühem Alter das Bedürfnis, die Schwachen zu beschützen; deshalb wollte ich auch Bamaa beschützen.

Manchmal ist eine große Liebe für ein Kind nur schwer zu verstehen. Als ich älter wurde und meine Eltern bewusster beobachtete, lernte ich, dass es harte Arbeit bedeutet, eine Liebe am Leben zu halten. Von meinen Eltern lernte ich, dass eine Ehe auf mehr als nur auf einem Gefühl basieren muss, denn Gefühle vergehen. Es bedarf echter Hingabe, jemanden zu lieben, der nicht leicht zu lieben ist. Von meinen Eltern lernte ich auch, wie wichtig Familie und Gemeinschaft sind. Ich lernte, alle Menschen in meinem Herzen aufzunehmen. In der Familie darf man verletzlich sein; man darf Fehler machen, ohne dass über einen gerichtet wird. Gibt es einen besseren Ort, um zu lernen, als die Familie?

Das kurze Leben eines Babys namens Linda

Als kleines Mädchen liebte ich die Schule und brachte mit Begeisterung den jüngeren Kindern bei, was ich dort lernte. Das Lernen fiel mir leicht und das Gleiche erwartete ich ganz selbstverständlich von den anderen, ungeachtet ihres Alters. Wenn ihre Antworten einmal nicht zu meiner Zufriedenheit ausfielen, verhaute ich sie, bis sie davonliefen.

Bamaa meinte, ich müsse geduldiger und sanfter sein, aber ich war einfach enttäuscht, dass sie nicht schneller lernten, und sah nicht ein, warum ich mich ändern sollte. Sie hatte natürlich recht, denn schon bald kamen meine Schüler nicht mehr zu meinem Unterricht, sodass nur noch die blühenden Büsche meinen Vorträgen lauschten. Das wurde mir natürlich sehr schnell langweilig und ich bat meine Schüler, doch zurückzukommen, und versprach, sie in Zukunft besser zu behandeln.

1984 sah es so aus, als sollte mein Schicksal sich ändern. Meine Mutter brachte ein Mädchen zur Welt, das den Namen Linda erhielt. Linda hatte eine kräftige Stimme und seidige Locken und war das vierte gemeinsame Kind meiner Eltern.

Meine Schwester Caroline und ich haben eher helle, schokoladenfarbene Haut, doch Linda war tiefdunkel, sehr zart, mit feinen, edlen Gesichtszügen, wie ein Kind aus Äthiopien oder Somalia. Bamaa liebte sie über alles. »Schwarz ist ganz entschieden schön«, sagte sie und beschrieb mit dem Zeigefinger kleine Kreise auf Lindas Brust, während sie das Baby in ihrem Arm bewunderte.

Auch ich liebte Linda sehr; sie war der kostbarste Schatz, den ich besaß. In unserem Haus gab es ständig jede Menge Kinder und Babys, doch als Linda zur Welt kam, platzte ich beinahe vor Stolz, dass ich alt genug war, um die Verantwortung für sie zu übernehmen. Ich gewöhnte mich daran, das Baby sorgfältig zu wickeln und in einem Tragetuch auf dem Rücken zu tragen. Auf diese Weise haben afrikanische Frauen ihre Babys immer bei sich, während sie ihren Arbeiten nachgehen.

Besonders freute ich mich, dass in Linda eine weitere Schülerin für meinen Unterricht heranwuchs. *Eines Tages, wenn Linda groß genug ist, wird sie alle Antworten wissen, viel besser als die anderen Schüler*, dachte ich. Ich hatte Linda so lieb, dass ich sie mit mir herumtragen wollte, wo ich auch ging, aber eines Tages schritt Bamaa ein, als ich mit dem Baby auf einen Mangobaum klettern wollte.

Aber es gab noch zwei weitere Gründe, warum ich Linda immer bei mir haben wollte. Erstens schien sie nicht größer als eine Puppe werden zu wollen. Sie schien weder zu wachsen noch zuzunehmen, deshalb fiel es mir leicht, sie zu tragen. Ich hatte gesehen, wie schnell andere Babys wuchsen, doch Linda schien immer gleich groß zu bleiben. Sie trank an der Brust meiner Mutter, doch sie wuchs nicht.

Und zweitens wollte ich Linda herumtragen, weil sie, wenn sie auch nur für ein paar Minuten allein war, weinte und weinte, als hätte sie große Schmerzen. Wenn jemand sie auf dem Arm hielt, schlief sie meistens oder wimmerte nur leise, aber manchmal schrie sie so sehr, dass keiner sie beruhigen konnte, was immer wir auch versuchten. Ich merkte meiner Bamaa an, dass sie sich allmählich Sorgen machte.

Meine Bamaa war eine eher stille Frau, doch ihre Augen strahlten immer; sie lachte und scherzte und hatte für jeden von uns ein liebevolles Lächeln. Doch als nun Linda nicht wuchs, wurde sie von einer tiefen Traurigkeit befallen. Manchmal saß sie auf einer Matte auf dem Boden, wiegte die winzige Linda in ihren Armen und starrte dabei blicklos vor sich hin. In der Erinnerung kommt mir dieser Blick vor wie die stumme Verzweiflung einer Mutter, die im Grunde ihres Herzens weiß, dass ihr Kind nicht überleben wird.

Bamaa brachte Linda in ein Krankenhaus nach dem anderen. Sie suchte verzweifelt nach einer Behandlungsmöglichkeit, doch kein Arzt hatte eine Erklärung für den Zustand des Babys. Wenn Linda im Krankenhaus war, schlief meine Bamaa ebenfalls dort, damit sie bei ihrem Kind war. Sie tat für Linda, was sie konnte. Sie betete bis tief in die Nacht, bat ihre Gemeinde, für sie zu beten, versuchte es mit allen möglichen Nahrungsmitteln – Gemüse, Früchten, Eiern, Fleisch, allem, was sie in die Hände bekam, das die Gesundheit ihres Kindes vielleicht wiederherstellen konnte. Doch was sie auch tat, Linda ging es nie gut.

Mit einem Jahr konnte Linda immer noch nicht laufen; sie kroch allenfalls ein wenig herum, tat vielleicht mal ein paar Schritte, fiel aber immer gleich wieder hin. Dann sahen wir, dass ihr die Haare ausgingen. Keiner von uns wusste, was ihr fehlte, aber wir wurden Tag für Tag Zeugen ihres fortschreitenden Verfalls. Schon bald nach ihrem ersten Geburtstag ging es ihr so schlecht, dass sie nicht mehr mit mir nach draußen konnte.

Bataa liebte Linda ebenfalls und hätte alles getan, um ihr zu helfen und ihre Schmerzen zu lindern. Um Bamaa ein wenig zu entlasten, wickelte er Linda manchmal in Bamaas Tragetuch und trug sie selbst herum. Ja, er gab dem Baby sogar seine eigene Brust – obwohl er natürlich wusste, dass er keine Milch hatte – in dem Versuch, sie zu beruhigen.

Eines Tages, so erinnere ich mich, brachte Bataa Linda, ohne Bamaa oder einem von uns anderen Kindern etwas davon zu sagen, zu einem Medizinmann. Diese traditionellen Heiler gibt es in

Sambia noch heute. Die Gründe dafür hängen teilweise mit der Kultur und Geschichte, teilweise aber auch mit dem äußerst unzulänglichen Gesundheitswesen des Landes zusammen, in dem auf zehntausend Sambier nur ein einziger westlicher Arzt kommt – das sind insgesamt 1264 Ärzte im ganzen Land![4] Was auch immer der Grund sein mochte, Bamaa misstraute diesen Heilern. In ihrer Religion (die später auch die meine wurde) waren sie verboten. Bataa jedoch war der Ansicht, dass die westlichen Ärzte versagt hatten, deshalb suchte er Zuflucht in der Tradition; es konnte ja sein, dass jemand sein Baby verhext hatte.

Als er mit Linda zurückkehrte, bat er uns Kinder, hinauszugehen und zu spielen. Wir wussten nicht, warum, doch er sah so ernst aus, dass wir sofort hinausliefen. Nur ich tat, wie so oft, nur, als ob ich hinausliefe, versteckte mich dann aber ganz in der Nähe, damit ich das Gespräch belauschen konnte. Ich hörte, wie Bataa meiner Mutter die Diagnose des Medizinmannes berichtete.

»Es ist eine ernste Sache«, begann er. Er sprach in einem nervösen Flüstern, dicht zu Bamaa hinübergebeugt. »Ein Nachbar hat das Baby mit einem Fluch belegt. Eine große, giftige, züngelnde Schlange verschlingt das Baby Tag für Tag mehr.« Bataas Stimme hatte noch nie so geklungen. Von meinem Versteck aus, gleich draußen vor dem Zimmer, konnte ich sehen, wie seine Augen unruhig umherwanderten, als rechnete er damit, dass ihn jemand verfolgte. Er hatte etwas Dunkles und Zerstörerisches gesehen und rang nun damit, die furchtbare Nachricht seiner jungen Frau mitzuteilen.

»Joyce, du erinnerst dich doch noch daran, wie wir einen Frosch in ihrem Schlafzimmer fanden. Seit sie auf der Welt ist, fliegen hier plötzlich Eulen herum. All das saugt das Blut und das Leben aus unserem Baby. Irgendjemand hat sie mit einem Fluch belegt, der auf ihr lastet seit dem Tag ihrer Geburt.«

Der Heiler hatte gesprochen. Die kleine Linda war verflucht. Bataa hatte recht; es waren ein Frosch und Eidechsen in ihrem Zimmer gewesen und um das Haus herum flogen Eulen. Der Heiler hatte versucht, den Fluch zu brechen, doch er war nicht sicher, ob es ihm gelungen war – es war ein machtvoller Fluch, der schon lange wirksam war, deshalb war es vielleicht schon zu spät. Für mich war die Sache damit klar. Ich hatte gehört, was der Grund dafür war, dass mir meine kleine Schwester genommen wurde, und ich würde mich rächen.

Kurz darauf ging ich in das rosafarbene Haus, in dem meine Freundin Mainza wohnte, das direkt gegenüber von unserem Haus am One Mushili Way in Livingstone lag. Bei dieser Gelegenheit bekam ich die Übeltäter zu Gesicht: zwei große Eulen und eine kleine saßen in dem großen Baum an der Straße. Ich war so wütend und aufgeregt, dass ich Steine nach oben auf die schlafenden Eulen warf. In der naiven Weltsicht eines Kindes musste irgendjemand oder irgendetwas schließlich die Schuld an unserem Unglück tragen. Der Heiler hatte gesagt, es hätte etwas mit den Eulen zu tun, und ich war in dieser Sache auf Bataas Seite – ich glaubte ihm. Diese Vögel waren geschickt worden, um meine kleine Schwester zu töten, und jetzt wollte ich sie töten.

Trotz der vereinten Bemühungen der traditionellen und westlichen Medizin und der tiefen Liebe und der Gebete unserer Familie starb Linda. Es war das Jahr 1986. Sie war nur wie auf Besuch bei uns gewesen; einen Tag bei uns, am nächsten schon wieder fort. Sie hatte nicht lange bleiben können.

Ich war zehn Jahre alt, als der Tod meine Familie zum ersten Mal heimsuchte und meine kleine Schwester mitnahm. Mein relativ privilegiertes Leben hatte mich länger vor dem Tod eines geliebten Menschen bewahrt als die meisten anderen Bewohner eines Landes, in dem eines von fünf Kindern vor seinem fünften Geburtstag stirbt[5] und das Durchschnittsalter eines Erwachsenen nur vierzig Jahre beträgt.[6]

Die Trauer wollte mich förmlich aufzehren und sie schien auch meine Mutter zu schwächen. Mein Bataa versuchte, meinen

Schmerz zu lindern; er sagte: »Du bist jetzt traurig, Princess, aber Linda hat nun Frieden und muss nicht mehr leiden. Das sollte dich trösten. Du solltest dich für sie freuen.«

Ich versuchte, Trost in den Worten meines Bataa zu finden. Mein Herz war gebrochen, als ich zusehen musste, wie Linda starb, ohne dass es einen Grund dafür zu geben schien. Am Ende ihres kurzen Lebens war sie zum Skelett abgemagert gewesen und ihre Zähne waren verfault von den giftigen Medikamenten, die sie nicht hatten retten können. Sie hatte nie laufen oder sprechen gelernt, ja, sie hatte kaum die Kraft gehabt zu lächeln. Ich weiß noch, dass ich dachte, wie ungerecht es war, dass ein so kleines Kind unter solchen Schmerzen leben und sterben musste, wie ungerecht es war für meine Eltern, die sie so sehr liebten, und wie ungerecht auch für mich, dass ich meine geliebte kleine Schwester verlor. Der Schmerz, den ich mit zehn Jahren litt, als ich zusehen musste, wie ein Kind unter Qualen starb, ist seither nicht geringer geworden – er wächst noch immer und scheint mich zu verbrennen.

Wenn Sie in Ihrem Leben zurückblicken, erkennen Sie sicher auch bestimmte Schlüsselmomente, die die Richtung Ihres Lebens beeinflusst haben. Manchmal trifft es einen wie ein Blitzschlag und man weiß, dass das Leben sich für immer geändert hat. Ein anderes Mal war man sich vielleicht gar nicht bewusst, dass man die ersten Schritte auf einem neuen Weg gegangen ist. Man lebt weiter wie am Tag davor, ohne zu merken, dass man durch eine andere Tür geschritten ist und das Leben nie wieder das gleiche sein wird. Der frühe Tod meiner kleinen Schwester, die an einer geheimnisvollen Krankheit starb, war ein solches Ereignis für mich.

Im Rückblick sind es Zeiten wie diese, in denen wir erkennen, dass unser Weg vorgezeichnet ist, bevor wir auf die Welt kommen. Manche Menschen nennen es Schicksal, manche Vorsehung. Ich selbst staune über die Macht eines Gottes, der unseren Lebensweg bereits kennt, bevor wir ihn beschreiten.

Bataas Gewehr verschwindet

Kurz nach Lindas Beerdigung auf dem Friedhof in Livingstone geschah etwas Seltsames mit Bataa. Er verwandelte sich aus unserem Ronald Reagan in einen Menschen, der irgendwie gar nicht mehr Bataa war. Es ist schwer auszumachen, wann es wirklich begann, doch ich weiß noch, dass er anfing, ein wenig zittrig zu werden, und sich merkwürdig verhielt. Außerdem wurde er öfter krank – er bekam Erkältungen und Infekte – und das fiel mir auf, weil Bataa früher niemals krank gewesen war.

Damals ergab es noch kein Bild für mich, doch heute, als Erwachsene, fügt sich alles wie zu einem Fotoalbum zusammen: Gefühle, Gesprächsfetzen, die ich belauschte, ein gereizter Blick und mit gedämpfter Stimme ausgetragene Streitigkeiten – alles das reiht sich auf den Albenseiten folgerichtig aneinander.

In meiner Erinnerung begannen die Probleme, als Bataas Gewehr verschwand, denn so lange ich zurückdenken konnte, besaß Bataa eine Schusswaffe, die Eigentum der Eisenbahngesellschaft war und die er bei der Arbeit stets bei sich trug. Er war immer sehr eigen, was sein Gewehr betraf, pflegte es sorgfältig und schloss es ein, wenn er nicht arbeitete. Doch eines Tages war es nicht mehr auffindbar.

Wir hörten, wie Bataa im ganzen Haus suchte und dabei sagte: »Joyce, wo kann dieses Gewehr nur sein?« Mehrere Tage und Nächte machte er sich große Sorgen. Er rief sich jeden seiner Schritte in Erinnerung und wiederholte ihn, ging zum Auto hinaus und wieder ins Haus, als kehrte er gerade von der Arbeit zurück. Bataa wusste, dass er ernste Schwierigkeiten bekommen würde, wenn er das Gewehr nicht wiederfand.

Natürlich dauerte es nicht lange, bis sich unter den Eisenbahnarbeitern das Gerücht verbreitete, dass Goodson Kasune sein Gewehr verloren hatte, und selbstverständlich verdächtigte er jeden Einzelnen, mit dem er arbeitete. Doch was auch immer der Grund für das Verschwinden des Gewehrs gewesen sein mochte, mein Vater trug die Verantwortung dafür und das bedeutete, dass er seine Arbeit verlor. Ich denke, dass er es Bamaa erzählte, doch es dauerte eine ganze Weile, bis er es auch seinen Kindern sagte. Wir waren, was Erklärungen betraf, ganz auf uns selbst angewiesen, und jetzt, wo Bataa häufiger zu Hause war, fielen uns immer mehr Merkwürdigkeiten auf, die wir nicht verstanden.

Eines Tages, kurz nach der Geschichte mit dem Gewehr, klopfte es an der Vordertür. Wieder einmal befahl man den anderen Kindern und mir, draußen im Garten zu spielen, während ein paar ernst aussehende Männer ins Haus gingen, um mit Bataa und Bamaa zu sprechen. Nach einiger Zeit kamen sie wieder heraus, gingen zu Bataas heiß geliebtem Landrover, schlossen ihn auf und fuhren vor unseren Augen davon. Bataa hatte vor einiger Zeit sein eigenes Auto abgeschafft und jetzt wurde ihm auch das von der Eisenbahn zur Verfügung gestellte Fahrzeug genommen. Bedeutete das etwa, dass wir jetzt kein Auto mehr hatten? Was würde nun geschehen? An jenem Abend beim Abendbrot verlor keiner ein Wort darüber. Ein Blick in Bataas Gesicht, und wir alle hüteten uns, ihn danach zu fragen. Doch sogar mir – so jung ich damals noch war – war klar, dass etwas ganz und gar nicht in Ordnung war.

Die Zeichen, dass wir in Schwierigkeiten waren, mehrten sich. Zum Teil, weil die Eisenbahn uns stets eine Wohnung zur Verfügung gestellt hatte, zum Teil, weil mein Vater Autodidakt war und keinen festen Beruf hatte, aber hauptsächlich, weil er ein Mann war, der für den Augenblick lebte – ein Mann, der vierundzwanzig

Kinder und zwei Frauen hatte und das Geld gern mit vollen Händen ausgab – Moffat Kasune pflegte keine Pläne für die Zukunft zu machen. Er hatte sich nie Grundbesitz zugelegt oder Geld gespart. Sie können es sich schon denken … dass er seine Arbeit verlor, bedeutete, dass wir unser Zuhause verloren.

Später habe ich mich oft gefragt, ob mein Vater vielleicht entlassen wurde, weil seine Arbeitgeber sich vor seiner Krankheit fürchteten. Sein Gesundheitszustand verschlechterte sich stetig. Wenn schon mir als Kind klar war, dass irgendetwas mit ihm nicht stimmte, wussten natürlich auch seine Arbeitgeber, dass der Chef ihrer Eisenbahnpolizei krank war. Schließlich betraf es ja nicht nur Bataa – er war ja nicht der Einzige, der erkrankte.

Damals begannen die Sambier, sich Sorgen zu machen wegen einer geheimnisvollen Krankheit, an der Menschen starben, die noch bis vor Kurzem völlig gesund gewesen waren.

Die meisten von uns kennen die Symptome von Malaria, die vor allem in den Sommermonaten auftritt, von TB und Cholera, wenn in den Townships die heftigen Regenfälle niedergehen, und von Ruhr. Sie kennen die aufgeblähten Bäuche der Menschen, die an Bilharziose leiden – doch diese Krankheit war etwas völlig anderes.

Nicht einmal die klügsten Leute oder Ärzte waren in der Lage, aufgrund der Symptome, die häufig eine Mischung aus vielen verschiedenen Krankheiten zu sein schienen, eine Diagnose zu stellen. Wie wir es bei der kleinen Linda erlebt hatten, schürten die Medizinmänner und traditionellen Heiler die Ängste der Menschen noch mit ihrem Gerede von Hexerei und Flüchen, sodass die Gerüchte um die Betroffenen und ihre Diskriminierung immer schlimmer wurden.

Da meine Bamaa noch immer als Sekretärin für die Regierung arbeitete, wohnten wir anfangs glücklicherweise weiterhin in einem der regierungseigenen Häuser, doch schon bald mussten wir auch hier ausziehen. Diese unerwarteten Schwierigkeiten belasteten das Verhältnis von Bataa und Bamaa und führten auch zunehmend zu Streitigkeiten zwischen ihnen.

Mit dem Verlust seiner angesehenen Stellung schwand auch die Zuversicht meines Vaters, seiner Familie weiterhin ein schönes Leben in der Stadt bieten zu können. Es war schrecklich, mit anzusehen, wie aus meinem stolzen Bataa, der so viel sein Eigen genannt hatte und im Zuge seiner Tätigkeit in ganz Afrika herumgekommen war, ein gebrochener Mann wurde. Jetzt blieb ihm nur noch, seine Familie und seine wenigen Habseligkeiten zu nehmen und zum Dorfleben zurückzukehren.

Sei stark und mutig

An dem Tag, an dem wir ins Dorf zurückkehrten, wanderte Bamaa mit dem kleinen Muyani, Carol und mir zum Zug. Bataa und die anderen wollten später folgen. Unsere Möbel sollten uns mit dem Lastwagen nachgebracht werden. Inzwischen waren Bataa und Bamaa so zerstritten, dass sie übereingekommen waren, dass Bataa in das Dorf seiner eigenen Bamaa zurückkehren und Bamaa Banini und einige der Kinder mitnehmen würde. Bamaas andere Kinder, Kelvin und Felix, würden abwechselnd bei uns und bei unseren Großeltern leben. Zumindest vorläufig würden unsere Eltern nun getrennt leben und uns Kinder zwischen sich aufteilen.

Das Leben im Dorf unterschied sich sehr von unserem komfortablen Stadtleben. Ich weiß noch, wie ich an dem ersten dunklen Morgen in meiner kalten, zugigen Hütte geweckt wurde, weil ich Wasser holen sollte. Ich erinnere mich an mein Spiegelbild in dem schmutzigen, seichten Wasserloch, das unsere einzige Wasserquelle war; an die Kuh, die unser kostbares Wasser mit langer Zunge aufleckte; an das Gelächter der anderen Kinder, während ich mich zu lernen bemühte, den gelben Wasserbehälter auf dem Kopf zu tragen.

Das Schwierigste an dem neuen Dorfleben war für uns Kinder jedoch, dass Bataa nicht bei uns war. Jeden zweiten Freitag nach Schulschluss und in den Schulferien machte sich eine kleine Schar von uns, bestehend aus meinen Brüdern Muyani und Kelvin, meiner Schwester Carol, meiner Cousine Beatrice und mir in unter-

schiedlicher Kombination, auf den langen Weg durch die Sand-
wüste nach Chipopo Village, wo Bataa und unsere alte Großmutter Shantantu lebten. Wenn wir endlich anlangten, waren wir vor
Wiedersehensfreude immer ganz aus dem Häuschen .

Bataa führte im Dorf ein äußerst arbeitsreiches Leben. Es war
ihm gelungen, sich ein Stückchen Land zu beschaffen, auf dem er
Getreide anbaute. Er nannte seine Farm *Tula Twabane*, das bedeutet »bleib stehen, damit wir teilen können«. Man sah, dass er sehr
stolz auf seine Farm war, aber es war genauso deutlich zu merken,
dass er sein Leben und seine angesehene Position in der Stadt vermisste. So griff er nach jeder Gelegenheit, ein Stückchen der früheren Herrlichkeit wiederzuerlangen. Wo und wann auch immer eine Dorfversammlung stattfand – er war dabei. Er muss einen
etwas seltsamen Eindruck auf die Dorfbewohner gemacht haben,
weil er sich ständig mit dem Häuptling oder irgendeinem anderen
Würdenträger, mit dieser Gruppe oder mit jenem Ausschuss treffen wollte. Die Dorfverwaltung von Chibombo Boma war ganz bestimmt noch keinem Dorfbewohner wie diesem Goodson Moffat
Kasune begegnet, der jetzt mindestens einmal die Woche bei ihnen
vorstellig wurde. Das Hin- und Herhetzen zwischen Versammlungen und Ausschusssitzungen erinnerte ihn an das Leben, das er
kannte, und er mochte nicht darauf verzichten. Solche Treffen vorzubereiten und an ihnen teilzunehmen bot Bataa die Gelegenheit
zu glänzen. Dann wurde sein Blick plötzlich wieder lebhaft und er
summte vor sich hin, während er einen Anzug aussuchte, den er
tragen wollte.

»No-bana Sandabota – Kinder, sehe ich heute nicht chic aus?«
Das war Bataas feine englische Art zu fragen, ob er attraktiv und
distinguiert aussah, wobei er natürlich glaubte, die Antwort zu
kennen. »Ehe mwabota«, versicherten wir ihm denn auch bereit-
willig.

Manchmal brauchte seine Krawatte noch den letzten Schliff
und ich liebte es, Bataa dabei zu helfen. Seine Augen strahlten

vor Stolz, wenn seine junge Tochter ihm half, noch attraktiver und distinguierter auszusehen. Danach machte er sich auf den Weg, wobei er sich ein bisschen ducken musste, wenn er durch die Tür der Hütte auf die staubige Dorfstraße hinaustrat.

Wenn er sich dann mit selbstbewussten, federnden Schritten entfernte, wusste ich, dass er wie so oft vor sich hin sang: »Nobana sandabota. Ehe, mwaabota. So ba Lenje sobapale. So balomfu nshingo. Nakatwenda bantu balebela, ba bombwe baleemikana, Insoka kuchicha mukuyumba muchilindi. Atu sweko besa ba sankwa balamfu nshingo, basankwa bapaale, ba Lenje bataanshi«, das heißt: »Hier komme ich, der gut aussehende Mann aus dem Stamm der Lenje, mit dem langen Hals. Wenn ich komme, schauen die Menschen mich an, die Frösche merken auf und staunen und die Schlangen laufen um ihr Leben und sagen: ›Hier kommt der gut aussehende Mann mit dem langen Hals, der Mann aus dem Stamm der Lenje, Goodson Moffat Kasune.‹«

Doch die Wahrheit sah anders aus. Mein Vater sah zwar immer noch sehr gut aus, aber er schien in letzter Zeit stark abzunehmen. Seine Anzüge schlotterten jedes Mal, wenn er sie anzog, stärker um ihn herum. Damals dachte ich noch nicht viel über seinen Gewichtsverlust nach, ja, er schien mir sogar naheliegend zu sein. In der Stadt war Bataa überall mit dem Landrover hingefahren, jetzt legte er weite Entfernungen zu Fuß zurück, wenn er uns und die Regierungsbeamten besuchte. Außerdem arbeitete er fast jeden Tag auf seiner Farm.

Doch seine physische Gesundheit war nicht das Einzige, was unter dem Dorfleben zu leiden schien. Bataa war zwar sehr fleißig und für meine Familie war das Leben bei Weitem nicht so hart wie für viele andere arme Dorfbewohner in Sambia, doch der extreme Gegensatz zwischen dem Dorfleben und dem Leben, das wir bisher gewohnt gewesen waren, machte dem Stolz meiner Eltern sehr zu schaffen. Bataa konnte sein Stadtleben nicht vergessen; er klammerte sich förmlich an seine Erinnerungen. Und es war ihm ganz wichtig, dass auch seine Kinder es nicht vergaßen. Eines Tages nahm er mich mit auf einen langen Spaziergang auf einen kleinen Berg in der Nähe seines Dorfes. Oben angelangt, deutete er über die Ebene und sagte:»Sieh dir das an. Du hast ein Recht auf dieses Land. Du stammst aus königlicher Familie und dies ist dein Land. Vergiss das nie, mein Kind.«

Den ganzen Heimweg über wiederholte er:»Denke immer daran, dass du in einem großen Haus in der Stadt gewohnt hast. Richte dich nicht im Dorfleben ein und vergiss nicht, dass ich einst einer war, der das Sagen hatte, der sich vom Gärtner in eine angesehene Stellung emporgearbeitet hat.«

Und Bataa tat gut daran, uns unaufhörlich an unser Leben in der Stadt zu erinnern – daran, dass es noch eine andere Lebensweise gab! Denn je länger wir im Dorf lebten, desto stärker verblasste dieses andere Leben zu einer fernen Erinnerung. Mein Verhalten änderte sich; in der Schule setzte ich mich ganz hinten hin und es kam immer öfter vor, dass ich andere Schüler störte. Ich hatte nach wie vor sehr gute Noten in Englisch, doch in Mathematik wurde ich ständig schlechter. Ich glaube, ich entschuldigte mich vor mir selbst mit der dummen Ausrede, dass Mädchen nun einmal nicht gut in Mathematik sind – was natürlich nicht stimmt. Trotz meiner nachlassenden Lernbegeisterung hatte ich bei den Prüfungen am Ende des siebten Schuljahres eines der besten Zeugnisse an unserer Schule, was mir ein Stipendium für eines der angesehensten Internate in Sambia eintrug.

Als ich in meinen ersten Ferien nach Hause kam und Bamaa und Bataa in ihren jeweiligen Dörfern besuchte, konnte ich nicht fassen, wie sehr die beiden sich verändert hatten.

Plötzlich sah ich sie mit völlig neuen Augen. Mir fiel auf, dass beide stark abgenommen hatten und schlecht aussahen. Wir redeten jedoch nicht darüber; afrikanische Eltern sprechen mit ihren Kindern nicht über Krankheiten. Außerdem hatte ich Ferien und als ich mich erst einmal an ihren Anblick gewöhnt hatte, sahen sie wieder einigermaßen normal für mich aus. Und schon war ich fort, um mit meinen Freundinnen zu spielen.

Doch das Muster blieb dasselbe. Nach jedem Schultrimester kehrte ich nach Hause ins Dorf zurück und sah, dass Bamaa und Bataa noch dünner geworden waren. Für eine Weile versuchte ich mir einzureden, dass sie einfach schlank und fit waren vom Dorfleben. Doch schon bald wirkten sie nicht mehr fit, sondern ausgezehrt. Irgendetwas in ihren Gesichtern, ihrer Gesamterscheinung und ihrem Verhalten ließ sie krank wirken. Ich fing an, mir Sorgen zu machen. *Was stimmte nicht mit meinen Eltern?*

Bei einem meiner Heimatbesuche gingen Bamaa und ich Getreide kaufen. Mit ihren stockdünnen Armen wuchtete sie sich den vierundvierzig Pfund schweren Sack auf den Kopf und ging los, doch ich sah an ihrem Nacken, welche Anstrengung es sie kostete, das Gewicht zu tragen. Außerdem hustete sie. Sie war ganz eindeutig krank.

»Bamaa, lass mich das tragen«, bat ich sie freundlich.

»Nein.«

»Bitte, ich möchte den Sack tragen.«

»Nein, mein Liebes.«

Ich blieb einfach stehen, bis sie mir schließlich den Sack überließ, zusätzlich zu meinem zweiundzwanzig Pfund schweren Sack, was bedeutete, dass ich jetzt sechsundsechzig Pfund auf dem Kopf trug. Es tat weh, doch ich ließ mir nichts anmerken. Mehr als mein Kopf und mein Nacken schmerzte mein Herz, als ich mich der Erkenntnis nicht mehr verschließen konnte, dass meine geliebte Bamaa sehr, sehr krank sein musste. Ich war jetzt kräftiger als sie und war froh, dass ich ihr helfen konnte. Wir in Sambia haben ein Sprichwort: »Lyakota – yonka mu bana.« Das heißt: »Eltern sorgen für ihre Kinder, wenn diese klein sind, doch wenn sie erwachsen sind, sind die Kinder an der Reihe, für ihre Eltern zu sorgen.« Ich war vierzehn und es war an der Zeit, dass ich anfing, für meine Bamaa zu sorgen.

Wir brachten Bamaa ins Liteta Rural Hospital, wo eine Tuberkulose diagnostiziert und sie stationär aufgenommen wurde. Bamaas Schwester Violet und ihre Bamaa halfen, sie zu pflegen, weil sie so schwach war. Die Tuberkulose wurde behandelt, dann wurde sie wieder nach Hause geschickt, obwohl sie noch längst nicht wiederhergestellt war. Dieser Ablauf wiederholte sich mehrere Male.

Mehrere Internatstrimester vergingen und jedes Mal, wenn ich wieder nach Hause kam, sah ich mit Schrecken, das Bamaa noch magerer geworden war. Sie muss sehr schwach und müde gewesen sein, doch sie pflegte weiterhin den Garten und baute Tomaten, Kürbisse, Maniok und Erdnüsse an.

Ich (stehend) mit meiner Freundin Nchimunya N'gandu in der 9. Klasse der Mumbwa Secondary School, 1990.

Leider nahm ich die Schule weiterhin nicht richtig ernst und als ich nach der neunten Klasse nach Hause zurückkehrte, hatte ich keine einzige Prüfung bestanden. Das konnte Bamaa natürlich nicht hinnehmen. Sie nahm mich vom Internat und schickte mich zu einer anderen Tante, diesmal nach Chililabombwe, eine am Kupfergürtel gelegene Bergbaustadt an der Grenze zur Demokratischen Republik Kongo, dem ehemaligen Zaire.

Ich war durch die Prüfungen gefallen, weil ich mir Sorgen um meine Eltern machte. Um mich von meinen Ängsten abzulenken, hatte ich in der Schule rebelliert und mich schlecht aufgeführt und darunter hatten natürlich meine Prüfungsergebnisse gelitten. Doch das konnte ich Bamaa nicht sagen, deshalb akzeptierte ich ihre Entscheidung und lebte von nun an bei meiner Tante, einige Stunden von zu Hause entfernt. Es war eine bittere Pille, die ich da schlucken musste. Ich musste nicht nur das Internat verlassen, sondern bekam auch keinen Platz in der neunten Klasse der Secondary School in Chililabombwe mehr. Es war nur noch in der achten Klasse ein Platz frei. So kam es, dass ein durchaus aufgewecktes Mädchen, dessen einziger Fehler es war, dass es die Schule nicht ernst nahm und das eigentlich in die zehnte Klasse hätte versetzt werden müssen, in einer kleinen Provinzschule die achte Klasse wiederholte. Ich war furchtbar enttäuscht von mir selbst. Natürlich fiel mir das Lernen leicht, doch jedes Mal, wenn ich eine Frage richtig beantwortete, sagten die anderen Schüler: »Das ist ja keine Kunst, wenn man

Von links: Onkel John Banda, Tante Erika Lukoshi mit ihrer ersten Enkelin Erika Kaunda Muma, im Anzug ein Freund der Familie, meine Cousine Erika Brenda und ihr Sohn Danstan Lukoshi in Chililabombwe, 1993 oder 1994.

sich zwei Jahre zurückversetzen lässt.« Das Ganze war eine schmerzliche, aber sehr wertvolle Lektion für mich.

Während meines Aufenthalts bei Tante Erika erfuhr ich zu meiner Freude, dass Bamaa in ein bescheidenes regierungseigenes Haus im Chibombo-Distrikt gezogen war. Das Haus stand nach wie vor in einer ländlichen Gegend und war umgeben von Hütten, sodass sie ihre Familie immer in der Nähe hatte. Ihr Gesundheitszustand war zu schlecht, um weiter in einer Hütte zu wohnen, und inzwischen schien sie das zu akzeptieren.

Eines Abends, es war April und ich war in den Ferien zu Besuch bei Bamaa, rief sie mich zu sich in das kleine Haus. »Mein Mädchen, ich muss dir etwas sagen. Ich möchte, dass du stark und mutig bist, auch wenn das, was ich dir jetzt sage, schlimm für dich sein wird.«

Dann erzählte sie mir eine Geschichte. »Es war einmal ein reicher Mann. Er hatte Metzgereien, eine Bäckerei und ein rotes Auto, und als seine Zeit zu sterben kam, hinterließ er alles seinem Sohn und bat ihn, für seine Mutter, seine Brüder und seine Schwestern zu sorgen. Da sein Vater im Sterben lag, versprach ihm der Sohn: ›Vater, das werde ich tun, ich verspreche es dir.‹

Doch als der Vater tot war, brachte der Sohn das ganze Geld mit Mädchen und Alkohol durch und die Familie verlor alles. Die ganze Arbeit des Mannes war vergeblich gewesen, die Familie kämpfte ums Überleben und die Kinder gingen nicht mehr zur Schule.«

Sie nahm meine Hand, sah mir in die Augen und bestätigte meine schlimmsten Ängste: »Princess, ich erzähle dir diese Geschichte, weil ich sterben werde.« Dann wurde sie von einem schrecklichen Hustenanfall geschüttelt. Als sie wieder Luft bekam, fuhr sie fort.

»Ich übertrage dir die Verantwortung für die Familie. Du musst für deine Brüder und Schwestern und für die anderen, die von mir abhängig sind, sorgen und sicherstellen, dass sie alle weiterhin zur Schule gehen, denn nur dann haben sie eine Zukunft. Und vergiss auch deine Großeltern nicht, denn ohne sie gäbe es dich nicht. Ich habe nicht so viel Geld wie der Mann in der Geschichte. Aber wie du siehst – Geld kommt und geht. Es wird schwer für dich werden. Ich weiß nicht, wie viel Geld übrig bleiben wird, ob überhaupt etwas übrig bleiben wird. Ich musste fast alles, was ich besaß, für Medikamente ausgeben. Du musst jetzt für deine Brüder und Schwestern sorgen, obwohl du fast nichts besitzt. Princess, es tut mir sehr leid. Das Leben wird schwer für dich werden, aber ich kenne dein Herz und ich weiß, dass du stark sein wirst. Du bist ein Kind des Mutes und der Hoffnung und ich weiß, dass du es schaffen wirst.«

Ich war wie betäubt vor Entsetzen. Ich weiß nicht, warum Bamaa gerade mich auserwählt hatte. Wahrscheinlich wusste sie, dass ich einen starken Mutterinstinkt hatte, weil ich geholfen hatte, die kleine Linda zu versorgen, und sie wusste auch, dass ich Beschützerinstinkte besaß, weil ich sie stets verteidigt hatte, wenn mein Vater mit ihr stritt. Vielleicht dachte sie aber auch, es bliebe ihr gar keine andere Wahl, weil ich das älteste Mädchen war.

Ich liebte meine Bamaa, doch wie die meisten Teenager hatte ich ihr oft widersprochen, wenn sie etwas von mir verlangte. An diesem Abend aber – ich weiß es noch ganz genau – blieb ich still sitzen und nickte nur ein paar Mal, als wollte ich sagen: »Ich höre dir zu und tue alles, worum du mich bittest.« Ich wunderte mich, warum wir nicht bei Bataa leben konnten, fragte sie aber nicht danach. Solange ich bei ihr war, hielt ich meine Tränen zurück, ohne ein Wort zu sagen, doch sobald sie fertig war, lief ich in mein Zimmer und weinte. Ich drückte das Gesicht ins Kopfkissen, damit es niemand hörte, und schluchzte die ganze Nacht. Ich bekam kaum Luft, aber Bamaa durfte nicht hören, dass ich weinte, und die anderen auch nicht.

Ich wollte beten, aber ich wusste nicht, wie man richtig betete, weil Bamaa immer für mich gebetet hatte. Mir gelangen nur sechs Worte: »Herr, gib mir Kraft und Mut.« Ich weinte, bis ich mich schließlich in den Schlaf geweint hatte. Ich erzählte niemand, was geschehen war. Ich wollte stark und mutig sein. Ich war siebzehn.

Wir werden es zwar nie genau wissen, doch heute kann ich mit einiger Sicherheit sagen, was sich in Bamaas allmählich versagendem Körper abspielte. HIV und Aids wurden in Afrika offiziell Anfang der Achtzigerjahre entdeckt, doch spätere Blutuntersuchungen ergaben, dass das Virus zumindest im Kongo, in Ruanda und Burundi bereits in den Siebzigerjahren aktiv war.[7] Später zeigte sich, dass es gegen Ende der Achtzigerjahre bereits den Großteil des schwarzafrikanischen Kontinents im Griff hatte, und 1986 war Ruanda das erste Land der Welt, in dem die Auftretenshäufigkeit des Virus statistisch erfasst wurde. Die Resultate zeigten, dass niederschmetternde 17,8 Prozent der Stadtbewohner bereits infiziert waren.[8] Eine Auftretenshäufigkeit von über einem Prozent gilt bereits als Epidemie, was besagt, dass eine Krankheit sich in der gesamten Bevölkerung ausbreitet und nur noch schwer zu kontrollieren ist.[9]

Heute kennen wir auch den engen Zusammenhang zwischen Tuberkulose und HIV. Die Weltgesundheitsorganisation schätzt, dass zwei Milliarden Menschen auf der ganzen Welt das Tuberkulose-Virus in sich tragen, doch in den meisten Fällen ist es inaktiv und harmlos. Eine HIV-Infektion jedoch kann das Risiko, dass ein Mensch an Tuberkulose erkrankt, mehr als verdoppeln. Im heutigen Sambia sind drei Viertel der an Tuberkulose Erkrankten HIV-Träger.[10] Das Virus ist clever und heimtückisch; wenn es nicht behandelt wird, zerstört es die Immunabwehr und öffnet anderen Infektionskrankheiten, die letzten Endes zum Tod führen, sozusagen Tür und Tor.

Irgendwie gelang es Bamaa am nächsten Tag, aufzustehen und zur Arbeit zu gehen. Ich weiß immer noch nicht, ob sie wusste, woran sie starb. Im Rückblick denke ich manchmal, dass sie es wohl nicht wusste, weil sie nach wie vor so viel Arbeit in den Gemüsegarten steckte und immer versuchte, gute, nahrhafte Mahlzeiten zuzubereiten. Wahrscheinlich hatten die Ärzte zu ihr gesagt: »Sie müssen sehr gesund essen und die geheimnisvolle Krankheit, die wir noch nicht kennen, auf diese Weise zu bekämpfen versuchen.«

Irgendwann im Oktober 1993 – ich lebte noch bei meiner Tante – kam der gefürchtete Telefonanruf aus dem Dorf: »Deine Bamaa ist sehr krank. Du musst kommen.« Ich nahm den ersten Bus.

Als ich nach ein paar Stunden bei Bamaa eintraf, war sie schon im Liteta Rural Hospital. Sie bat meine Familie, Muyani, der gerade mitten in den Prüfungen steckte, nichts zu sagen, denn es war immer eines ihrer größten Anliegen gewesen, dass ihre Kinder eine gute Ausbildung bekamen. Caroline musste bei Tante Violet im Dorf bleiben; sie war noch zu klein, um ins Krankenhaus zu kommen, doch meine Bakaba Banakashi, meine Großmuter Selina, war bei Bamaa. Aber auch, als meine Tanten und weitere Familienmitglieder eintrafen, bestand meine Bakaba Banakashi darauf, dazubleiben und für ihr »kleines Mädchen«, das Erstgeborene von acht Kindern, zu sorgen.

Meine Bamaa war eine bewundernswerte Frau, gütig, immer fröhlich, stark und integer. Sie hatte ein wunderschönes Lächeln und war innerlich wie äußerlich einfach schön. Jeder Ort, an dem sie sich aufhielt, war ein Ort des Friedens. Sie lehrte mich, die Menschen zu lieben – nicht durch Worte, sondern durch ihr Vorbild.

Jetzt lag sie, zum Skelett abgemagert, im Krankenhaus, so wie die kleine Linda vor sieben Jahren. Als ich sie ansah, wie sie so schwach auf dem fremden, schmalen Krankenhausbett lag, fing sie kurz meinen Blick auf, wandte die Augen jedoch gleich wieder ab. Jedes Mal, wenn unsere Augen sich begegneten, drehte sie den Kopf weg. Ich spürte, dass sie mich anschauen wollte, und wandte meinerseits den Blick ab. Ich sah zur Decke hoch, blickte aus dem Fenster oder zu den anderen Betten hinüber und respektierte auf diese Weise ihren unausgesprochenen Wunsch, den schmerzlichen Blickkontakt zu vermeiden. Während ich meinen Blick abgewandt hielt, fühlte ich, wie Bamaa ein letztes Mal liebevoll ihre Tochter ansah.

Der Gestank in dem Krankensaal lässt sich kaum beschreiben. Viele Patienten, auch Bamaa, litten an chronischem Durchfall und hatten oft nicht mehr die Kraft, rechtzeitig die Toilette aufzusuchen; die meisten schienen an derselben Krankheit zu leiden. In den Krankensälen gab es nicht einmal fließendes Wasser. Bakaba Banakashi, meine Tanten und ich mussten Wasser holen, um die schmutzigen Laken meiner Bamaa zu waschen.

Wie viele Krankenhäuser in Sambia, vor allem in den ländlichen Gebieten, verfügte auch das Liteta nicht über die Mittel, um Mahlzeiten anzubieten. Ich weiß nicht, ob sich das inzwischen geändert hat, doch damals mussten die Angehörigen der Patienten die Kranken mit Essen versorgen. Meine Tanten schickten uns jeden Morgen Nahrungsmittel aus dem Dorf, auch wenn Bamaa nur sehr wenig aß.

Meine Großmutter bewies damals unglaubliche Stärke. Während die anderen Besucher kamen und weinten, sah ich sie nie vor ihrer Tochter weinen; sie gab die Hoffnung, dass ihr Kind überleben würde, nie auf. Ganz praktisch gesehen stand viel für sie auf dem Spiel, denn Bamaa war die einzige Verdienerin in der Familie gewesen. So verlor sie mit ihrer geliebten Tochter auch ihre einzige Einkommensquelle.

Bakaba Banakashi war nicht die einzige Frau, die dieses Schicksal traf. Frauen sind überproportional häufig von HIV und Aids betroffen. Unsere körperlichen Gegebenheiten machen uns anfälliger für das Virus. So kommt es, dass fast sechzig Prozent der HIV-Infizierten in Schwarzafrika Frauen sind.[11] Wir sind nicht nur gefährdeter, was die Ansteckung betrifft, wir sind es auch, die die

Pflege der Erkrankten übernehmen. Wann immer jemand krank wird, sagt eine Mutter, eine Großmutter, eine Schwester oder eine Tante: »Ich sorge für dich.« Da die Zahl der HIV-Infizierten und an Aids Erkrankten um die 33 Millionen beträgt, haben die Frauen alle Hände voll zu tun, für die Kranken zu sorgen. In dieser Zeit können sie natürlich weder einer Arbeit nachgehen noch die Erziehung und schulische Ausbildung ihrer Kinder beaufsichtigen, das Vieh versorgen oder die Felder bestellen. Zu den schlimmsten Folgen von Aids gehört also, dass es die Menschen in einem Teufelskreis der Armut gefangen hält.

Abends blieb Bakaba Banakashi stets bei Bamaa, während ich zum Schlafen ins Dorf zurückging. Manchmal gab es nicht einmal einen Stuhl, auf dem sie sitzen konnte, und auf gar keinen Fall konnten wir beide die Nacht über bleiben. Jeden Morgen wachte ich auf und ging voller Angst zurück ins Krankenhaus, nicht wissend, was mich dort erwartete.

Ich sah so viele Gefühle in Bamaas schmerzerfüllten Au-

Meine Großmutter (Bakaba Banakashi) Selina mit ihrer Enkelin Brenda in ihrem Dorf. Im Hintergrund die Hütte, in der meine Mutter vor ihrem Tod lebte. Meine Großmutter starb 2003 an Krebs, während meines Besuches im Weißen Haus.

gen während ihrer, wie wir alle wussten, letzten Tage: Stolz und grenzenlose Liebe, aber auch Schuld und verzweifelte Trauer angesichts der Gewissheit, dass sie mich und meine Geschwister schon bald mit einer so großen Verantwortung in der Welt zurücklassen musste. Als sie spürte, dass das Ende nahte, nahm sie ihre Armreifen aus Elfenbein ab, gab sie mir und bat mich, sie gut zu verwahren. Obwohl ihre Handgelenke so dünn geworden waren, hatte sie sie bis jetzt tragen können, weil ihre großen Hände, die Hände einer Arbeiterin, verhinderten, dass sie sie verlor. Ich trage diese Armreifen heute noch. Jedes Mal, wenn ich sie anschaue oder ihr Klimpern höre, denke ich an meine geliebte Bamaa und ihre Bitte.

Bamaa fand viel Kraft in ihrem Glauben, der ihr auch in ihrer dunkelsten Stunde ein Gefühl des Friedens schenkte. Der Pastor besuchte Bamaa im Krankenhaus, sooft er konnte, und wir beteten häufig gemeinsam. Das war noch, bevor die Zahl der an Aids Erkrankten in so schwindelerregende Höhen stieg. Heute haben die Pfarrer alle Hände voll damit zu tun, die Toten zu beerdigen, und können längst keine regelmäßigen Krankenbesuche mehr machen.

Eines Tages, als ich über den Krankenhausflur ging, hörte ich, wie der Arzt zu einer Klinikangestellten sagte: »Die Frau, Mrs Kasune, stirbt. Wir müssen der Familie sagen, dass es keine Hoffnung mehr für sie gibt.«

Die Klinikangestellte war anderer Ansicht. »Wir dürfen der Familie nicht die Hoffnung nehmen. Sie hat einen Pilz in der Mundhöhle, aber es gibt ein Medikament dagegen.«

»Nein. Es gibt keine Hilfe mehr«, sagte der Arzt.

Wieder einmal war ich allein, als ich die schmerzliche Aussage über die hoffnungslose Verfassung meiner Mutter hörte. Ich lief hinaus, setzte mich unter einen Baum und weinte. Als ich schließlich die Beherrschung wiedergewonnen hatte, ging ich ans Krankenbett von Bamaa und versuchte zu vergessen, was ich gehört hatte.

Später am gleichen Tag kam ein Arzt und redete mit uns. »Wir glauben, das Medikament Miconazol kann gegen Joyces Infektion helfen und sie vielleicht retten.« Meine Familie sah zum ersten Mal seit Wochen einen Hoffnungsschimmer. Während mein Herz hoffte und betete, dass der Arzt recht haben möge und das Medikament sie retten würde, hätte ich bei dem Gedanken an das, was ich auf dem Klinikflur gehört hatte, am liebsten laut geschrien: »Gebt euch keine Mühe mehr – sie ist bereits tot!«

Meine Familie musste mein Zögern bemerkt haben. Alle sahen mich fragend an. Sie waren enttäuscht, sie wussten ja nicht, was ich gehört hatte. Und sie wussten auch nicht, dass meine Mutter mir bereits gesagt hatte, dass sie sterben würde. Deshalb schickten sie mich und Beatrice auf eine zehnstündige Fahrt, um das Medikament zu kaufen.

Miconazol ist ein simples Antipilzmittel, das in vielen Ländern erhältlich ist. Doch im Jahr 1993 in Sambia, als meine Bamaa es brauchte, konnte man es nur im Konkola Mines Hospital in Chililabombwe kaufen und auch dort bekamen wir es nur, weil meine Tante Erika jemanden im Krankenhaus kannte.

Stumm und verloren wanderten Beatrice und ich zur Hauptstraße, um per Anhalter nach Chililabombwe zu fahren. Dort nahmen wir das Medikament in Empfang und machten uns sofort wieder auf den beschwerlichen, angstvollen Rückweg ins Liteta Hospital.

Als wir schließlich dort eintrafen und in Bamaas Krankenzimmer gingen, sagte mir irgendetwas in meinem Innern bereits, dass sie gestorben war. Wir hörten Menschen weinen. In Afrika bringen die Menschen ihre Trauer laut und offen zum Ausdruck, deshalb wussten wir, dass jemand gestorben war. Doch es konnte jeder sein. Es gab so viele Patienten in dem Krankenhaus und fast jeden Tag starb einer. Aber irgendwie wusste ich es. Ich spürte, wie mein Magen sich umdrehte, und musste so schnell wie möglich ins Badezimmer laufen. Bamaa war tot. Ich hatte mich nicht mehr von ihr verabschieden können. Und das nur, weil ihr, wie so vielen Einwohnern Afrikas, ein simples Antipilz-Medikament nicht zugänglich gewesen war.

Joyce Mwanamusulwe, die Frau, die mich so viel gelehrt hatte, nicht mit Worten, sondern durch ihr tagtägliches Handeln und ihr Vorbild, hatte diese Welt verlassen. Beatrice und ich hatten eine über zehnstündige Fahrt unternommen in dem vergeblichen Versuch, meine Mutter zu retten, obwohl ich den Arzt hatte sagen hören, dass es sinnlos war. So kam es, dass ich nicht bei meiner geliebten Bamaa war, als sie diese Welt verließ, und der Gedanke daran lastet noch heute wie ein schweres Gewicht auf mir.

Sie starb am 29. Oktober 1993 und wurde am 2. November in Kasukwe begraben. Bei ihrem Begräbnis vergoss ich zur Überraschung vieler Anwesender kaum eine Träne. Sie wussten ja nicht, dass ich alle meine Tränen schon geweint hatte. Jetzt, da die große Verantwortung auf meinen Schultern ruhte, musste ich Stärke zeigen und durfte nicht weinen. Doch tief in meinem Herzen weinte ich, trostlos, voller Angst und Sorgen. Inmitten dieser Sorgen aber trocknete Gott meine Tränen und half mir, stark zu bleiben, wie Bamaa es sich gewünscht hatte. Mein älterer Bruder Kelvin weinte, während ich die anderen tröstete. Die Leute sagten: »Was ist das für eine? Warum weint sie nicht?« Sie missdeuteten meine Stärke als Kälte und fragten sich, ob Bamaa wirklich meine Mutter gewesen war. Doch der Herr hatte mir die Kraft und den Mut gegeben, zu tun, worum sie mich gebeten hatte.

Natürlich nahm auch Bataa am Begräbnis teil. Die Leute schienen ihm die Schuld am Tod meiner Mutter zu geben – und ich fing an, ihnen zu glauben. Sie hatte ihn so sehr geliebt und er hatte sie während ihrer langen Krankheit kaum einmal besucht. Aber dann fiel mir auf, dass er selbst sehr krank aussah.

Was mich selbst anging, so war es für mich an der Zeit, meinen Platz im Dorf einzunehmen. Ich musste in die Rolle meiner Mutter schlüpfen und versuchen, ihr Vermächtnis zu erfüllen. Ich hatte Bamaa und mir selbst ein Versprechen gegeben und war entschlossen, dieses Versprechen zu halten, komme, was da wolle, und welche Opfer es mich auch kostete. Ich würde nicht nur für meine

Brüder und Schwestern sorgen, sondern auch für alle anderen Kinder, für die meine Mutter gesorgt hatte, und auch für meine Großeltern. Ich wusste, was mein Auftrag war.

Während ich versuchte, mich an meine Traurigkeit zu gewöhnen, die nun mein ständiger Begleiter war, magerte mein Bataa immer mehr ab und wurde immer schwächer. Nun wurde klar, warum er Bamaa nicht hatte pflegen und warum wir Kinder nicht bei ihm hatten leben können. Diesmal wusste ich, was mich erwartete. Er würde ebenfalls sterben. Ich vergab ihm sofort und begann, so viel Zeit wie möglich mit ihm zu verbringen. Bamaa Banini war vor ein paar Monaten gestorben, anscheinend an derselben Krankheit, und Bataa brauchte Hilfe. Ich weiß noch, wie ich versuchte, ihn auf meinem Rücken in das gleiche Krankenhaus zu tragen, in dem Bamaa gestorben war, knapp fünfzehn Kilometer von seinem Dorf entfernt. Er war damals über sechzig Jahre alt. Ich konnte ihn tragen, weil das Dorfleben mich kräftig gemacht hatte und er so stark abgemagert war; aber er war immer noch ein großer Mann und seine Füße schleiften hinterher. Ich benutzte jede Abkürzung, die ich kannte, weil ich Angst hatte, dass die Leute über uns lachen würden, wenn wir die Hauptstraße nahmen: *Seht doch nur, was aus denen geworden ist.*

Im Krankenhaus wurde mein Vater mit Paracetamol behandelt. Es war so vergeblich und wirkungslos, als hätte man versucht, ein Eimerchen unter die Wasserfluten der Viktoriafälle zu stellen, um die Wassermassen aufzufangen; sein Immunsystem war völlig zusammengebrochen. Nur sechs Monate nach dem Tod meiner Mutter verlor mein Vater seinen letzten Kampf. Jetzt war ich ganz allein, eine Waise und unser Haushaltsvorstand.

Man hatte mir immer erzählt, mein Vater sei allein im Busch gestorben, und ich hatte das ganz wörtlich genommen. Der Gedanke an meinen Vater, wie er allein und voller Angst dort lag und sich nicht bewegen konnte, brach mir das Herz. Deshalb war es eine große Erleichterung für mich, als ich später auf einer Reise nach Sambia erfuhr, dass Bataa in seiner Hütte gestorben und sein Bruder bei ihm gewesen war. Von einem Mann, der vierundzwanzig Kinder hatte, mit fünf Frauen verheiratet gewesen war und einen hohen Posten in der Stadt gehabt hatte und der dann in einer Lehmhütte nur mit seinem Bruder an seiner Seite gestorben war, konnte man mit einem gewissen Recht sagen, er sei allein im Busch gestorben. Doch selbst nach so langer Zeit tröstet mich der Gedanke noch, dass er nicht ganz allein war. Auf derselben Reise, auf der ich das erfuhr, besuchte ich auch zum ersten Mal sein Grab.

Der Tod ist in Afrika allgegenwärtig, aber ist er deshalb weniger schmerzlich für uns? Darüber habe ich viel nachgedacht. Ich glaube, der Verlust der Eltern oder auch eines anderen geliebten Menschen schmerzt immer gleich, gleichgültig, wo man lebt. Hier in Afrika überrascht uns der Tod nicht ganz so sehr, weil er zu viele von uns viel zu früh und viel zu häufig heimsucht. Wir sind immer auf der Hut; wir wissen, dass dieser widerwärtige Zerstörer bei unserer Geburt auf uns lauern kann, in verschmutztem Trinkwasser, in den Moskitos, die uns stechen, wenn wir schlafen, in der Muttermilch, die wir unseren Kindern zu trinken geben müssen, weil wir nichts anderes haben, in einem Ausbruch von Tuberkulose oder Cholera, zu dem es kommt, wenn die Gelegenheit günstig und das Immunsystem schwach ist, in Krankheiten, die in großen Teilen der Welt als vermeidbar gelten, aber nicht bei uns. Aber ist unser Leid deshalb weniger groß? Das glaube ich nicht.

Ich erinnere mich heute noch an den Schmerz. Noch jetzt gibt es Zeiten, in denen er mich dermaßen überwältigt, dass ich aufstöhne. Ich sehe mich selbst, zu einer Kugel zusammengerollt, ein scharfer Schmerz breitet sich von meinem Herzen aus, flutet durch meinen Körper, zehrt mich auf. Nein, ich glaube nicht, dass wir das Leid weniger stark empfinden. Und, wie alle, die jemanden geliebt und verloren haben, wissen: Mit dem Schmerz kommt die Gewissheit, dass *eine* Prüfung vorüber sein mag, dass jedoch die eigentliche Not, die Not, mit dem Verlust zu leben, gerade erst beginnt.

Für mich war das der Anfang des Sugar-Daddy-Syndroms.

Teil II

Veränderungen und Herausforderungen

Das Sugar-Daddy-Syndrom

Die Monate nach dem Tod meiner Eltern waren eine Zeit der Leere und Unsicherheit. Ich war noch ein Teenager und ging in die achte Schulklasse. Meine Tante Erika Lukoshy war zwar einverstanden gewesen, dass ich weiter bei ihr in Chililabombwe wohnte, doch im Grunde war sie mit den vielen neuen Verpflichtungen restlos überfordert. Ich musste meine Schulgebühren selbst bezahlen und dazu die meiner Brüder und Schwestern, die auf meine ganze große Familie aufgeteilt worden waren. Wir hatten zwar alle ein Dach über dem Kopf, doch es war einfach nicht genügend Geld zum Leben da. Wir mussten uns immer wieder kleinere Summen bei allen leihen, die bereit waren, uns etwas zu geben, und lebten so ständig in der Schuld anderer. Das machte uns verletzlich. Aids ist sehr oft eine Krankheit, die in der Armut wurzelt und ihre Opfer im Teufelskreis der Bedürftigkeit festhält.

Auf Bamaas Beerdigung hatten ihre Arbeitgeber mir feierlich erklärt, dass sie für uns sorgen wollten und dass wir das Geld, das uns als ihren Nachkommen zustand, regelmäßig erhalten würden. Doch wir warteten vergeblich darauf. Ich machte mehrmals die teure, zehn Stunden lange Reise, um darum zu bitten, wurde aber jedes Mal mit Entschuldigungen abgespeist.

Ich hatte damals einen Freund, einen Jungen namens Terry. Wir besuchten zusammen die Chililabombwe Secondary School; Terry war zwei oder drei Klassen über mir; er gehörte zum Stamm der Lamba. Ich war damals viel zu unerfahren, um zu merken, wie sehr Terry mich mochte. Später, als es mir klar wurde, erkannte ich, dass ich zu der Zeit gar nicht anders konnte, als Terrys und meine Gefühle zu ignorieren.

Während unsere Freundschaft wuchs, fiel mir auf, wie seine Augen mich bei jeder Gelegenheit suchten. Wenn ich den Flur hinunterging, stand er da und plauderte mit seinen Freunden, wenn ich Unterricht hatte, ging er vor dem Fenster meines Klassenzimmers vorbei – Terry war immer da und seine Zuneigung zu mir wurde immer größer. Er war ein schüchterner Junge, nicht prahlerisch und auch nicht übermäßig selbstsicher. Sein Verhalten war auf eine sehr süße, jungenhafte Weise wundervoll romantisch und zärtlich.

Nach der zwölften Klasse nahm Terry im Rahmen eines Sommerjobs, während er auf seine Prüfungsergebnisse wartete, für kurze Zeit eine Arbeit in den Minen an. Er verdiente zwar nicht viel – die Bezahlung deckte nicht einmal die Reisekosten und die tägliche Verpflegung –, doch es war immerhin sein erstes selbst verdientes Geld. Er war furchtbar stolz, als er kam und mir seinen ersten Gehaltsscheck zeigte.

»Princess, sieh mal. Was soll ich nur mit dem vielen Geld machen?« Ich freute mich und war ebenfalls sehr stolz auf ihn.

»Nun, Terry, du solltest deinen Eltern etwas geben, damit sie dich segnen, und außerdem solltest du dir etwas kaufen.« Wenn ein junger Mensch in meinem Kulturkreis zum ersten Mal eigenes Geld verdient hat, ist es Brauch, einen Teil davon den Eltern zu geben als Anerkennung für alles, was sie für das Kind getan haben; die Eltern wiederum segnen ihr Kind dafür.

»Und was ist mit dir?« Ich spürte Terrys Optimismus; anscheinend hatte er das Gefühl, mit dem wenigen Geld, das er jetzt besaß, für meine komplette Familie sorgen zu können.

»Terry, du weißt doch, dass es mir gut geht.«

Ich sah die Enttäuschung in seinen Augen, ließ es mir aber nicht anmerken. Ohne ein weiteres Wort ging er fort und kaufte mir eine Armbanduhr und eine Handtasche. »Ich möchte, dass du auch etwas bekommst. Ich möchte, dass du glücklich bist und chic aussiehst«, sagte er zu mir.

Niemals machte er, wie so viele andere Jungen, Anspielungen auf Sex; vielmehr sprach er von unserer gemeinsamen Zukunft. Terry nahm die Schule sehr ernst und machte mir immer wieder Mut, meinen Traum, Fernsehreporterin zu werden, wahr zu machen. Wenn ich heute daran denke, welche geistige Reife dieser Schuljunge damals zeigte, wird mir immer noch warm ums Herz.

Ich mochte Terry und ich weiß, wenn ich es zugelassen hätte, hätte ich mich in ihn verlieben können. Er wäre ein wunderbarer, liebevoller Ehemann geworden. Leider hatte er einige ernst zu nehmende Rivalen.

Mit der Entschuldigung, für meine Geschwister sorgen zu müssen, hatte ich insgeheim angefangen, mich mit älteren Männern zu treffen, Vaterfiguren, die für uns sorgen konnten. Ich wusste im Grunde selbst nicht so recht, was ich tun sollte, dachte aber, dass ich es mir auf keinen Fall leisten konnte, mich in einen armen jungen Schüler zu verlieben. Wenn ich an die Entscheidung denke, die ich damals aus reinen Vernunftgründen getroffen habe, bin ich heute noch traurig.

Sugar Daddys, wie ich sie nennen möchte, pflegen ein Mädchen zu verwöhnen; sie sind charmanter und weltgewandter, als ein unschuldiger Schuljunge es je sein kann. Doch Terry gab nicht so leicht auf. Als er erfuhr, was ich trieb, schickte er mir eine künstliche weiße Rose und eine Karte, die er mit irgendeinem Parfüm besprüht hatte. Das war wahnsinnig lieb von ihm. Ich roch an der Rose, und obwohl sie nicht echt war, hatte ich das Gefühl, als hielte ich eine frische Rose in der Hand. Trotzdem durfte ich Terry nicht nachgeben. Ich schob meine Gefühle gewaltsam beiseite. So hinreißend diese Geste auch war, was sollte ich mit einer Plastikrose anfangen? Sie zeigte mir im Grunde nur, dass Terry arm und jung und unerfahren war und dass ich mich auf keinen Fall in ihn verlieben durfte.

Die älteren Männer, auf die ich mich stattdessen einließ, bemühten sich zwar, mich zu umgarnen, doch der Umgang mit ihnen war keineswegs immer einfach oder gar romantisch. Ich erinnere mich noch an einen der ersten Männer, mit denen ich mich verabredete; er erzählte mir, er sei alleinstehend und wolle mich heiraten, und versprach mir schöne Kleider und ein Auto. Ich vermisste meinen Vater damals so verzweifelt, dass ich geradezu nach alldem lechzte, was dieser Mann mir bieten konnte. Mehr noch als die materiellen Dinge wünschte ich mir jemanden, dem ich etwas bedeutete, der für mich sorgte und mir Schutz bot.

Einmal nahm er mich mit zum Tanzen und Trinken. Anfangs kam ich mir ungeheuer erwachsen vor, doch danach war ich drei Tage lang krank. Viel schlimmer aber war, dass ich schon bald herausfand, dass der Betreffende verheiratet war. Ich bildete mir damals ein, ihn zu lieben, und war ganz sicher, dass er mich ebenfalls liebte. Es war eine schmerzliche, schockierende Lektion, als ich erkennen musste, dass er mich belogen hatte. Ich dachte an Bamaas liebevolles Gesicht, als sie mich mit der »Munge Munge«-Geschichte vor genau solchen Situationen gewarnt hatte. *Aber Bamaa*, dachte ich, *dies ist die Wirklichkeit, kein Märchen. Wir müssen Schulgebühren bezahlen, wir müssen Essen kaufen.*

Ich zwang mich, den Staub von den Füßen zu schütteln und mir einen anderen Sugar Daddy zu suchen. In den folgenden Monaten bekam ich unzählige leere Versprechungen und Lügen zu hören. Doch hoffnungslos naiv und optimistisch, wie ich war, entwickelte ich starke Gefühle für jeden Mann, jede Vaterfigur, mit der ich mich verabredete. Inzwischen fiel es mir schwer, mich auf meine Ausbildung zu konzentrieren.

Ich wusste nicht, dass ich dem Mann, der mein Ehemann und der Vater meiner beiden Töchter werden sollte, bereits begegnet war. 1993, nach Bamaas letztem Gespräch mit mir, hatte ich eine kleine Rolle in einem Stück am Kamenza Theatre in Chililabombwe übernommen. Ich spielte eine Mutter, deren Tochter sich etwas zuschulden kommen ließ. Dabei trug ich ein blaues Kleid, in dem ich mir wunderhübsch vorkam. Das Stück wurde monatelang aufgeführt und war eine wunderbare Abwechslung von meinem Alltag und der Angst vor der Zukunft. Auf der Bühne war ich glücklich und frei.

Ich hatte schon in der Grundschule an kleineren Stücken mitgewirkt, doch dies war das erste Mal, dass ich in einem richtigen Theater auftrat – und das Kamenza Theatre war nach sambischen Maßstäben ein richtig großes Haus. Fast jedes Wochenende wurde ein Stück aufgeführt; viele Besucher kamen allerdings einfach, um unter Leuten zu sein.

Als ich eines Tages, kurz nach der Vorstellung, die Impala Road entlang nach Hause ging, hielt plötzlich neben mir ein weißer Land Cruiser an. Er trug auf den Seiten die Aufschrift *Minenpolizei*. Ein Mann stieg aus.

»Hi.«

»Hi.«

»Ich hab' dich schon ein paar Mal gesehen, in dem Stück und auch so, in der Stadt. Ich würde dich gerne wiedersehen.«

Zuerst erkannte ich den Mann nicht, doch während wir redeten, fiel mir ein, dass wir uns tatsächlich schon gesehen hatten. Vor etwa einem Monat hatten meine Freundin Sandy und ich beobachtet, wie ebendieser schlaksige Mann in hohem Tempo die Impala Avenue entlangrannte, über Zäune sprang, sich unter Gattern durchduckte und an Hindernissen vorbeischlängelte. Er verfolgte anscheinend einen Dieb.

Für Sandy und mich war das ein willkommenes Schauspiel gewesen; wir lachten ihm nach, als er an uns vorbeigeflitzt kam. In der Erinnerung daran musste ich jetzt noch lächeln, eine Reaktion, die er offensichtlich falsch auslegte.

»Ah, jetzt weiß ich, dass ich Sie auch schon gesehen habe«, sagte ich. »Haben Sie den Dieb, hinter dem Sie damals her waren, denn gefangen?«

Er war hocherfreut, dass ich ihn in Aktion gesehen hatte, und glaubte, in mir eine Bewunderin gefunden zu haben. »Ja, ich habe ihn auf die Polizeiwache gebracht.«

Ich musste diesem Geplänkel unbedingt ein Ende machen. Sein Auto und seine Uniform ließen keinen Zweifel daran, dass er zur Minenpolizei gehörte. In meiner Situation konnte ich mir nicht leisten, Zeit mit ihm zu verschwenden; sein Gehalt würde auf keinen Fall ausreichen, um meine Familie zu unterstützen. Ich sagte ihm, dass ich ihn nicht wiedersehen konnte, doch dann gab ich ihm aus irgendeinem Grund, über den ich mir selbst nicht im Klaren war, meinen Namen und meine Anschrift.

Sobald er weg war, lief ich zu Sandy und wir amüsierten uns gemeinsam, dass ausgerechnet der sehnige alte Minenarbeiter, der damals vor unseren Augen einen Dieb verfolgt hatte, sich mit mir treffen wollte.

»Sandy, ich bitte dich! Er ist ja noch nicht mal Minenarbeiter; er ist irgendein kleines Licht von Polizist! Das heißt, er verdient etwa so viel wie ein Lehrer und die haben nun wirklich ein Mini-Gehalt.« Und wir wollten uns ausschütten vor Lachen.

Doch plötzlich wurde Sandy ernst. »Er mag ja Polizist sein, aber vielleicht ist er trotzdem deine Rettung. Du hast doch gesagt, dass er ein Auto hatte. Das ist nicht schlecht, Princess. Du solltest es dir lieber noch mal überlegen, bevor du ihn laufen lässt.«

An den genauen Zeitpunkt dieses Vorfalls kann ich mich nicht mehr erinnern – doch eben das ist meiner Ansicht nach ein Beweis für eine ganz bestimmte traurige Tatsache: Es gibt bei den internationalen humanitären Gesellschaften eine Bezeichnung für die Kinder, die direkt oder indirekt von HIV und Aids betroffen sind: »Waisen und gefährdete Kinder.« Wenn ich mich recht erinnere, hatte meine erste Begegnung mit Moffat zu einem Zeitpunkt stattgefunden, als meine Eltern noch lebten, aber schon zu krank waren, um uns zu unterstützen. Es fehlte uns bereits an vielem, und so war ich schon damals irgendwie zu der Überzeugung gelangt, dass mir nichts anderes übrig blieb, als mich an irgendwelche Sugar Daddys zu hängen. Wir waren zu diesem Zeitpunkt zwar noch keine Waisen, aber eindeutig bereits gefährdet, und das wirkte sich auf alle Entscheidungen aus, die ich traf.

Eher zögernd erklärte ich mich einverstanden, mich mit Moffat Zulu zu treffen. Unsere Beziehung machte langsam Fortschritte, obwohl wir uns eher selten sahen. Doch mit der Zeit erlag ich dem Charme dieses Mannes. Wie sich herausstellte, war er der stellvertretende Leiter der Minenpolizei der Konkola-Minen in Chililabombwe. Nach Bamaas Tod fuhr Moffat mich zu den Büros der Regierung, wo ich Bamaas Geld einforderte. Er gab mir Geld für die Schule und sorgte dafür, dass auch meine Brüder und Schwestern zur Schule gehen konnten.

Doch nach einer gewissen Zeit fing er an, mir dies und jenes zu verbieten. Zuerst verbot er mir das Theaterspielen. Ich gehorchte nur widerstrebend. Heute bereue ich diesen Entschluss, doch damals schien er mir unumgänglich.

Irgendwann erfuhr ich, dass auch Moffat bereits verheiratet war, doch wie jener andere Mann erzählte er mir, dass er in Scheidung lebe und seine Ehe eigentlich schon am Ende gewesen sei, als wir uns begegneten. Seine Frau, so behauptete er, lebe nur noch bei ihm, bis er eine andere Wohnung für sie gefunden habe, und ich glaubte ihm. Dennoch stellte Moffats Ehe, unabhängig davon, dass sie gescheitert war, eine große Belastung für mich dar. Als die Frauen in der Stadt herausbekamen, dass ich mit einem verheirateten Mann liiert war, wurde alles noch schlimmer; sie warfen mir vor, eine Ehe zerstört zu haben, und sparten nicht mit missbilligenden Blicken, wo immer sie mir begegneten. In der schlimmen Zeit nach dem Tod meiner Bamaa und angesichts der riesigen Verantwortung, die ich übernommen hatte, war das alles einfach zu viel für ein dummes, junges Ding, das noch zur Schule ging. Meine einzige Reaktion bestand darin, dass ich versuchte, den Kopf in den Sand zu stecken; Moffat hatte mir gesagt, dass seine Frau das Problem sei, und ich glaubte ihm. In meiner Naivität weigerte ich mich schlicht, über die Tatsache nachzudenken, dass er vor ihr schon zwei weitere Frauen gehabt hatte.

Tante Erika war außer sich über die ganze Situation; ihrer Ansicht nach sollte ich die Schulbank drücken, statt mich mit Männern zu treffen. »Dieser Mann ist nicht gut für dich, Princess. Er war schon mehrmals verheiratet. Wie kommst du nur auf die Idee, dass er der Richtige für dich sein könnte? Wenn er mit dir fertig ist, wird er auch dich verlassen.« Und so tönte sie fort und fort: »Du wirst ernten, was du säst, Princess.« – »Warum glaubst du, du seist anders, du dummes Ding? Dieser Mann hat schon drei Frauen geheiratet und die letzte lebt noch bei ihm.« Doch zu meiner Gefährdung aus den oben genannten Gründen kam noch hinzu, dass ich ein ganz typischer, trotziger Teenager war und natürlich alles immer nach meinem Kopf gehen sollte; ich war ganz sicher, es besser zu wissen.

Wenn ich doch nur auf Tante Erika gehört und die Zeichen richtig gedeutet hätte! Ein Vorfall, den ich nie vergesse, hätte eigentlich sämtliche Warnglocken in meinem Kopf schrillen lassen müssen. Moffat und ich waren gemeinsam mit seiner Nichte im Kino gewesen. Auf dem Rückweg zum Auto stieß Moffats Nichte mich plötzlich an und deutete auf einen Jungen, der mitten in der Nacht auf der Straße Erdnüsse verkaufte. »Das ist Moffats Sohn«, sagte sie.

Sie musste sich irren. Warum sollte Moffats Sohn sich nachts draußen herumtreiben? Warum sollte er es nötig haben, Erdnüsse zu verkaufen? Ich war entschlossen, der seltsamen Geschichte auf den Grund zu gehen. Als wir schließlich im Auto saßen, mussten wir an dem Jungen vorbeifahren. Dieser erkannte seinen Bataa und winkte. Moffat tat so, als habe er nichts gesehen, und fuhr weiter. Dabei wandte er den Kopf demonstrativ von dem Jungen ab, der neben dem Auto stand und winkte.

»Wem winkt der Junge da?«, fragte ich. Moffat meinte, er würde es mir später sagen, doch ich wollte nichts davon hören. »Moffat, ich weiß, wer der Junge ist. Du fährst jetzt sofort zurück, nimmst ihn mit und bringst ihn nach Hause zu seiner Mutter.«

Als Tante Erika mich in jener Nacht im Garten weinen hörte, fand sie mich nur noch dumm. Erbost warnte sie mich: »Wenn er nicht mal auf seine eigenen Kinder aufpassen kann, warum sollte er dann auf dich und die Kinder aufpassen, die du vielleicht von ihm bekommst?« Als ob ich nicht schon genügend Probleme in meinem Leben gehabt hätte! Ich beschloss, Moffats Kinder zu retten. »Tante Erika, ich möchte diesen Kindern helfen und dafür sorgen, dass es ihnen gut geht.« Das zeigt wohl jedem, wie dumm und naiv ich damals war.

Wir haben die fatale Neigung, älteren Männern zu vertrauen. Sie haben Zeit, ihre Geschichte und ihre Ausreden zu perfektionieren, sodass sie meist damit durchkommen. Moffat sah denn auch im nächtlichen Auftauchen seines Sohnes auf der Straße eine Gelegenheit, mir die Fehler seiner Frau deutlich zu machen.

»Siehst du, Princess? Deshalb will ich mich ja von meiner Frau scheiden lassen. Sie sorgt nicht einmal richtig für unsere vier Kinder. Was ist das nur für eine Frau! Du erwartest doch wohl nicht, dass ich bei jemandem bleibe, der nicht einmal für seine eigenen Kinder sorgt?« Und wieder glaubte ich ihm. Jegliches Mitleid, das ich vielleicht für die Frau empfunden hatte, war verschwunden. *Wie konnte sie nur so etwas tun?* Mein Instinkt, diese jungen, gefährdeten Menschenkinder zu beschützen, war so stark, dass ich beschloss, bei Moffat zu bleiben und Mutterstelle an seinen Kindern zu vertreten. Ich würde die beste Stiefmutter der Welt werden.

Meine große Hoffnung war, dass meine Familie und ich finanziell wieder auf eigenen Füßen stehen konnten, wenn Bamaas Geld endlich kam. Wir litten darunter, dass man uns auseinandergerissen hatte, und sehnten uns danach, wieder zusammen zu sein. Deshalb war es ein schwerer Schlag, als das Geld dann wirklich eintraf – es waren armselige drei- oder vierhundert Dollar. Ich war völlig am Boden zerstört, zum einen, weil es nicht ausreichte, um für meine große Familie zu sorgen, zum anderen aber auch, weil das alles war, was Bamaa nach fünfzehn Jahren Arbeit für die Regierung zustand. Ihr Gehalt musste geradezu winzig gewesen sein. Dabei hatte sie so schwer gearbeitet.

Als sie noch lebte, war ich oft undankbar gewesen. Ich wollte ständig mehr: mehr Kleider, mehr Unterhaltung, mehr von allem. Ich machte mir keinen Begriff davon, welch immense Verantwortung sie trug, wollte nicht sehen, wie wenig sie tatsächlich besaß und welche Mühe es sie kostete, mit ihrem Geld auszukommen. Ich wollte, sie hätte mir irgendwann gesagt, wie wenig sie verdiente, vielleicht wäre ich dann weniger anspruchsvoll gewesen. Jetzt erfüllte mich brennende Reue.

Mit Moffat lief es sehr gut. Er gab mir Geld, wann immer ich ihn darum bat, und schien auch keine Gegenleistung dafür zu erwarten. *Nicht schlecht*, dachte ich bei mir – ohne einen Gedanken daran zu verschwenden, dass dies vielleicht der Grund dafür war, dass seine Kinder als Straßenverkäufer arbeiten mussten. Nach einigen Monaten wurde ich jedoch von der Realität eingeholt, und die Peinlichkeit meiner Lage wurde offensichtlich, als Moffat fragte: »Princess, wie willst du mir eigentlich all das, was ich für dich getan habe, vergelten?«

Ich sah ihn fragend an.

»Du weißt natürlich, wie du mich bezahlen kannst. Offensichtlich hast du kein Geld, aber du kannst mich jederzeit in Naturalien bezahlen.« *Natürlich.* Natürlich – darauf hatte Moffat gehofft. Schon bald gab ich nach und schlief mit ihm.

An diesem Punkt sollte ich vielleicht gestehen, dass ich mich auch vorher nicht immer mustergültig verhalten hatte. Moffat war nicht der erste Mann, mit dem ich schlief. Trotzdem war ich damals noch recht naiv und Moffat hätte mich über Empfängnisverhütung und Kondome aufklären müssen. So kam es, dass ich mit achtzehn Jahren schwanger wurde von Moffat Zulu, einem fünfundzwanzig Jahre älteren Mann.

Mein Zustand wurde mir klar, als ich anfing, mich in der Schule zu erbrechen. Ich wusste, dass es hoffnungslos war und dass ich nicht mehr lange zur Schule gehen konnte. Meine Zukunft schien beendet, noch bevor sie begonnen hatte. Ich war ratlos. Es stimmte zwar, dass ich Moffat in gewisser Weise benutzt hatte, doch meiner Ansicht nach hatte er mich ebenfalls ausgenutzt, indem er mir nicht sagte, dass ich eine Schwangerschaft riskierte. Er war älter als ich. Er wusste, dass ich schwanger werden würde. Ich erkannte, wie dumm ich gewesen war. Ich hatte eine unüberlegte Entscheidung getroffen, und jetzt musste ich die Folgen tragen.

»Princess, glaubst du vielleicht, du bist die Einzige, die je in einer solchen Lage war? Du musst das Kind abtreiben lassen«, trösteten mich meine Freundinnen, als sie mich bei meiner Tante besuchten.

»Was? Wie könnte ich das tun? Ich soll das Baby umbringen?« Ich wollte meinen Ohren nicht trauen. Ich konnte mir nicht vorstellen, dass ich fähig war, einem Kind das Leben zu nehmen, doch gleichzeitig sah ich keinen anderen Ausweg. Ich hatte das Gefühl, vom Regen in die Traufe geraten zu sein.

»Wie kannst du dir einbilden, du seist das erste Schulmädchen, das schwanger wird?«, fragten meine Freundinnen. »Du hast dein ganzes Leben noch vor dir. Du kannst nicht einfach von der Schule abgehen. Wir haben das alle irgendwann einmal gemacht. Sei doch nicht dumm; du bist echt in Schwierigkeiten. Es gibt ein Mittel, das wir dir geben können. Wenn du es trinkst, bist du wieder in Ordnung und kannst wieder zur Schule gehen.«

Schließlich ließ ich mich breitschlagen. Die Mädchen brachten mir einen Sud aus afrikanischen Kräutern und Drogen – *umunsokansoka*, gemischt mit *mululwe*, aus Baumrinde gewonnen.

Eines Nachts, als ich allein im Schlafzimmer war (in dem sich gewöhnlich drei oder vier von uns aufhielten), fasste ich mir ein

Herz und trank den Sud, den meine Freundinnen mir in einem kleinen braunen Fläschchen gebracht hatten. Doch tief in meinem Herzen empfand ich große Trauer. Ich bereute mein Tun und schämte mich dafür. Dennoch brachte ich irgendwie den Mut auf, den Sud zu trinken, denn ich fühlte mich wirklich in die Enge getrieben und dies schien der einzige Ausweg zu sein, die einzige Möglichkeit, meine Schande vor der Welt geheim zu halten. Angesichts Tante Erikas wachsender Abneigung gegen Moffat hatte ich es nicht über mich gebracht, ihr von meiner Schwangerschaft zu erzählen.

Kurz nachdem ich die Medizin eingenommen hatte, wurde mir schwindlig, und dann begann mein Magen plötzlich schrecklich zu brennen. Auf allen vieren kroch ich aus meinem Schlafzimmer ins Badezimmer und begann gleich darauf, Essen, Wasser und Blut zu erbrechen. Ich war ganz sicher, dass ich sterben musste. *Ich verdiene den Tod*, dachte ich, weil ich im Begriff war, ein anderes Leben zu nehmen. Doch irgendetwas trieb mich, Wasser zu trinken. Ich wusste damals nicht, dass ich mir auf diese Weise die verlorene Flüssigkeit wieder zuführte, das Gift verdünnte und mir so wahrscheinlich selbst das Leben rettete.

Am nächsten Morgen, bevor ich zur Schule ging, kamen meine Freundinnen zum Haus meiner Tante und fragten mich, was geschehen war.

»Ich habe den Sud getrunken, aber es ist nichts herausgekommen«, informierte ich sie.

»Princess, das ist kein gutes Zeichen. Es heißt, wenn das Baby nicht sofort herauskommt, darf man den Trank nicht ein zweites Mal einnehmen. Du könntest daran sterben«, sagte eine von ihnen. »Aber du in deiner Situation solltest es vielleicht trotzdem ein zweites Mal versuchen; immerhin hast du ein Riesenproblem.« Das war alles andere als ein Trost. Wir setzten das Gespräch noch ein Weilchen mit leisen, unterdrückten Stimmen fort und hofften, dass uns keiner hörte. Allmählich überzeugten sie mich, dass ich den Trank ein zweites Mal zu mir nehmen musste. Ich hatte schreckliche Angst, versuchte aber trotzdem, noch einmal Mut dafür zu sammeln.

Den ganzen Tag über konnte ich an nichts anderes denken. Die Erfahrung war so schrecklich gewesen, dass ich nicht sicher war, ob ich es noch einmal überstehen würde. Am Nachmittag ging ich langsam nach Hause. Dort entdeckte ich zu meiner Überraschung, dass das braune Fläschchen, das die Flüssigkeit enthalten hatte, zerbrochen war. Die Splitter waren über den ganzen Weg vor dem Haus verteilt. *Wer konnte das getan haben?*, fragte ich mich. Mir war klar, dass ich nun erst recht Probleme bekommen würde.

Als ich ins Wohnzimmer kam, sah ich, dass meine Tante früher nach Hause gekommen war. Ich merkte ihr an, dass sie etwas vermutete. »Was hast du getan, du dummes Ding? Was habe ich dir die ganze Zeit gepredigt? Jetzt siehst du, welche Schande du nicht nur über dich selbst, sondern über unsere ganze Familie gebracht hast.« *Wer hatte es ihr erzählt? Woher wusste sie es?*

Anscheinend waren meine Freundinnen und ich am Morgen nicht leise genug gewesen. Meine kleine Cousine Barbara hatte an der Tür gelauscht. Sie hatte das Fläschchen zerbrochen und meiner Tante erzählt, dass ich schwanger war. Meine Tante war außer sich. Sie hatte sechs eigene Kinder und noch viele andere, die von ihr abhängig waren und die sie von ganzem Herzen liebte. Sie trug ihre Bürde mit frohem Mut, obwohl es ihr oft sehr schwer fiel, für so viele Menschen zu sorgen. Ein weiterer Mund, der zu stopfen war, würde alles noch schwerer machen, doch sie hätte im Traum nicht daran gedacht, ein Kind abzutreiben. Mit ihrer lieblichen, jung und unschuldig klingenden Stimme sagte sie mir, dass ich von der Schule abgehen und für das Baby sorgen müsse.

Es hätte noch andere Methoden gegeben, das Leben eines ungeborenen Kindes zu beenden – etwa durch den Gebrauch einer Radspeiche oder den Stängel eines Kasava-Blattes. Ich entschied mich dagegen und nahm die Folgen meines Tuns auf mich.

Ich war zwar als Christin erzogen worden, doch mein Glaube war damals noch lange nicht die treibende Kraft in meinem Leben. Ich wusste, dass Gott mein Verhalten nicht guthieß, doch im Grunde war es die Erinnerung an Bamaa, die tiefe Scham in mir weckte. Ich konnte mich kaum noch im Spiegel ansehen. Ich konnte nicht mehr zum Himmel aufblicken. Ich hatte das Gefühl, Bamaa schrecklich enttäuscht zu haben. Sie hatte so große Hoffnungen in mich gesetzt; sie hatte mich gebeten, ihre Familie zu beschützen, und ich hatte sie im Stich gelassen. Ich schämte mich für die Schande, die ich über unsere Familie gebracht hatte. *Es tut mir so leid, Bamaa.*

Statt die Demütigung auf mich zu nehmen und in der Schule zu erzählen, was geschehen war, ging ich einfach nicht mehr hin. Mein Klassenlehrer, der aus Ghana stammte, hatte große Stücke auf mich gehalten und mir Mut gemacht. Als er merkte, dass ich nicht mehr zum Unterricht kam, bat er die anderen, mich zu suchen und in die Schule zu bringen. Doch es war hoffnungslos; ich hatte beschlossen, nicht mehr hinzugehen.

Immer wieder schickte er meine Freundinnen zu mir und ließ mich bitten, zu ihm zu kommen und mit ihm zu reden. Schließlich erklärte ich mich bereit, mich mit ihm in einem Restaurant zu treffen. Er war ein guter Mann, der im Moment jedoch tief besorgt aussah. »Princess, sie sagen mir, dass du nicht mehr in die Schule kommen willst.«

»Nein, Sir. Ich bin schwanger.« Irgendwie fühlte ich mich plötzlich frei. Ich hatte mein sündiges Geheimnis bekannt.

»Nein, nein, nein, das kann nicht wahr sein.« Ich sah den Kummer in seinen Augen. Er hatte so viele gute Schülerinnen gehabt, die von der Schule abgegangen waren, weil sie arm und gefährdet waren. »O Princess, das ist eine schlechte Nachricht. Ich glaube, du solltest das Kind abtreiben.«

Ich erklärte ihm, dass ich es versucht hätte, mich jetzt aber entschieden hätte, das Baby zur Welt zu bringen. Er meinte, ich könne für eine Abtreibung auch ins Krankenhaus gehen. Bis jetzt hatte ich gedacht, das sei in Sambia illegal.

»Das ist es auch, aber es gibt Ärzte, die es trotzdem tun. Sprich mit deiner Tante darüber.«

Ich wusste, dass das sinnlos war; meine Tante würde nie ihre Zustimmung dazu geben. Doch mein Lehrer gab nicht auf. Er bot an, mich selbst in die Klinik zu bringen und eine fachgerechte Abtreibung zu bezahlen, damit ich wieder zur Schule gehen konnte. »Princess«, sagte er, »du bist eine unserer Kandidatinnen für den Posten der Schuldirektorin. Du bist eine unserer besten Schülerinnen. Es wäre nicht nur ein Verlust für dich, sondern für unsere ganze Gemeinschaft. Bitte, überleg es dir noch einmal.«

»Es tut mir leid, Sir. Ich kann es nicht tun.« Wieder einmal hatte ich einen Menschen, der an mich glaubte, enttäuscht.

»Du hast mir wirklich das Herz gebrochen«, sagte er und nahm mir das Versprechen ab, dass wir in Verbindung bleiben würden, damit ich im nächsten Jahr auf die Schule zurückkehren konnte.

Ich versprach es, doch tief in meinem Herzen wusste ich, dass ich es nicht tun würde. Damals durften Mädchen, die Kinder hatten, nicht am Unterricht teilnehmen, es sei denn, sie fanden jemand, der in dieser Zeit auf das Baby aufpasste. Das sind die Schwierigkeiten, mit denen junge Mädchen zu kämpfen haben. Keiner hatte etwas dagegen, dass ein Junge, der ein Mädchen geschwängert hatte, weiter zur Schule ging, doch junge Mütter mit Babys waren nicht zugelassen.

Nachts standen mir die Gesichter von Terry, meinem Lehrer und meinen Freundinnen vor Augen. Ich hatte große Zukunftsträume gehabt, die aufzugeben mir sehr schwerfiel.

Ich sagte Moffat, dass ich schwanger von ihm war. Ich bat ihn auch, dafür zu sorgen, dass ich zur Abtreibung ins Krankenhaus gehen konnte. Der Form halber stimmte er zu. »Ich kümmere mich darum«, meinte er. Ich wusste nicht, dass er einfach nur Zeit schinden wollte, weil er wusste, dass es schon bald zu spät für eine

Abtreibung sein würde. Das Kind in mir wuchs unaufhaltsam heran.

Moffat versteifte sich darauf, dass ich das Baby bekommen und ihn heiraten sollte. Er wusste genau, wenn ich meine Ausbildung fortsetzen und meinen Horizont erweitern würde, würde ich möglicherweise zur Vernunft kommen und die Beziehung zu ihm beenden. Für einen Mann aus Moffats Generation aber war eine schöne, junge Frau eine Art Trophäe, um die ihn alle beneideten.

Als Terry hörte, dass ich von Moffat schwanger war, schrieb er mir einen Brief vom College und bat mich, ihn zu heiraten. Ich habe diesen Brief nie erhalten. Terry kam zu uns nach Hause, als ich im siebten Monat schwanger war. Ich hatte meiner Familie bereits gesagt, wer der Vater war, aber er bat mich trotzdem, einfach zu sagen, es sei von ihm. In seiner Güte bot er mir an, für dieses Kind zu sorgen, als sei es sein eigenes.

Ich war hin- und hergerissen. Was, wenn es Terry doch zu viel wurde und ich am Ende allein dastand? Was, wenn seine Eltern gegen eine Verbindung mit mir waren? Was, wenn sie herausfanden, dass in Wirklichkeit Moffat der Vater des Kindes war? Wie wollte Terry es schaffen, sowohl für meine Geschwister als auch für mein Baby zu sorgen?

Obwohl meine Eltern ebenfalls ihre Probleme hatten und am Ende ihres Lebens getrennt lebten, hatten sie sich nie scheiden lassen, wofür ich ihnen immer dankbar gewesen war; ich war der Ansicht, dass jedes Kind das Recht hat, mit Vater und Mutter aufzuwachsen. Aus diesem Grund neigte ich dazu, Moffat zu heiraten. Ich selbst hatte die Verachtung unserer Gemeinschaft zu spüren bekommen und wollte nicht, dass mein Kind das Gleiche durchmachte. Die Menschen konnten sehr grausam zu einem Kind sein, das keinen Vater hatte. Diese Kinder wurden *abana bakupula*, Bastarde, genannt.

Terry flehte mich an. Ich war völlig ratlos und wusste nicht, was ich tun sollte. Terry hatte den Verdacht, dass Moffat die Verbindung zu seiner früheren Frau aufrechterhalten würde. Vor allem aber fürchtete er, dass er keinen guten Ehemann abgeben würde. Ich empfand zwar große Zuneigung zu Terry und wusste, dass er sich immer bemühen würde, mich glücklich zu machen, aber mir war trotzdem nicht klar, was die beste Lösung für mein Problem war. Meiner Ansicht nach schien es immer noch das Beste, Moffat zu heiraten.

Eine junge Mutter auf der Suche nach Gott

»Irgendetwas geschieht mit mir, Tantchen«, lachte ich Anfang September. Das Baby in mir bewegte sich, wie es das in den letzten Monaten oft getan hatte, doch diesmal schien es nach unten zu rutschen.

»*Uoumwana*, ich glaube, das sind die Wehen. Das Baby kommt!«, rief Tante Erika. Wieder einmal konnte sie es nicht fassen, wie kindlich und naiv ich noch war.

»Meinst du?« Ich lachte immer noch. Ich war fast den ganzen Tag einkaufen gewesen, für meine Cousine.

Der Vater meiner Tante war gerade zu Besuch; er begleitete mich ins Krankenhaus. Zu dem Zeitpunkt war ich schon halb verrückt vor Schmerzen.

Ich weiß noch, dass Tante Erika mir auf dem Weg nachrief, wenn ich bei der Geburt nur tapfer sei, werde alles gut. »Du bist jetzt ein großes Mädchen und musst stark sein. Du bist jetzt eine von uns«, sagte sie.

Ich lag im Konkola Mine Hospital, wo ich in der Nacht, als Bamaa starb, das Antimykotikum geholt hatte. Jetzt war ich hier, um mein Kind zur Welt zu bringen.

Nach sambischem Maßstab war es ein gut ausgestattetes westliches Krankenhaus, eine Hinterlassenschaft der Kolonialherren, heute unter Verwaltung der Zambian Consolidated Copper Mines. Ich hatte das unwahrscheinliche Glück, dass eine Hebamme anwesend war, denn damals wie heute kommen in Sambia zwanzig Schwestern und Hebammen auf 10 000 Einwohner.[12]

Als meine Zeit kam, war niemand von der Familie bei mir, nur die Krankenschwestern, denn Väter waren im Kreissaal nicht zugelassen. Ich erinnerte mich an die Geschichten, die man mir erzählt hatte. Meine Tante hatte gesagt: »Wenn du bei der Geburt deines ersten Kindes stark und mutig bist, werden alle anderen Geburten einfach sein.« So presste und presste ich, ohne einen Laut von mir zu geben, aus Angst, sonst einen schrecklichen Fluch auf mich zu laden. Gegen sechs Uhr früh, als das Baby endlich kam, spürte ich einen schneidenden Schmerz, doch als die Schwester zu mir sagte: »Es ist ein Mädchen!«, war ich so selig, dass ich die Schmerzen sofort vergaß.

Ich erinnere mich noch an das strahlende Weiß ihrer Augen, als die Schwestern mir meine Kleine zum ersten Mal zeigten. Ihre Wimpern waren sehr lang, aber sie hatte keine Augenbrauen, was ihrem Gesichtchen einen drolligen Ausdruck gab. Ich freute mich an ihr, war aber so müde, dass ich erst einmal mehrere Stunden schlief. Ich wusste ja nicht, was von mir erwartet wurde. Als meine Familie mich besuchen kam, fand sie mich schlafend vor.

»Wo ist das Baby, Princess?«

»Ich weiß nicht. Die Schwestern haben sie irgendwohin gebracht. Bitte, ich bin so müde, ich möchte schlafen.«

»Princess, du musst aufpassen. Irgendjemand könnte sie stehlen. Du bist jetzt Mutter. Dein Schlaf ist nicht so wichtig.« Tante Erika war wieder einmal entsetzt darüber, wie wenig ich auf die Mutterschaft vorbereitet war.

Dann kamen die Krankenschwestern ins Zimmer. »Princess, du hast dein Baby nicht gestillt. Du hast es noch nicht einmal richtig gesehen. Du musst nach ihr schauen. Hier hast du sie.«

Ich konnte es nicht fassen, als ich mein wunderschönes Baby zum ersten Mal mit klarem Blick sah, frisch gewaschen und in eine Decke gewickelt, bereit, seine Tante und seine Cousine kennenzulernen. Sie war so hinreißend, dass mir die Luft wegblieb. In diesem Moment wollte ich nichts anderes, als mit meinem Baby zusammen zu sein. Ich war so froh, dass wir beide es geschafft hatten.

Jetzt, als ich Gelegenheit hatte, sie richtig zu betrachten, sah ich, dass ihre Haut hell war und dass sie nur wenig Haare hatte, was ungewöhnlich war; afrikanische Babys kommen in der Regel mit sehr dichtem Haar zur Welt. Es kitzelte, als sie zum ersten Mal an meiner Brust trank. *Was macht dieses kleine Ding nur mit mir?*, fragte ich mich.

Moffat wurde über die Geburt unterrichtet und besuchte uns, als ich schlief. Man sagte mir, dass er sich sehr gefreut habe, mich aber nicht habe aufwecken wollen.

Am nächsten Tag wurde ich aus dem Krankenhaus entlassen, zwei Tage nach der Geburt. Meine Tante half mir, meine Tochter zu versorgen, und zeigte mir, worauf ich achten musste.

Wie ich schon erwähnte, hat die Zeitspanne, bis die Nabelschnur abfällt, in unserer Kultur für Mutter und Kind eine tiefe Bedeutung, und für diese Tage gelten strenge Vorschriften. So durfte ich zum Beispiel nicht den Ofen berühren, kein Feuer anmachen und keine Hausarbeit verrichten. Der jungen Mutter Zeit zum Ausruhen zu geben, ist sicherlich mit ein Grund für diese Tradition. Die Frau gilt in dieser Zeit als unrein, und wenn sie Mahlzeiten zubereitet, könnte sie andere infizieren. Doch was auch immer der Grund war, ich war auf jeden Fall dankbar für die Ruhe.

Ebenso, wie es bei meiner eigenen Geburt gewesen war, konnten wir auch meiner Tochter erst dann einen Namen geben, wenn die Nabelschnur abgefallen war. In den ersten ein, zwei Wochen, während wir auf den verheißungsvollen Tag der Namensgebung warteten, wurde sie einfach »Baby« genannt. Heute entscheiden sich manche Eltern für den modernen Weg und beseitigen die Nabelschnur ohne Feier, doch wir befolgten die Überlieferung und begruben die ehemalige Lebensader unter einem Baum, so wie meine Eltern es bei mir gemacht hatten. Moffat schlug vor, das Baby nach meiner Mutter zu nennen. Ich war einverstanden und so nannten wir unser geliebtes Kind Joyce.

Moffat war ganz aus dem Häuschen vor Freude und Aufregung über dieses Baby, sein sechstes Kind. Nach zwei Wochen begleitete Joyce ihn bereits zu Fußballspielen im Konkola-Stadion. Er war ein wunderbarer Vater, der jedem, dem er begegnete, voller Stolz seine Tochter präsentierte.

Ich war leider immer noch sehr erschöpft. Ein Baby zu haben, bedeutete viel Arbeit. Joyce und ich lebten noch immer bei Tante Erika, die mir half, mein Kind zu versorgen, doch mein Ruhebedürfnis war fast unstillbar.

Einmal schrie Joyce, doch ich schlief wie eine Tote und wachte nicht auf. Tante Erika musste mich wecken. Kopfschüttelnd meinte sie: »Princess, also wirklich, du musst dein Baby stillen.« Meine Tante war ein Segen für mich; sie zeigte mir, wie man Windeln wusch, und hatte ein Auge darauf, dass Joyce richtig gepflegt wurde. Ich hätte nicht gewusst, was ich ohne sie hätte tun sollen. In einer Welt ohne Bücher und Zeitschriften über Kinderpflege verließen wir uns darauf, dass die Älteren uns zeigten, wie man Kinder richtig betreut.

In dieser Zeit musste ich mich nicht nur in meine neue Rolle als Mutter hineinfinden, es passierte auch sonst viel. Da war zunächst einmal die Frage nach meiner Zukunft mit Moffat. Ich hatte angefangen, Moffat in seine Gemeinde zu begleiten, wo er gerade durch eine Zeit der Reue und Bußfertigkeit hindurchging.

Da ich die Mutter seines Kindes war, war er bereit, mich zu heiraten, doch ich konnte mich immer noch nicht zu diesem Schritt entschließen.

In meiner Kultur ist es üblich, Beziehungen mit Familienangehörigen zu besprechen. Deshalb planten wir eine Zusammenkunft, bei der Moffat meine Tante und meinen Onkel um die Erlaubnis bitten wollte, mich zu heiraten. »Princess, ist es wirklich dein eigener Wunsch, Moffat zu heiraten, oder geht es dir nur um das Kind?«, lautete ihre weise Frage.

Genau da lag mein Problem. Ich musste irgendwie zu einer Entscheidung kommen. Noch immer hatte ich das Gefühl, an einem Scheideweg zu stehen. Ich wünschte mir nicht wirklich, Moffat zu heiraten, aber hatte ich eine andere Möglichkeit? Terry war nicht mehr da. Ich hatte keine Ausbildung, kein eigenes Einkommen und keinerlei Aussichten. Es war nicht ungewöhnlich, als so junges Mädchen zu heiraten. Nach einem Bericht der Vereinten Nationen sind gut 24 Prozent der sambischen Mädchen zwischen 15 und 19 Jahren verheiratet, geschieden oder verwitwet.[13] In einem Land, in dem die Frauen kaum Rechte haben, in dem sie kaum die Möglichkeit haben, zur Schule zu gehen, und in der unsere Hauptaufgabe die Erziehung der Kinder ist, beginnt der Weg ins Frausein meist viel zu früh. Und dann war da auch noch Moffat. Zu sagen, ich liebte ihn nicht, überhaupt nicht, wäre gelogen gewesen. Trotz meiner Vorbehalte erlag ich immer wieder seinem Charme. Dieser ältere Mann hatte große Macht über mich. Ich hatte das Gefühl, mich mit einer Vernunftehe mit Moffat abfinden zu können – und für mein Kind wäre das ohnehin das Beste. Außerdem bestand durchaus die Möglichkeit, dass Moffat für alle meine Geschwister sorgen konnte. »Ich möchte ihn heiraten«, sagte ich.

Zögernd gab meine Familie ihre Zustimmung. Wahrscheinlich waren auch sie der Ansicht, dass es so das Beste für mein Kind war.

Wie die Tradition es verlangte, musste Moffat 200 000 Kwacha, das sind etwa 50 Dollar, Schadenersatz dafür zahlen, dass er mich geschwängert hatte, während ich noch zur Schule ging. Demütig erklärte er sich bereit, die Summe zu bezahlen. Für die Erörterung der Mitgift wurde ein anderer Termin festgesetzt.

Ich war achtzehn, Joyce war zwei Monate alt, als meine Familie uns ihren Segen gab und wir nach der Tradition unserer Kultur zu Mann und Frau erklärt wurden. Wir hatten den letzten Schritt der

Eheschließung nach englischem Recht noch nicht getan, doch erst danach wären wir legal verheiratet und hätten Zugang zur staatlichen Gesundheitsfürsorge. Dazu brauchten wir eine formelle Heiratsurkunde vom Gericht; sie zu beschaffen würde eine gewisse Zeit in Anspruch nehmen.

Es wurde beratschlagt, dass ich mit Moffat, der bereit zu sein schien, die Verantwortung für seine neue kleine Familie zu übernehmen, nach Chililabombwe zurückkehren sollte. Das Jahr zwischen unserer traditionellen Heirat und unserer Eheschließung vor Gericht trug jedoch nicht dazu bei, meine Zweifel zu beseitigen. Durch unser Zusammenleben lernte ich Moffat besser kennen und das verstärkte meine Unentschlossenheit nur noch. Manchmal wachte ich nachts schweißgebadet auf, weil ich von »Munge, Munge« geträumt hatte.

Wie man mir prophezeit hatte, sprach es sich bald in der Stadt herum, dass mein neuer Ehemann weiterhin seine frühere Frau besuchte. Ich war verletzt, enttäuscht und wütend und wollte auf keinen Fall mein Leben mit diesem Mann verbringen. Auch Tante Erikas Zweifel nahmen von Tag zu Tag zu. Sie hielt die Ehe inzwischen für einen Fehler und war dagegen, sie vor Gericht besiegeln zu lassen. Ja, meine gesamte Familie fragte sich jetzt, ob wir nicht alle einem großen Irrtum erlegen waren und ich stattdessen vielleicht lieber wieder zur Schule gehen sollte.

Nach mehreren weiteren Familienversammlungen kamen wir überein, dass ich Moffat verlassen und bei einem anderen Onkel und einer Tante in Kitwe leben sollte, einer Stadt, etwa zwei Stunden vom Wohnort meines Mannes entfernt. Wir hofften, dass die räumliche Trennung uns beiden den Abstand geben würde, unvoreingenommen über eine zweite, legal bindende Eheschließung nachzudenken.

Während ich das schreibe, wird mir klar, dass die lange Liste meiner Onkel und Tanten aus westlicher Sicht vielleicht nicht so leicht im Kopf zu behalten ist, und auch die Tatsache, dass meine

Geschwister auf so viele verschiedene Familien verteilt waren, ist vielleicht nicht für jeden nachzuvollziehen. Doch das ist unsere afrikanische Großfamilie in ihrer besten Form. Wir haben ein Sprichwort, das Sie vielleicht schon einmal gehört haben: »Es braucht ein ganzes Dorf, um ein Kind aufzuziehen.« Daran glauben wir fest. Als Aids zur Geißel unseres Kontinents wurde und so viele Eltern starben, zeigte sich erst so richtig der Wert dieser festen und weit verzweigten Familienverbände.

In Kitwe hatte ich Zeit, über meine Zukunft nachzudenken. Trotz meiner verletzten Gefühle vergaß ich nicht die Last, die ich meiner Familie aufbürden würde, wenn ich nicht heiratete. Meine Onkel und Tanten wollten mich zwar finanziell unterstützen, doch sie hatten beim besten Willen nicht die Mittel dazu.

Moffat selbst bat mich natürlich um Verzeihung, nachdem ich ihn verlassen hatte. Ich glaube, er wusste ganz genau um die Macht, die er über mich hatte, und benutzte sie häufig dazu, unsere Beziehung zu manipulieren. Schließlich überzeugte er mich, ihm nicht nur zu vergeben, sondern ihn auch zu heiraten. Damals hatte in unserem Land gerade eine Erweckung begonnen und Moffat hatte vor Kurzem sein Leben Jesus übergeben. Er wusste, dass er mir Unrecht getan hatte, und sagte, dass es ihm leidtue.

In diese Zeit fiel auch mein eigener geistlicher Aufbruch. Nun, da ich Mutter war, sehnte ich mich nach dem Trost und der Führung Gottes, nach seiner Hilfe dabei, die richtigen Entscheidungen für meine Familie zu treffen. Ich brauchte einen Vater in meinem Leben, und damals erkannte ich, dass in Gott ein Vater auf mich wartete, der immer bei mir sein wollte.

Ein Evangelisationsgottesdienst, der von einem Amerikaner, der Kitwe besuchte, abgehalten wurde – ich glaube, sein Name war Dr. David Newsberry –, brachte mich in meinem Glauben einen großen Schritt vorwärts. Die Veranstaltung fand im Sportstadion statt, wo der Prediger die Botschaft von der göttlichen Vergebung verkündigte. Seine Worte berührten mich tief; durch sie fand ich die Kraft, Moffat alles, was er getan hatte, zu vergeben. Nun wusste ich, was Gott wollte: dass ich Moffat vergab und ein neues Leben mit ihm begann. Erst, als mein Glaube reifer wurde, erkannte ich, dass ich Moffat vergeben und ihn zugleich hätte ermutigen können, seine frühere Frau auch weiterhin zu unterstützen, oder dass ich ihm auch hätte vergeben und ihn trotzdem verlassen können. Doch damals hörte ich nur: »Vergib ihm und heirate ihn.«

Als mein Entschluss erst einmal gefasst war, konnte ich es kaum erwarten, ein neues Leben mit Moffat zu beginnen. Trotz all seiner Fehler war er der Vater meines Kindes, er hatte seine Fehler zugegeben und wir waren beide bereit, unsere Ehe fortzusetzen. Joyce und ich zogen zurück nach Chililabombwe, in Moffats Haus. Schon bald heirateten wir auch nach englischem Recht und ich war zum ersten Mal seit vielen Jahren glücklich.

Moffat und ich setzten unseren Weg mit dem Herrn fort. In dieser Zeit bekam die Gemeinde einen festen Platz in meinem Leben. Ich fand neue Freunde, Eddie und seine Frau Miriam, die mich ihrer Pastorin vorstellten. Sie hieß Faith. Faith zeigte mir Bibeltexte, die mich leiteten und mir Kraft gaben. Einen dieser Texte weiß ich noch immer auswendig. Es ist Jesaja 1,18: »Selbst wenn eure Sünden scharlachrot sind, sollen sie schneeweiß werden. Eure Sünden mögen blutrot sein, doch sie sollen werden wie Wolle.«

Ich konnte es nicht fassen, dass es Jesus gab, zu dem ich eine ganz persönliche Beziehung haben durfte, der mich liebte, auch wenn ich eine Sünderin war, der mir alle falschen Entscheidungen, die ich getroffen hatte, vergab und mir einen neuen Anfang ermöglichte. Mir gefiel, was ich da hörte. Ich verliebte mich in Jesus.

Faith machte mir Mut, meine Sünden zu bekennen und zu bereuen. Eines Tages fragte sie mich: »Princess, hast du den Herrn als deinen Retter angenommen?« Ich fühlte mich dem Herrn jeden Tag ein Stückchen näher, doch diese Frage verwirrte mich. Ich war als Christin aufgewachsen. *Genügte das denn nicht?* Ich wusste, dass ich in den letzten Jahren Fehler gemacht hatte: Ich hatte mich mit einem verheirateten Mann getroffen, auch wenn ich das zu der Zeit noch nicht wusste, und ich hatte versucht, mein Kind abzutreiben. Ich schämte mich für diese Fehler. Aber bis vor Kurzem hatte ich mich trotzdem für ganz in Ordnung gehalten.

Doch Faith erklärte mir, wie wichtig es war, dass ich meine Sünden bereute, und so übergab ich am 19. Oktober 1995 mein Leben Jesus Christus und nahm ihn als meinen Herrn und Retter an. Es war ein großer Augenblick für mich; ich empfand einen tiefen Frieden in dem Wissen, dass er da war und mich führte und beschützte.

Ich war zwar noch ein Neuling in Glaubensdingen, doch meine Berufung und meine Verbindung zur Kirche festigte sich mit jedem Tag. Anfang 1996 besuchte ich eine Gebetsversammlung, auf der ein Mann, den sie den Propheten Simba nannten, mich aus der Menge herausrief.

Er behauptete, er habe eine Vision für mein Leben. »Ich sehe dich an einem Flughafen stehen, mit Koffern in der Hand«, sagte er. »Es gibt Flüge in alle möglichen Richtungen, in die ganze Welt. Ich sehe die Flaggen vieler Völker. Doch manche Flaggen sind besonders auffällig: die Flaggen Kanadas, Australiens und Amerikas.« Er konzentrierte sich stark, als blicke er in die Ferne, und fuhr fort: »Die amerikanische Flagge steht still.«

Interessant, dachte ich. *Wovon redet der Mann? Ich bin noch nie aus Sambia herausgekommen. Warum glaubt er, ich würde irgendwohin gehen? Und dann auch noch gleich auf die andere Seite der Welt?* Doch der Prophet Simba war noch nicht fertig. »Du wirst schon bald von Chililabombwe in eine andere Stadt ziehen und dort wird dein wahrer Dienst beginnen.« Ich wusste nicht, was ich davon halten sollte. So ließ ich den Propheten Simba einfach stehen und ging wieder hinunter, zu den anderen, die hier versammelt waren. *Konnte das wahr sein?* Irgendwann hatte ich alles wieder vergessen, doch viel später sollte ich an seine Vision und seine Worte erinnert werden.

Die Worte der Bibel wirkten außerordentlich belebend auf mich; sie waren mir eine Quelle des Trostes und der Führung. Ich konnte gar nicht aufhören, in der Bibel zu lesen. Von allen Seiten bekam ich Textempfehlungen. Eine, die mir immer wieder begegnete, war Jeremia 1,5-10.

»Ich kannte dich schon, bevor ich dich im Leib deiner Mutter geformt habe. Schon vor deiner Geburt habe ich dich dazu bestimmt, dass du den Völkern meine Botschaften überbringst.« »Aber, allmächtiger Herr«, wehrte ich ab, »ich kann nicht gut reden; ich bin noch viel zu jung.« »Sag doch nicht, dass du zu jung bist«, antwortete der Herr. »Du sollst hingehen, wohin ich dich sende, und sagen, was auch immer ich dir auftragen werde. Vor den Menschen brauchst du keine Angst zu haben, denn ich werde immer bei dir sein und dich retten. Das verspreche ich, der Herr.« Dann berührte der Herr meinen Mund und sagte: »Hiermit habe ich meine Worte in deinen Mund gelegt. Ich gebe dir die Vollmacht, vor Völkern und Königreichen zu reden. Manche von ihnen sollst du entwurzeln und einreißen, zerstören und vernichten; andere sollst du pflanzen und aufbauen.«

Diese Worte beeindruckten mich sehr. Sie begleiteten mich, wenn ich im Garten arbeitete, wenn ich wusch, wenn ich auf dem Markt war; sie verfolgten mich überallhin. Irgendwie wusste ich, dass sie für mich bestimmt waren. Auf diese Weise gehen wir in Sambia mit der Bibel um. Wenn jemand uns einen Vers zeigt, nehmen wir uns Zeit, darüber nachzudenken. *Was will Gott mir damit sagen? Was will die Bibel mir durch diesen Vers mitteilen?*

Es war eine Übergangszeit in meinem Leben, eine Zeit, die mich veränderte. Die Kirche wurde mein Trost und meine Kraft, meine neuen christlichen Freunde wurden meine Familie in Chililabombwe. Mit dieser neuen Gemeinschaft brauchte ich mich nicht mehr zu schämen. Ich fühlte mich angenommen, meine Sünden waren mir vergeben. Die Liebe, die diese Menschen mir erwiesen, die wir einander erwiesen, war überwältigend. Jahrelang hatte ich an den falschen Orten nach Liebe gesucht, doch jetzt wurde das Vakuum ausgefüllt durch eine tiefe und reine Liebe – das Bild eines gemeinschaftlichen Lebens, wie es in der Bibel beschrieben ist.

Moffat und ich begannen unser neues Leben als Mr und Mrs Zulu. Er arbeitete noch immer für die Minenpolizei. Wir wohnten in einem großen Haus mit drei Schlafzimmern und zwei Badezimmern, mit elektrischem Strom und einem Diener-Cottage. Von Zeit zu Zeit war das Cottage von Dienern bewohnt, einem Mädchen und jemandem, der sich um den Garten kümmerte. Einige meiner Brüder und Schwestern zogen bei uns ein. Nach langer Zeit war das Leben endlich wieder reich und erfüllt.

Im Gegensatz zu vielen sambischen Männern fing Moffat an, mir bei der Hausarbeit zu helfen. Normalerweise machte sich ein Mann, den man beim Kochen und Putzen sah, zum Gespött. Deshalb fegte Moffat zwar das Schlafzimmer, ließ den zusammengefegten Schmutz aber in einer Zimmerecke liegen, damit keiner sah, wie er ihn zum Mülleimer hinaustrug. An manchen Wochenenden half er mir sogar bei der Wäsche. Nur zum Bügeln konnte ich ihn nie bewegen.

Unser Baby Joyce wuchs zu einem höchst kontaktfreudigen Kind heran. Gemeinsam beobachteten Moffat und ich, wie unsere Tochter ihr fröhliches Wesen entwickelte. Schon als Baby hatte sie mit allen gespielt und schien alle Menschen zu lieben. Sie hatte vor nichts Angst, nahm sogar kleine Heuschrecken in die Hand, die wir *inshonkonono* nennen, und aß sie. Angesichts der Freude, die wir empfanden, als wir sie heranwachsen sahen, und unserer Verbindung zur Kirche kam uns der Name Joy sehr passend für unser kleines Mädchen vor. Er wurde schon bald ihr Rufname und ist es bis heute geblieben.

Doch leider dauerte diese Reise in ruhigem Gewässer nicht sehr lange für uns. Ich kannte die allgemein verbreiteten Mythen – und Moffat hatte sie mir bestätigt –, dass man von der Pille Krebs bekommt und dass man nicht schwanger werden könne, solange man stillt. So war es eine große Überraschung für uns, dass ich, als Joyce erst neun Monate alt war, wieder schwanger wurde.

Ich konnte nicht glauben, dass mir das wirklich passiert war. Zuerst dachte ich noch, es sei physisch gar nicht möglich. Nun hatten die Nachbarn, die mich ohnehin noch nie gemocht hatten, einen weiteren Grund, sich über mich lustig zu machen. »Seht nur, das dumme Ding bekommt schon wieder ein Baby«, tuschelten sie. Mein Glaube und meine Gemeinde waren zwar hilfreich, doch ich spürte, wie die brennende Scham wiederkam. Diese Scham veranlasste mich, eine Entscheidung zu treffen, die ich schon bald bitter bereute.

Ich fand den Mut, zu Moffat zu sagen: »Jetzt, als verheiratete Frau, kann ich das Kind abtreiben. Ich kann nicht noch ein Baby bekommen, sie lachen doch alle über mich. Außerdem habe ich gehört, wenn man die Babys so kurz nacheinander bekommt, kann das Erstgeborene sterben.« Heute, wo ich im Glauben gewachsen bin, kann ich nicht mehr nachvollziehen, warum ich das glaubte.

Moffat war anfangs dagegen, doch ein paar Tage später kam er mit dem vertrauten braunen Fläschchen nach Hause. Am nächsten Tag, als er zur Arbeit gegangen war, trank ich den Sud, bevor einer von uns seinen Entschluss ändern konnte. Aus irgendeinem Grund war es mir lieber, wenn ich dabei allein war. Mein Körper zeigte die gleiche Reaktion wie damals, als ich versuchte, Joyce abzutreiben, und diesmal war ich sicher, dass ich sterben müsste. Während ich so dalag, vor Schmerzen zusammengekrümmt, war ich wieder sehr zornig auf mich selbst.

Beschämt und verwirrt schickte ich einer der wenigen Frauen außerhalb meiner Gemeinde, mit der ich mich angefreundet hatte, eine Nachricht. Als sie sie bekam, kam sie sogleich zu mir herübergelaufen und riet mir davon ab, den Trank noch einmal einzunehmen. Sie erinnerte mich daran, dass ich gerade erst Mutter geworden war und doch sicher nicht sterben und Joyce allein zurücklassen wollte. Sie riet mir überhaupt von einer Abtreibung ab, meinte aber, wenn ich fest entschlossen sei, könnte ich als verheiratete Frau in einem Krankenhaus eine legale Abtreibung vornehmen lassen. Ich müsste jedoch einen medizinischen Grund dafür angeben und bräuchte auch Moffats Erlaubnis dazu. Sobald Moffat von der Arbeit kam, erzählte ich ihm von Plan B.

Moffat und ich stritten. Ich warf ihm vor, schuld an dieser Situation zu sein; er war der Grund, dass die ganze Stadt über mich lachte. Moffat war tief getroffen. Er hatte eine Abtreibung noch nie gutgeheißen, nicht einmal bei Joyce. Auf meine Bitte hin vereinbarte er jedoch für Montag früh einen Termin im Krankenhaus für mich. Ich war zu der Zeit im dritten Monat schwanger.

Mein Glaube war noch jung, deshalb dachte ich nicht weiter darüber nach, was eine Abtreibung wirklich bedeutete. Lieber bat ich Gott erneut um Vergebung, als wieder zum Gespött der Leute zu werden. Wenn ich jetzt darüber nachdenke, sehe ich den Denkfehler, den ich als Mensch und Christin gemacht habe. Wie oft wählen wir doch den leichten Weg, mit dem Gedanken im Hinterkopf, dass wir uns ja bei Gott entschuldigen und ihn um Vergebung bitten können, wenn der Fehler begangen ist …

Am Samstag vor meiner geplanten Abtreibung fand das regelmäßige Treffen der Ehepaare unserer Gemeinde in unserem Haus statt. Zu diesen Versammlungen gehörten die Schriftlesung, das

Zeugnisgeben und das gemeinsame Gebet. Doch an diesem Samstag wollte ein Pastor, der zu Besuch bei unserer Gemeinde war, Pastor N'gambi aus Chingola, vor unserer Gruppe sprechen. Ich war sehr aufgeregt. Ich traf eine Menge Vorbereitungen für den Besuch des Pastors, denn es war das erste Mal, dass die Zusammenkunft bei uns stattfand, und ich wollte einen guten Eindruck machen. Es war eines der seltenen Male, dass die Gäste nicht nach afrikanischer Zeitrechnung kamen, sondern fast alle pünktlich waren. Als die Bibelstunde beginnen sollte, schlug der fremde Pastor vor, von dem gewohnten Ablauf abzuweichen und stattdessen mit einem Gebet zu beginnen und dann einen Film zu zeigen, über den wir danach diskutieren sollten. Ich holte meinen Videorecorder und bereitete alles vor für einen Film, der, wie ich fest überzeugt war, irgendwie mit der Bibel zu tun haben würde.

Zu meiner großen Überraschung trat gleich zu Anfang ein Arzt auf, der den Vorgang einer Abtreibung erklärte. Ich saß wie festgefroren auf meinem Stuhl und bemühte mich verzweifelt, nicht allzu schuldig auszusehen. In dem Video wurden die Instrumente und die Ausrüstung beschrieben, die bei einer Abtreibung verwendet wurden, und dann wurde gezeigt, wie ein Lebewesen getötet und ein ungeborenes Kind in den verschiedenen Phasen einer Schwangerschaft aus dem Mutterleib entfernt wird. Am Ende des Films bekannten die Ärzte, die wiedergeborene Christen waren, ihre Schuld wegen der Abtreibungen, die sie im Laufe der Jahre vorgenommen hatten.

Die Bilder waren herzzerreißend. Auf einmal war es zu viel für mich. Als der Film vorbei war, schluchzte ich wie ein Kind. Bis zu diesem Augenblick hatte ich mir nicht klargemacht, was für ein furchtbarer Schritt eine Abtreibung war. Doch in diesem Moment war ich überzeugt, dass das, was ich tun wollte, falsch und gottlos war.

Ich versuchte mich wieder zu beruhigen, während die Gruppe zu diskutieren begann. Unser Thema lautete, dass offenbar sogar christliche Paare eine Abtreibung für richtig halten, nur weil sie verheiratet sind und die Entscheidung gemeinsam getroffen haben. Ich gestand der Gruppe, dass ich schwanger sei und am Montag einen Termin für eine Abtreibung hätte.

Ich sagte ihnen auch, wie leid es mir tue. Daraufhin bekannten auch andere, schon einmal einen solchen Schritt oder doch den Versuch dazu unternommen zu haben, und gaben ihrer Reue darüber Ausdruck. Der Schmerz über diese Entscheidung verfolgte sie noch immer.

Als meine Gäste wieder gegangen waren, fragte ich mich, ob es Gott gewesen war, der Pastor N'gambi bewogen hatte, dieses Video zu zeigen, oder ob mein Mann sich ihm anvertraut und ihn um Hilfe gebeten hatte, um mich von meinem Vorhaben abzubringen. Wie auch immer, in meinem Herzen wusste ich genau, dass Gott eingegriffen und mich davor bewahrt hatte, ein Kind zu töten. Ich ging am Montag nicht in die Klinik.

Als die Entscheidung erst einmal gefallen war, fing ich an, mich auf das Baby zu freuen. Es war ein richtiges Wunder. Anders als damals Joy strampelte dieses Kind so sehr, dass ich ganz sicher war, es würde ein Junge werden. Joy und ihr kleiner Bruder– ich fand den Gedanken einfach wunderbar.

Während das Baby in meinem Bauch heranwuchs, musste ich mich einer weiteren Herausforderung meines Glaubens stellen. Die traditionellen Heiler empfehlen einer Schwangeren, eine Mischung aus afrikanischen Kräutern zu sich zu nehmen, um das ungeborene Kind und seine Geschwister zu schützen, wenn sie altersmäßig dicht beisammen liegen. Ich war jedoch der Ansicht, schon hoch genug gepokert zu haben, was mein Gottvertrauen betraf, und distanzierte mich deshalb von der Ansicht der Medizinmänner und weigerte mich, eine traditionelle Medizin einzunehmen, die lediglich auf Aberglauben beruhte.

Wie in meiner Schwangerschaft mit Joyce behielt ich meine normalen Aktivitäten während der ganzen Schwangerschaft bei.

Doch diesmal lachte ich nicht, als die mir inzwischen bekannten Schmerzen einsetzten. Sie waren sehr viel stärker als beim ersten Mal, aber ich blieb ruhig. Moffat fuhr mich, so schnell er konnte, ins Konkola Mine Hospital, und kurz nach Mitternacht, am 5. Februar 1996, brachte ich unser zweites Kind zur Welt. Es wog fast sieben Pfund, etwa ein Pfund mehr, als Joyce bei ihrer Geburt gewogen hatte. Die Schwester sagte ganz glücklich zu mir: »Sie haben ein gesundes kleines Mädchen.« Ich glaubte ihr nicht, bis ich mich mit eigenen Augen davon überzeugen konnte. Sie war so anders als ihre Schwester, hatte dichtes schwarzes Haar, das sogar aus ihren zarten Ohren und ihrer winzigen Nase herauswuchs. Ich verliebte mich sofort in sie. Und dieses Mal wusste ich auch, was ich zu tun hatte, und versorgte sie richtig.

Zehn Tage später, als ihre Nabelschnur abfiel, nannten wir unsere zweite Tochter Faith Zulu, nach Pastorin Faith, die eine so wichtige Rolle bei unseren ersten Schritten im christlichen Glauben gespielt hatte, und wegen des Glaubens, der in mir wuchs, während ich dieses winzige Wunder austrug. Vor allem meine Cousine bestand darauf, dass wir sie Faith nannten.

Faith war ein gesundes, pummeliges Baby. In Afrika ist es ein großes Kompliment, wenn jemand als fett bezeichnet wird, weil es so wenig zu essen gibt. Sie war ein sehr dunkelhäutiges Baby und mit ihrem dichten dunklen, krausen Haar ganz besonders hübsch. Mir fiel ein, was meine Bamaa immer gesagt hatte: *Black is beautiful.* Wenn ich Faith ansah, dachte ich: *Du hast recht, Bamaa, black is beautiful!*

Einen Monat nach der Geburt ging es Faith plötzlich gesundheitlich sehr schlecht. Sie wurde krank und musste ins Krankenhaus. Die nächsten sieben Monate brachten wir sie ständig ins Krankenhaus, holten sie wieder ab, brachten sie wieder hin. Anfangs hatte ich große Angst, weil sie Fieber bekam, das auf einundvierzig Grad stieg. Ich überlegte, ob ich vielleicht doch die afrikanischen Kräuter hätte nehmen sollen. Doch zur großen Überraschung aller, die bereits anfingen, die Hoffnung aufzugeben, betete ich im Krankenhaus für mein Baby und vertraute darauf, dass Gott es beschützte. Ich wusste, dass es wieder gesund werden würde. Faith kämpfte um ihr Leben und gewann. Meine Tochter Faith ist bis heute eine Kämpferin geblieben und ich frage mich oft, ob das daran liegt, dass sie als Säugling so hart um ihr Leben gekämpft hat. Ihr Kämpfergeist erinnert mich so sehr an mich selbst, dass ich manchmal den Kopf schütteln muss.

Sobald sie sprechen konnte, sagte dieses kleine Temperamentsbündel:»Ich will Kasune heißen, nicht Faith.« Sie bestand darauf, dass wir sie nach meinem Bataa nannten.»Mein Liebling, das ist der Name deines Großvaters. Du bist Faith.« Ich glaube, sie wusste, dass Joyce den Namen ihrer Großmutter trug, und wollte deshalb den Namen ihres Großvaters haben!

Als sie klein war, wollte sie die ganze Zeit bei mir sein. Was ich auch tat, sie war bei mir und klammerte sich an mir fest. Sie wollte sogar bei mir im Bett schlafen, wo sie auch nachts an meiner Brust trinken konnte. Wenn ich zum Markt ging, fragte ich sie:»Faith, was soll ich dir vom Markt mitbringen?«»Ich will nur dich«, lautete dann ihre Antwort – keine Lutscher oder Süßigkeiten, nur ihre Mama.

Eine meiner größten Freuden im Leben ist damals wie heute, zu beobachten, wie sich die Persönlichkeiten meiner Töchter entfalten. Auch Moffat war gern mit seinen beiden kleinen Töchtern zusammen. Er liebte sie innig und konnte es kaum erwarten, sie wiederzusehen, wenn er abends von der Arbeit kam. Joy als die Ältere war unabhängiger. Sie war völlig unbefangen im Umgang mit anderen Menschen, ihren Stiefbrüdern und Stiefschwestern wie zum Beispiel Moffat Jr., der die kleine Joy auf den Rücken nahm, oder mit Ethel und auch mit meiner Cousine Rhoda und anderen Familienmitgliedern, die dankenswerterweise immer da waren, um mir zu helfen. Ich war froh über ihre Unterstützung, denn es war nicht einfach, für die beiden kleinen Mädchen und gleichzeitig für die ganze große Familie zu sorgen. Oft war es wie früher in meiner Kindheit, als zwischen elf und sechzehn Personen in unserem Haus lebten. Die Tradition des afrikanischen Dorfes war in unserem Haus lebendig.

Wenn ich sah, wie Joyce in einem winzigen, weichen gelben Strampelanzug ihre ersten Schritte tat, wenn ich hörte, wie Faith ihre ersten Gebete stammelte, und wenn die beiden heute mit mir schmusen und mir sagen, dass sie mich liebhaben – eigentlich an jedem einzelnen Tag meines Lebens dankte und danke ich Gott für meine beiden Töchter und dafür, dass er mich davor bewahrt hat, ihnen ihr unschuldiges Leben zu nehmen.

Zu den Kranken gerufen

Irgendwann um diese Zeit kam Moffat von der Arbeit nach Hause und sagte, er sei in eine andere Stadt am Kupfergürtel versetzt worden, nach Luanshya. Plötzlich fielen mir die Worte des Propheten Simba ein: »Du wirst schon bald von Chililabombwe in eine andere Stadt ziehen und dort wird dein wahrer Dienst beginnen«, doch ich tat das gleich wieder als Zufall ab. Mein Glaube war zwar noch jung, aber ich wusste doch schon genug, um auf der Hut vor falschen Propheten zu sein. Außerdem erschien mir der andere Teil seiner Prophetie – die Koffer und die amerikanische Flagge – nach wie vor ziemlich weit hergeholt.

Und so packte die Familie Zulu ihre Sachen, um von nun an in Luanshya zu leben, wo wir einen ganz neuen Anfang machen konnten, fern von allem bösartigen Gerede. Wir wussten, dass wir Fehler gemacht hatten, und hatten sie vor Gott bekannt. Irgendwann muss man einfach mit der Vergangenheit abschließen und nach vorne blicken. Es war so wunderbar, Teil einer neuen Gemeinschaft zu werden, die Moffat und mich als Eltern zweier süßer kleiner Mädchen akzeptierte, ohne Fragen nach unserer Vergangenheit zu stellen. Mit der Hilfe unseres Pastors in Chililabombwe fanden wir eine neue christliche Gemeinde in Luanshya, die uns so herzlich aufnahm, dass wir uns dort gleich wohlfühlten. Wir begannen schon bald, Bibelstunden in unserem Haus abzuhalten.

In dieser neuen Stadt und Gemeinde wuchs mein Glaube weiter, und meine Liebe zur Bibel wurde immer größer. Eine meiner lebhaftesten Erinnerungen an jene Zeit ist eine Reihe von Schriftstellen – Prophetien, wie sie sie nannten –, die Leute mir mitgaben, Bibelverse, die nach ihrer Überzeugung für mich bestimmt waren. Eines Tages kam die sanfte Schwester Melody zu mir und sagte:

⚠

»Die Worte, die Gott zu Jesaja sprach, gelten auch für dich, Princess. Du sollst diese Worte hören:

⚠

›So spricht der Herr zu seinem Gesalbten, zu Kyrus, den ich bei seiner Rechten ergriffen habe, um Nationen vor ihm zu unterwerfen – und die Hüften der Könige entgürte ich –, um Türen vor ihm zu öffnen, und Tore bleiben nicht verschlossen: Ich, ich werde vor dir herziehen und werde die Berge einebnen. Eherne Türen werde ich zerbrechen und eiserne Riegel zerschlagen. Ich gebe dir verborgene Schätze und versteckte Vorräte, damit du erkennst, dass ich der Herr bin, der dich bei deinem Namen ruft, der Gott Israels.‹« [14]

⚠

Diese Worte und Visionen waren äußerst verwirrend für mich als junge Christin. »Was meinst du damit, Schwester?«, fragte ich.

Sie blickte versonnen in die Ferne und sagte: »Nun, Schwester, der Herr hat mir offenbart, dass in deinem Leben etwas geschehen wird, das so groß ist wie ein Berg. Von all diesen Worten sind es die Berge, die sich mir besonders eingeprägt haben. Aber er sagt auch: ›Fürchte dich nicht.‹ Er wird vor dir hergehen; er wird dir den Weg ebnen, damit du weißt, dass er es ist, der dich berufen hat.«

Ich versuchte, einen Sinn in dem zu erkennen, was sie gesagt hatte, doch ich hatte schlicht und einfach keine Ahnung, worin dieser Berg bestehen könnte. Natürlich verstand ich den Symbolgehalt der Worte: dass ich ein großes Problem bekommen würde, doch worin sollte das bestehen? Keiner wusste es. Es war noch nicht einmal ein Jahr her, seit ich zum Glauben gekommen war, und schon übermittelte mir jemand eine zweite Prophetie. Allmählich wurde es mir zu viel.

Ein paar Monate vergingen, dann erhielt ich die nächste Prophetie, diesmal von Schwester Witness: »Schwester Princess, Gott hat mir eine Vision für dich gegeben.« Ich wusste nicht, was ich denken sollte, als sie mir die Worte aus Habakuk 2,3 sagte:

»Denn das, was du siehst, wird erst zu einer bestimmten Zeit eintreten. Aber du kannst dich darauf verlassen, dass es eintrifft, auch wenn es eine Weile auf sich warten lässt. Du kannst darauf zählen, denn es ist keine Täuschung!«

Ich wusste nicht, was ich glauben sollte und was nicht. *Warum erzählten mir all diese Leute, dass Gott eine ganz bestimmte Aufgabe für mich hatte?* Schwester Witness, die mich trösten wollte, sagte: »Warte einfach ab, Schwester Princess. Hab Geduld. Es dauert vielleicht Wochen, vielleicht auch Monate, vielleicht sogar Jahre, aber es wird kommen.«

Nun wurde es mir wirklich zu viel. *Wo ist dieser Gott, von dem sie reden?*, fragte ich mich. Ich versuchte, diesen Menschen zu sagen, dass ich noch ein Neuling im Glauben war, dass ich sie nicht verstand, doch sie ließen sich nicht beirren. Ich hatte zwei kleine Kinder und wollte einfach ein ganz normales Leben führen. Um mich zu trösten, dachte ich: *Wenn es Gottes Wille ist, wird es geschehen.*

In unserer Kirchengemeinde in Luanshya fand ich eine gute Freundin. Sie hieß Chilufya und gehörte zu den wenigen Personen in der Stadt, die ungefähr in meinem Alter waren und mit denen ich die Art von Freundschaft pflegen konnte, wie sie unter jungen Frauen nun einmal üblich ist. Sie hatte bereits drei Kinder und war schon länger verheiratet als ich, konnte mir also gute Ratschläge für meine Ehe und meine Aufgaben als Mutter geben.

Chilufyas große Leidenschaft war die Arbeit für die Kranken. Sie verbrachte ihre gesamte Freizeit im Krankenhaus von Luanshya, wo sie mit den Patienten betete und ihnen Mut zu machen versuchte. Schon bald lud sie mich ein, sie doch einmal zu begleiten. Die Erinnerung an Bamaas Krankheit und an die, die Faith erst kürzlich überstanden hatte, war noch sehr frisch, deshalb hatte ich wenig Lust, ins Krankenhaus zu gehen. Trotzdem nahm ich Chilufyas Einladung an, zum Teil auch, weil ich selbst sehen wollte, was sie da eigentlich tat.

Gleich bei meinem ersten Besuch verliebte ich mich in die Patienten im Krankenhaus. Die Gespräche mit ihnen schenkten mir Frieden und Kraft. Dabei schien ich schon bald den größten Teil meiner Zeit mit Menschen zu verbringen, die nicht mehr lange zu leben hatten. Diejenigen, die zum Glauben an Christus gefunden hatten, waren von einem so tiefen Frieden und einer solchen Freude erfüllt, dass ich tief bewegt war. Nach meinem ersten Besuch begleitete ich meine Freundin, sooft ich konnte. Chilufya pflegte im Krankenhaus mit den Leuten aus unserer Nachbarschaft zu beten. Schon nach den ersten Besuchen überließ ich sie sich selbst und fing an, allein umherzuschlendern. Ich fühlte mich zu den Menschen hingezogen, die alle eine ähnliche Krankheit zu haben schienen. Sie sahen aus, als hätten sie die gleichen Symptome wie Bamaa und Bataa ganz am Ende ihres Lebens.

Die Zeit verging und ich fühlte mich diesen Menschen immer näher. Ich hatte das Gefühl, ihren Schmerz und ihre Verbitterung mitzuempfinden. Ich wollte bei ihnen sein und ihnen helfen, einen Schluck Wasser zu trinken, wenn sie den Kopf nicht mehr aus eigener Kraft heben konnten, oder ihnen eine Orange zu schälen, wozu sie ebenfalls nicht mehr in der Lage waren.

Diese Krankheit, die sich immer weiter ausbreitete, schien von Geheimnis und Diskriminierung umgeben zu sein. Inzwischen starben sehr viele Menschen daran und überall herrschte große Angst. Wir wussten nie, wen es als Nächsten treffen würde. Wer sich infiziert hatte, dem wurde das Gefühl vermittelt, er müsse sich für sein Kranksein schämen.

Häufig leugneten die Kranken deshalb die eigentliche Ursache ihrer Krankheit und sagten einfach, sie hätten Tuberkulose oder Malaria. Diejenigen, denen es gut ging, reagierten mit scheuen Blicken, Geflüster und Gerüchten statt mit Mitleid und Freundlichkeit. Eben das steigerte noch meinen Wunsch, mich gerade den Infizierten zu widmen.

Gleich bei einem meiner ersten Besuche im Krankenhaus lernte ich einen Mann im letzten Stadium der Krankheit kennen. Ich wusste, dass er sterben würde, weil er genauso aussah wie meine Bamaa kurz vor ihrem Tod. Ich hatte gehört, dass der letzte Sinn, den wir beim Sterben verlieren, das Gehör ist, deshalb setzte ich mich zu dem Mann und betete mit ihm, hielt seine kalte, knochige Hand und hoffte, dass er noch hören konnte, dass er geliebt war, bevor er an seinen letzten Ruheort ging. Während ich betete, hörte ich eine Gruppe von Besuchern vorübergehen. Sie sagten: »Warum betet sie mit jemandem, der schon tot ist?«

Voller Zorn darüber, dass dies wohl die letzten Worte waren, die dieser Mann hören musste, wollte ich aufhören zu beten und diesen Menschen eine Ohrfeige versetzen. Jeder Mensch verdient es, dass man seine Würde respektiert, ganz gleich, wer er ist, woher er kommt oder wie er das Virus bekommen hat. Jeder Mensch hat das Recht, in Würde zu sterben, im Beisein eines anderen, der ihm sagt, dass er geliebt ist. Ich versetzte mich an die Stelle des Sterbenden und empfand große Traurigkeit.

Manche mieden sogar ihre eigenen Familienangehörigen, wenn diese sich mit der Krankheit infiziert hatten. Eine junge Frau, die ich kennenlernte, war von ihrer ganzen Familie verlassen worden. Allein und unter Tränen wartete sie in einem stinkenden, schmutzigen Krankenhaus auf den Tod. Sie war noch Jungfrau gewesen, als sie heiratete, und liebte ihren Mann sehr. Ein paar Jahre nach der Hochzeit begann es ihr schlecht zu gehen; sie bekam eine Krankheit nach der anderen und wurde sie nicht mehr los. Jetzt schien eine Kombination all dieser Krankheiten ihr das Leben zu nehmen.

»Warum?«, fragte sie. »Es ist so ungerecht. Es darf einfach nicht sein.« Ich gab ihr recht; es war so ungerecht, dass sie in einer solchen Lage war. Mit der Zeit öffnete sie sich mir immer mehr. Das Schlimmste für sie war, dass ihr Mann sie verlassen hatte. Statt sie zu pflegen und für sie zu sorgen, vernachlässigte er sie, zog sich von ihr zurück und ließ sie nun verlassen im Krankenhaus sterben. In ihren Augen standen unendliche Trauer und Schmerz. Auch ihr christlicher Glaube kam in dieser Situation ins Wanken.

Allmählich, je öfter wir uns unterhielten, besserte sich ihre Stimmung. Jedes Mal, wenn ich ins Krankenhaus kam, freute ich mich schon darauf, sie wiederzusehen. Aus unserer Beziehung wurde eine richtige Freundschaft. Ich gab ihr eine Anstecknadel, auf der stand: »Jesus liebt dich.« Es war nichts Wertvolles und doch strahlte sie vor Freude, mehrere Tage lang. Es war beeindruckend, zu sehen, wie eine kleine Geste der Liebe und Freundschaft ihre ganze Weltsicht änderte. Ein paar Tage später, als ich wieder zu ihr kam, sagte sie: »Ich habe ihm vergeben.«

»Wem?«, fragte ich.

»Ich habe meinem Mann vergeben. In mir ist Frieden. Ich habe mein Leben wieder dem Herrn übergeben.«

Sie erzählte weiter von dem Frieden, den sie empfand, nachdem sie ihrem Mann vergeben hatte, und ich freute mich so für sie. Am nächsten Tag wollte ich unbedingt zu ihr, um wieder die

Freude in ihrem Gesicht zu sehen, aber als ich ins Krankenhaus kam, sah ich, dass keine Decken mehr auf ihrem Bett lagen.

Wo kann sie nur sein? Wurde sie in ein anderes Zimmer verlegt? Doch während ich näher trat, begriff ich, was geschehen war. Die Frau, die gestern noch strahlend vor Freude gelächelt und die kleine Anstecknadel getragen hatte, die ihr Weltbild verändert hatte, war tot.

Ich hatte das Gefühl, einen großen Verlust erlitten zu haben, empfand aber zugleich auch eine tiefe Freude; mir war bewusst, dass ich Zeugin eines Wunders geworden war. Die Frau war tot, war aus meinem Leben gegangen, aber nicht für immer. Ich wusste, dass ihre Seele nun Frieden hatte und dass sie keine Schmerzen mehr litt.

Nicht alle reagierten gleich auf die Krankheit. Nicht alle konnten lieben und vergeben. Die Menschen konnten nicht verstehen, warum sie leiden und sterben mussten. Ein anderer Patient, der sich Chibamda nannte – das bedeutet »Geist« –, sagte immerzu: »Es gibt keinen Gott. Wie könnte ein Gott so viel Leid und Schmerz einfach tatenlos ansehen?« Das sagte er jedem, der ihm zuhörte. Er war voller Bitterkeit und jedes Mal, wenn er mich oder Chilufya sah, wandte er den Blick ab. Wir versuchten, mit ihm über die bedingungslose Liebe Gottes zu reden, doch er wollte lieber in die Hölle kommen, als an einen Gott zu glauben, dem nichts an den Menschen lag. Er starb als verbitterter Mann.

Leider gab es außer Chilufya und mir nur wenige Christen, die bereit waren, zu den Menschen zu gehen, die an der geheimnisvollen Krankheit litten. Ja, manchmal schämte ich mich sogar dafür, Christin zu sein. Die Christen beteten für Menschen, die an anderen Krankheiten, wie zum Beispiel Malaria, litten, doch wenn es um diese unbekannte Krankheit ging, konnten sie gar nicht schnell genug weglaufen. Sie schienen Angst zu haben, diese Patienten zu berühren. Schließlich nahm ich nicht einmal mehr meine Bibel mit ins Krankenhaus, weil mich die Art und Weise, wie die Kirche sich in diesen Anfangsjahren von Aids verhielt, so verletzte und abstieß.

Meine Liebe zu den Kranken und mein Zorn über das mangelnde Mitgefühl für die Sterbenden führten dazu, dass ich immer häufiger in die Klinik ging. Mit der Zeit fing ich an, die Patienten auch ohne Chilufya regelmäßig zu besuchen.

Die Patienten baten mich häufig, für sie zu beten. Eines Tages rief mich ein Mann, der sehr wohlhabend wirkte, an sein Bett und bat mich, für ihn zu beten. Später erzählte er mir seine Lebensgeschichte. Er sagte, dass er ein ausschweifendes Leben geführt und viele Frauen gehabt habe, was er jetzt jedoch sehr bereue, weil er seine Familie nun viel zu früh verlassen müsse.

Ich wusste nicht, warum er gerade mich gefragt hatte, ob ich für ihn beten könnte – woher wusste er, dass ich ihn nicht auslachen oder verspotten würde? Wir lernten uns in der kurzen Zeit, die ihm noch blieb, näher kennen, und als er gestorben war, sagten seine Töchter zu mir: »Sie waren ein großer Trost und eine Quelle der Kraft für unseren Vater. Sie strahlen so viel Mut und Liebe aus. Wir möchten Ihnen dafür danken, dass Sie das für unseren Vater getan haben.«

Ich tat, was immer die Sterbenden sich wünschten, und gab ihnen, was sie in ihren letzten Tagen brauchten: Ich hielt ihre Hände, half ihnen beim Trinken, betete mit ihnen, hörte mir ihre Geschichten an und deckte sie zu, wenn sie froren. Wenn ich abends das Krankenhaus verließ, war ich voller Freude. Ich liebte diese Patienten und spürte, dass sie mich ebenfalls liebten. Wenn ich sah, wie sie in all ihrem Schmerz und Leid lächelten, empfand ich ein tiefes Glück. Manchmal, wenn ich ins Krankenhaus kam, waren sie fort, gestorben, doch ich war nicht traurig darüber – ich freute mich für sie. Den meisten konnte ich helfen, in Frieden zu sterben. Ich lernte, was Mitgefühl wirklich bedeutet.

Damals durchlebte ich einige der kostbarsten Augenblicke in meinem ganzen Leben – im Beisammensein mit Menschen, die diese Welt verlassen mussten. Ich kann die Freude und den Frieden, die mir die Gemeinschaft mit ihnen schenkte, nicht erklären. Ich machte die Erfahrung, dass es eine große Macht gibt, die jeder Mensch besitzt, wenn er sich einer solchen Aufgabe widmet: die Macht eines einfachen Wortes oder eines schlichten Akts der Menschlichkeit.

Schon bald fiel einer Krankenschwester auf, wie viel Zeit ich in den Krankensälen verbrachte. Diese Frau war nicht nur Krankenschwester, sie arbeitete auch für eine internationale Hilfsorganisation und sie sagte mir, dass sie ebenfalls Christin sei. »Ich glaube, Sie haben eine Berufung«, sagte sie. »Ich sehe doch, wie Sie für die Patienten sorgen und wie Sie ihnen Frieden schenken. Es gibt nur wenige, die das tun.«

Sie gab mir ein Buch mit rosafarbenem Einband, in dem, wie sie sagte, die Ursache der Krankheit erklärt wurde. »Es ist ein Virus, das HIV heißt«, meinte sie. Irgendetwas in mir wurde hellwach, als ich dieses Buch in der Hand hielt. Ich konnte es nicht erwarten, mehr zu erfahren. Ich lief nach Hause und fing sofort an zu lesen.

Ich muss es wissen

In dem Buch standen nur die allergrundlegendsten Tatsachen über HIV und Aids, doch für mich war es zunächst alles, was ich über diese Krankheit wissen musste. Am Anfang, so las ich, infiziert man sich mit dem Humanen Immundefizienz-Virus oder HIV. Wenn ein Mensch dann jedoch krank wird und stirbt, ist das Virus in ein Stadium getreten, das als Erworbenes Immundefizienz-Syndrom bezeichnet wird, abgekürzt Aids. In dem Buch stand, es sei eine neue Krankheit, die Anfang der Achtzigerjahre entdeckt worden sei, und es sei noch kein Heilmittel dafür bekannt.

In dem Buch mit dem rosa Einband wurde zunächst beschrieben, wie das HI-Virus übertragen wird: in erster Linie durch sexuellen Kontakt, dann durch Bluttransfusionen, aber auch – und das war erschreckend – von einer Mutter auf ihr Kind. Ich sah ein Foto, auf dem ein Mensch noch völlig gesund aussah, und auf dem nächsten siechte er dahin, blass und schwach, mit großen Pusteln auf der Haut, die wie Verbrennungen wirkten. Ich las, dass man nicht an Aids stirbt, sondern dass das Virus das Immunsystem so sehr schwächt, dass der Mensch anfällig für alle möglichen Krankheiten wird – opportunistische Infektionen, die dann zum Tod führen.

Mir wurde vieles klar, während ich las. Das Virus war der Grund, warum so viele Menschen sterbend in den Krankenhäusern lagen, in Städten und Dörfern. Es hieß, dass HIV bereits ganz Afrika im Griff hätte, wo eine Kombination von verschiedenen Faktoren dazu beitrug, dass es sich wie ein Buschfeuer ausbreitete, noch bevor wir wussten, dass es überhaupt existierte: Nur wenige Menschen hatten Zugang zu Fernsehern, die Alphabetisierungsrate war sehr niedrig, die Regierungen konnten sich keine groß angelegten Aufklärungskampagnen leisten. Kulturelle Praktiken wie Polygamie taten das Ihrige und unser Gesundheitssystem war machtlos gegen die ständig steigenden Infektionsraten. Das Virus war auf der ganzen Welt auf dem Vormarsch, wobei es in den Industrieländern vor allem die Schwulengemeinschaften traf.

Während ich las und mir Fotos von den Symptomen anschaute, die ich fast täglich in der Realität sah, wurde mir mit Schrecken klar, dass auch Bamaa, Bataa und die kleine Linda an dieser Krankheit gestorben waren. Ich hielt inne und überlegte, wer wohl die Krankheit in meine Familie eingeschleppt hatte. Doch letztlich spielte es keine Rolle mehr. Sie waren inzwischen alle tot.

Wir schrieben das Jahr 1997 und ich hörte zum ersten Mal von dem Virus. Aus dem Buch erfuhr ich, dass es vor sechzehn Jahren erstmals in Afrika nachgewiesen wurde. *Warum wissen nicht mehr Menschen davon?*, fragte ich mich. Mitten unter uns lebte ein Killer und wir erfuhren es nicht. Mir fiel ein, dass ein Arzt namens Mannasseh Phiri in letzter Zeit im Fernsehen über die geheimnisvolle Krankheit gesprochen hatte, doch die meisten Leute schalteten den Apparat aus, wenn sie ihn sahen. *Von jetzt an, schwor ich mir, werde ich jede dieser Sendungen angucken und alle, die ich kenne, ebenfalls dazu auffordern. Die Menschen müssen gewarnt werden. Wir müssen einen Ausweg finden.*

Als ich das Buch zu Ende gelesen hatte, dachte ich über meine eigene Gesundheit nach. »Ich muss wissen, ob ich das Virus habe«, sagte ich laut. Es wurde zwar nicht oft gemacht, aber ich wusste, dass man sich auf das Virus testen lassen konnte, und es gab drei wichtige Gründe, warum ich unbedingt wissen musste, ob ich infiziert war: Erstens waren zwei der drei früheren Frauen von Moffat an einer Krankheit gestorben, die niemand hatte benennen können, und ich hatte soeben durch meine Lektüre erfahren, dass sie möglicherweise an Aids gestorben waren. Ich war jetzt drei Jahre mit Moffat verheiratet. Zweitens hatte ich erfahren, dass HIV in erster Linie auf sexuellem Weg übertragen wird. Ich war dem Risiko ausgesetzt gewesen. Doch die dritte und letzte Tatsache erschreckte mich am meisten: Das Virus konnte sich von einer Mutter auf ihr Kind übertragen, während der Schwangerschaft, während der Entbindung oder beim Stillen. Ich musste es wissen.

Meine Augen wurden groß vor Schreck, als mir noch etwas einfiel: Ich erinnerte mich, Flecken auf Moffats Rücken gesehen zu haben, als wir uns zum ersten Mal trafen. Diese Flecken waren seither immer wieder aufgetreten. Als ich Moffat danach gefragt hatte, meinte er, als er klein war, hätte er Fisch gegessen, der diese Flecken verursachte.

Doch wenn ich jetzt darüber nachdachte, nahm er außergewöhnlich häufig Antibiotika. Hätte ich vielleicht neugieriger sein sollen? Ich war jung und naiv und hatte keinen Grund zu glauben, dass ich vielleicht mit einem Mann zusammenlebte, der den Tod in seinem Blut trug.

Am nächsten Tag wachte ich aufgeregt und nervös auf. Ich hatte beschlossen, die drei Kilometer zum Luanshya Mine Hospital zu gehen, um mich testen zu lassen. Ich gab Joy und Faith ihr Frühstück und ließ sie dann bei ihren Stiefbrüdern und Stiefschwestern. Zum Glück lebten wir in der Nähe eines der wenigen Krankenhäuser in Sambia, die diesen Test durchführen konnten.

Ich rannte beinahe, weil ich es nicht erwarten konnte, zum Krankenhaus zu kommen. Ich hatte kaum geschlafen, verfolgt von dem Buch und dem Wissen, dass das Virus, das meine Eltern umgebracht hatte, vielleicht auch in mir lebte. Noch schlimmer war, dass ich es vielleicht, ohne es zu wissen, auf meine geliebten Mädchen übertragen hatte. Schließlich war Faith als Baby sehr krank gewesen. Ich musste an den zum Skelett abgemagerten Körper von Linda denken. Aber da war noch etwas anderes, irgendeine Macht, die ich mir damals nicht erklären konnte und die mich förmlich dazu zwang, Bescheid wissen zu wollen.

Im Krankenhaus notierte eine Schwester mein Gewicht und maß meinen Blutdruck. Dann trat Dr. Tembo, der Arzt unserer Familie, auf den Flur hinaus und rief mich in sein Zimmer. »Hallo, Mrs Zulu. Was kann ich heute für Sie tun?« Dr. Tembo war ein freundlicher, sanfter Mann, den ich – als Mutter zweier kleiner Töchter – mittlerweile gut kannte.

»Hallo, Dr. Tembo. Schön, Sie zu sehen. Es geht mir gut, danke. Ich möchte mich auf meinen HIV-Status testen lassen«, sagte ich. Ich war stolz, dass ich die Terminologie kannte, und war sicher, dass Dr. Tembo mein Vorhaben gutheißen würde. Doch er war nur bestürzt. »Ihren HIV-Status? Mrs Zulu, Sie sind eine verheiratete Frau. Sie sehen gesund aus, Ihr Mann sieht gesund aus und Ihre Kinder sehen gesund aus. Wie kommen Sie darauf, dass Sie das Virus haben könnten?«

»Doktor, all das bedeutet nicht, dass ich nicht infiziert sein könnte. Rein vom Äußeren einer Person kann man keine Schlüsse darauf ziehen. Ich habe mich über die Krankheit informiert. Ich muss Bescheid wissen, wegen mir selbst und wegen meiner Töchter.« Ich war erschüttert, dass sogar ein Arzt offenbar der Ansicht war, man könne einem Menschen ansehen, ob er das Virus in sich trägt oder nicht. Aber noch erschütterter war ich angesichts dessen, was dann kam.

»Leider ist das nicht so einfach, Mrs Zulu. Sie brauchen dazu die Erlaubnis Ihres Ehemannes.«

»Nein, Doktor, ganz bestimmt nicht. Wer sagt das?«

»Leider ist das in unserem Land Vorschrift und das wird sich auch so schnell nicht ändern. Außerdem, Mrs Zulu – was würden Sie tun, wenn Sie wüssten, dass Sie das Virus haben?«

Er durfte mich nicht testen, aber ich würde nicht so leicht aufgeben. »Doktor, ich muss es wissen.«

Allmählich wurde ich wütend. Ich musste Dr. Tembo gegenüber höflich bleiben, doch seine Argumente kamen mir töricht vor. Ich wusste nichts von Menschenrechten, doch irgendetwas sagte mir, dass er sich irrte.

Wie konnte man einer Frau das Recht verwehren, sich auf HIV testen zu lassen, um zu erfahren, wie es um ihre Gesundheit stand? Das war einfach absurd.

In diesem Moment fasste ich den festen Entschluss, meinen HIV-Status in Erfahrung zu bringen und gleichzeitig für das Recht der anderen Frauen, sich testen zu lassen, zu kämpfen. Ich konnte es nicht fassen, dass wir dafür die Erlaubnis unserer Ehemänner brauchten. In meinem Innern meldete sich eine laute, zornige Stimme, die nicht mehr schweigen wollte. Ich wusste, dass ich kämpfen musste.

Ich sagte Dr. Tembo, dass ich wiederkommen und mich testen lassen würde. »Es tut mir leid, aber so ist es nun einmal«, betonte er noch einmal. Dr. Tembo hatte mich bis jetzt nur als Mutter gesehen. Diese Seite von mir kannte er noch nicht, die Seite, die sich weigerte, eine solche Ungerechtigkeit einfach tatenlos hinzunehmen.

Ich ging und musste den ganzen Tag lang immer wieder den Kopf schütteln, während ich darauf wartete, dass Moffat von der Arbeit nach Hause kam. Als er da war, sagte ich ihm, dass ich ein Buch über HIV und Aids gelesen hatte. »Moffat, jetzt, da ich weiß, dass es das Virus gibt, muss ich wissen, ob ich es habe, und dazu brauche ich deine Erlaubnis.«

Moffat war schockiert. »Was? Was ist das für ein Unsinn? Warum willst du das wissen?«

»Moffat, ich muss es einfach wissen. Du warst schon vor mir verheiratet und ich war keine Jungfrau, als ich dir begegnet bin. Es ist durchaus möglich, dass wir infiziert sind. Und was ist mit Joy und Faith, die ich beide gestillt habe?« Wir stritten uns und der Streit endete, wie er begonnen hatte: Moffat verweigerte mir die Erlaubnis, mich testen zu lassen.

»Du weißt, dass ich es tun werde und dass du es mir erlauben wirst«, sagte ich.

Doch Moffat blieb hart; er würde seine Ansicht nicht ändern. Ich fühlte mich verraten. *Ich muss mich doch über meine eigene Gesundheit informieren dürfen.* Dieser Gedanke ging mir nicht mehr aus dem Kopf. Ich dachte dabei auch an die vielen Frauen in meinem Land, die keine Chance hatten: Erstens hatten sie nie von der Krankheit gehört. Zweitens gab es nur sehr wenige Stellen im ganzen Land, an denen sie sich testen lassen konnten. Drittens kostete der Test die meisten Sambier mehr als den Lohn für drei Tage Arbeit. Und was das Fass zum Überlaufen brachte, war die Tatsache, dass sie die Erlaubnis ihres Ehemannes brauchten, um sich testen zu lassen. Oder war der letzte Tropfen, der das Fass zum Überlaufen brachte, vielleicht eher die Tatsache, dass es keine Behandlung und kein Heilmittel für die Krankheit gab? Tief in mir wuchs die Überzeugung, dass ich gegen diese Ungerechtigkeit kämpfen musste.

Doch ich wusste auch, dass ich klug vorgehen musste. Moffat offenen Widerstand entgegenzusetzen, würde zu nichts führen. Ich musste meine ganze diplomatische Kunst einsetzen, um ihn umzustimmen. Ich hatte entdeckt, dass er während des Abendgebets am zugänglichsten war, deshalb betete ich, als wir zusammen unsere Gebete sprachen, laut darum, dass das Herz meines Mannes sich erweichen lassen und er mir erlauben möge, den Test vornehmen zu lassen.

Als meine Gebete nichts fruchteten, verlegte ich mich auf Hartnäckigkeit. Das Erste, womit ich Moffat begrüßte, wenn er nach einem schweren Tag nach Hause kam, war: »Hast du meinen Brief schon geschrieben?« Von August bis November stellte ich ihm jeden einzelnen Tag diese Frage. Moffat hatte meine Hartnäckigkeit schon früher kennengelernt, doch so hatte er mich noch nie erlebt. Damals muss er sich gefragt haben, ob es wirklich so eine gute Idee gewesen war, eine junge, energiegeladene Frau zu heiraten.

Schließlich erhörte der Herr meine Gebete. Am 19. Dezember 1997 kam Moffat von der Arbeit nach Hause und grunzte, dass er mich zum Krankenhaus bringen würde. Erstaunlicherweise wollte er sich ebenfalls testen lassen.

Ich konnte nicht anders, ich musste einfach rufen: »Jesus ist Herr!« Dazu hüpfte ich auf und ab, ganz aus dem Häuschen über diese Entwicklung. »Danke, danke, danke, Moffat. Lass uns gleich morgen gehen. Ich rufe jetzt gleich noch das Krankenhaus an.« Ich machte schnell Termine für uns aus, bevor Moffat seine Meinung ändern konnte. Ich machte auch Termine für Joy und Faith, sagte ihm aber vorläufig nichts davon.

Am nächsten Morgen wachte ich ganz aufgeregt auf und feuerte eine weitere Bombe auf meinen kampfmüden Mann ab. »Moffat, ich dachte, wir nehmen die Kinder gleich mit. Wir sollten sie ebenfalls testen lassen.«

Er sah halb gekränkt, halb zornig aus. »Nein. Ich habe gesagt, dass ich mitkomme, aber die Mädchen werden nicht gehen. Ich will nichts mehr von dem Unsinn hören. Kein Wort mehr.« Ich verstand, warum Moffat zögerte, Joy und Faith, die jetzt drei beziehungsweise fast zwei Jahre alt waren, testen zu lassen. Dieser Krankheit haftete ein Stigma an, dem ich meine Kinder eventuell aussetzen würde. Man würde sich über sie lustig machen, wenn herauskam, dass sie HIV-positiv waren. Hinzu kam, dass es keine Behandlung und kein Heilmittel dafür gab.

Doch ich war förmlich besessen von dem Gedanken, die Wahrheit erfahren zu müssen. Der Arzt hatte zwar gesagt, er könne nichts für die Kranken tun, doch ich wusste, dass Wissen Macht war. Wenn sie positiv waren und ich erfuhr es nicht, würden sie unweigerlich dahinsiechen und sterben. Wenn ich es jedoch wusste, konnte ich in Erfahrung bringen, wie ich meine Babys retten konnte. Außerdem bestand ja immer noch die Möglichkeit, dass sie das Virus nicht in sich trugen. Um mich selbst hatte ich nicht so viel Angst, aber dafür umso mehr um meine Töchter. Zum Schluss setzte ich mich durch und Joy und Faith kamen mit, um ebenfalls getestet zu werden.

In der Klinik traf ich auf weiteren Widerstand. Die Schwester, die mir die Blutprobe entnahm, die über mein Schicksal entscheiden würde, fragte: »Warum tun Sie das? Können Sie das Ganze denn nicht einfach auf sich beruhen lassen? Nicht einmal wir Schwestern lassen uns testen.«

Die Schwester, die Moffat Blut abnahm, meinte ebenfalls: »Und wenn Sie Bescheid wissen, was können Sie denn schon tun?« Moffat nickte zustimmend und sagte: »Endlich mal eine vernünftige Aussage.«

Die Schwestern machten es nicht besser, als sie sagten: »Wir haben gehört, dass es in fernen Ländern wie zum Beispiel Amerika eine Behandlung geben soll, aber die ist so teuer, dass sie sich hier in Sambia niemand leisten kann. Hier sterben die Leute daran. Es gibt einfach keinen Grund, sich testen zu lassen.«

Seid still, dachte ich. *Ich glaube an einen Gott, der größer ist als das ganze Universum. Er ist der Herr, der über Gesundheit und Krankheit entscheidet. Er ist Jahwe Rapha, der Gott, der heilt.* Ich sagte: »Wenn die westliche Medizin nichts für mich tun kann, werde ich beten.«

Unsere Ergebnisse sollten in einer Woche vorliegen. Und so machten Moffat und ich uns am 2. Januar 1998, vier Tage vor meinem zweiundzwanzigsten Geburtstag, auf, um unsere Ergebnisse abzuholen. Moffat wollte mich in seiner Arbeitspause im Krankenhaus treffen.

Als ich das Haus verließ, rief Mrs Banda, eine Frau, mit der zusammen ich oft betete, mir zu: »Guten Morgen. Wo gehen Sie denn hin an diesem wunderschönen Tag?«

Ich dachte, es sei an der Zeit, ihr zu sagen, was ich getan hatte. »Mrs Banda, Moffat und ich gehen zum Arzt, um unseren HIV-Status zu erfahren. Ich bin schon ganz aufgeregt.«

»Diese unheilbare Krankheit?«, fragte sie schockiert. *Mrs Banda hatte also von HIV gehört?*

»Ja. Ich bin schrecklich aufgeregt. Es ist sehr wichtig für uns. Ich muss einfach Bescheid wissen. Ich erzähle es Ihnen dann, wenn wir zurück sind«, rief ich ihr zu und machte mich auf den Weg, der mein Leben verändern sollte.

Moffat wartete beim Luanshya Mine Hospital auf mich, wie er es versprochen hatte. Er hielt den Kopf gesenkt wie jemand, der im strömenden Regen steht. Er machte den Eindruck eines Menschen, dessen schlimmste Befürchtungen Realität werden sollten. Was mich anging – ich war bereit.

Bevor Moffat und ich unsere Ergebnisse erfuhren, teilte Dr. Tembo uns die Ergebnisse der Tests von Joy und Faith mit.

»Ich habe Ihre Ergebnisse, Mr und Mrs Zulu.«

An diesem Punkt sah ich Moffat zärtlich an. All mein Ärger war vergessen. Sein Kopf war noch immer gesenkt.

»Die Testergebnisse für Ihre Töchter Joy und Faith sind negativ.« Ich holte tief Luft vor Erleichterung. *Ich danke dir, Jesus!* Dr. Tembo hielt einen Moment inne und fuhr dann fort: »Ja, das ist eine gute Nachricht, aber um ganz sicher zu sein, müssen Sie sie in zwei Monaten noch einmal zu mir bringen und zwei Monate darauf noch einmal.«

Als ich die Nachricht hörte, überrollte mich eine riesige Welle von Gefühlen – Dankbarkeit und tiefe Liebe. Die Hauptaufgabe von Eltern ist es, ihre Kinder zu beschützen. Monatelang hatte ich in der Angst gelebt, in dieser Aufgabe versagt zu haben, und jetzt gab ich mich ganz der Freude darüber hin, dass meine Kinder gesund waren. Das einzige ähnlich starke Glücksgefühl, das ich jemals erlebt habe, war die Freude, als meine Töchter zur Welt kamen; alle Sorgen, Schmerzen und Ängste waren wie weggewischt, als ich zum ersten Mal in ihre Augen blickte. Genauso fühlte ich mich, als Dr. Tembo mir die gute Nachricht mitteilte.

Gleichzeitig empfand ich tiefes Mitleid mit allen Müttern, die nicht dieses Glück hatten. Sie mussten neben ihrer Trauer ein schreckliches Gefühl der Scham und des Versagens empfinden, als nähme ihnen jemand alle ihre Würde. Und während die Krankheit sich in ihrem Körper ausbreitete, mussten sie zusätzlich den Schmerz bewältigen, dass sie ihren eigenen Kindern den Tod gebracht hatten. Jeden Tag kommen etwa zweitausend mit HIV infizierte Babys zur Welt. Jedes Jahr stirbt eine halbe Million Kinder unter fünfzehn Jahren an Aids; die meisten von ihnen haben sich bei ihren Müttern angesteckt.[15] Fast zwei Millionen leben mit dem Virus.

Da Joy und Faith HIV-negativ waren, hoffte ich für eine oder zwei Sekunden wider alle Vernunft, dass Moffat und ich ebenfalls gesund wären. Sie wissen, dass das nicht der Fall war. Sie wissen, dass ich, als ich mein Ergebnis erfuhr, das Gefühl hatte, als berste das Dach über mir, sodass ein blendend heller Lichtstrahl in den Raum fiel, der meinen Körper einhüllte und in mein Herz drang. Das war das Wirken Gottes. »Gelobt sei Gott, gelobt sei Gott, gelobt sei Gott«, wollte mein Herz rufen. Bitte, lesen Sie in diese Zeilen nicht hinein, dass ich Freude empfand. Es war keine freudige Nachricht. Damals galt HIV als Todesurteil. Moffat und ich würden unsere Kinder allein in der Welt zurücklassen, wie meine Eltern mich. Ich hatte Angst um meine Mädchen, aber dennoch empfand ich tiefen Frieden. Es war, als ob sich eine Vorbestimmung erfüllt hätte, und das gab mir Kraft.

Ich werde die Berge einebnen. Eherne Türen werde ich zerbrechen und eiserne Riegel zerschlagen. Ich gebe dir verborgene Schätze und versteckte Vorräte, damit du erkennst, dass ich der Herr bin, der dich bei deinem Namen ruft, der Gott Israels. Das war es; ich wusste es genau. Dies war mein Berg.

Ich werde nicht sterben, bevor ich tot bin

Ich saß in Dr. Tembos Behandlungsraum und konnte nicht fassen, dass er uns nicht wenigstens ein paar praktische Ratschläge gab.

»Und jetzt, Doktor?«, fragte ich erwartungsvoll.

»Nun … man kann nichts tun.«

»Sind Sie sicher, Dr. Tembo? Was ist mit gesunder Ernährung, Sport und einer positiven Lebenseinstellung? Sollen wir beim Geschlechtsverkehr Kondome benutzen, damit wir uns nicht weiterhin gegenseitig anstecken?« Ich zählte alles auf, was ich aus dem Buch mit dem rosa Einband wusste.

Als sei die Nachricht, dass er HIV-positiv war, nicht schon schlimm genug, verlangte Moffat Zulus junge Frau nun auch noch von ihrem Mann, Kondome zu benutzen. Moffat wurde wütend. »Du hast doch gehört, was der Arzt gesagt hat. Wir sind beide infiziert. Was redest du da noch von Kondomen? Du bist meine Frau«, schnappte er.

»Dr. Tembo, ich habe gelesen, dass das Virus mutieren und wir uns gegenseitig immer neu anstecken können. Doktor, was halten Sie davon, wenn wir viele Kürbis- und Maniokblätter, Bohnenblätter und andere Nahrungsmittel mit hohem Eisengehalt zu uns nehmen? Und welche zusätzlichen Proteine brauchen wir?«

»Natürlich, das alles kann sich durchaus günstig auswirken. Und auch eine ausgewogene Ernährung kann sinnvoll sein«, sagte der Arzt, doch er wirkte dabei eher hilflos als überzeugt. Möglicherweise hielt er eine gesunde Ernährung tatsächlich für nützlich, doch der gütige Dr. Tembo kämpfte an vorderster Front gegen eine Krankheit, die im Begriff war, alles Leben um ihn herum auszulöschen. Er trug die Verantwortung dafür, dass wir uns keine falschen Hoffnungen machten, denn nach seinem besten ärztlichen Wissen und Gewissen würden Moffat und ich in sechs Monaten sterben. Und ich konnte ihm nicht sagen, dass mir die Gewissheit, dass diese Krankheit meine ganz persönliche Berufung war, ein tiefes Gefühl von Sicherheit gab.

Als ich an diesem Nachmittag nach Hause kam, schloss ich mich im Wohnzimmer ein und betete. Was hätte ich auch sonst tun sollen? Ich kannte sämtliche Bibelstellen über Heilungen, weil ich sie immer zitierte, wenn ich die Kranken im Krankenhaus besuchte, doch jedes Mal, wenn ich den Mund öffnete, um um Heilung zu beten, hatte ich das Gefühl, als werde meine Zunge von einer unsichtbaren Macht gelähmt, und ich konnte nichts sagen. Plötzlich fiel mir ein, wie ich, als ich meine Diagnose hörte, innerlich unwillkürlich ausgerufen hatte: »Gelobt sei Gott!«, und statt weiter zu versuchen, um Hilfe zu bitten, fing ich an, Gott zu loben. Sofort strömten die Worte aus mir heraus wie ein Fluss, voller Frieden und Freude. Die Last war von mir genommen. Statt zu fragen: »Warum ich?«, fand ich Kraft und Stärke darin, Gott inmitten meiner Anfechtung zu loben. Die Worte von Psalm 118,17-18 kamen mir in den Sinn: »Ich werde nicht sterben, sondern leben, um zu erzählen, was der Herr getan hat.« *Ja, das ist es*, dachte ich. *So werde ich mein Leben leben; ich werde nicht sterben, bevor ich tot bin.* Ich war entschlossen, Zeugnis abzulegen für die Güte Gottes und für die Menschen, die mit HIV leben.

Als Moffat an diesem Abend nach Hause kam, rief er mich zu sich und sagte: »Hast du dich so verhalten, wie ich dir gesagt habe, und niemandem davon erzählt?«

»Nein. Wie hätte ich das verschweigen können, Moffat? Ich habe es Mrs Banda erzählt, damit sie für uns beten kann, und auch meiner Cousine Barbara.« Ich sagte ihm nicht, dass ich es auch dem Mann gesagt hatte, der mich nach Hause gefahren hatte.

»Ich verstehe dich nicht«, schimpfte er. »Wie konntest du das tun? Jetzt werden wir zum Gespött der ganzen Stadt werden.« Ich wusste, dass Moffat nach einem Strohhalm griff, als er fortfuhr: »Außerdem könnten die Testergebnisse falsch sein.«

Rasch warf ich ein: »Moffat, ich weiß, dass dies meine Berufung ist. Es ist die Mission, für die Gott mich vorgesehen hat. Ich glaube, ich bin dazu berufen, über dieses Thema zu sprechen.«

Er sah mich an, ernst und verwirrt zugleich. »Fang nicht an, Gott in diese Sache einzubeziehen. Damit blamierst du dich endgültig vor allen Leuten.«

Ich gab nicht auf. »Wenn die Krankheit normal verläuft, werden wir die Symptome bekommen. Wir werden uns nicht verstecken können. Es ist das Gleiche, wie schwanger zu sein: Früher oder später sehen es alle.«

»Was für ein Unsinn! Wer weiß, ob der Arzt recht hatte! Vielleicht ist ihnen ja ein Fehler unterlaufen?« Ich sah, dass Moffat es ernst meinte. Jetzt konnte man die Spannung im Raum förmlich spüren. »Princess, du musst es für dich behalten. Wenn nicht – du kennst die Folgen. Ich werde dich ins Dorf zurückschicken und daran wirst du selbst schuld sein.«

Natürlich wusste ich, was er meinte. Wenn ich ins Dorf zurückging, würde ich das Sorgerecht für meine Kinder verlieren. Ich hatte keine Arbeit, kein eigenes Einkommen. Wenn Moffat mich vor Gericht zerrte, würden mir meine Mädchen weggenommen. Ich wusste, dass die Gerichte in vielen westlichen Ländern in solchen Fällen zugunsten der Mutter entscheiden, doch das gilt nicht für Sambia; hier wird das Sorgerecht meistens dem Vater übertragen. Meine Kinder waren mein Lebensinhalt, meine tägliche Freude. Der Gedanke, dass ich, ihre Mutter, nicht mehr bei ihnen sein durfte, war mir unvorstellbar. Doch irgendetwas in meinem Herzen wog schwerer als die Angst, von meinen Kindern getrennt zu werden, und das machte mich stark. Ich wusste, dass es Gott war. Wo sonst hätte ich inmitten dieser furchtbaren Anfechtungen, angesichts einer unheilbaren Krankheit und der Drohungen meines Mannes eine solche Kraft hernehmen sollen? Ich hatte meine Berufung erkannt und wusste, was ich zu tun hatte, auch wenn das schmerzliche persönliche Konsequenzen für mich haben würde.

»Moffat, ich kann es dir nicht erklären, aber ich weiß, dass dies meine Berufung ist. Es ist meine Mission. Ich werde den Menschen sagen, wie sie sich schützen können.«

Moffat hatte plötzlich einen Blick, der mir Angst machte. »Du wirst tun, was ich dir sage, und es für dich behalten.«

Unsere Ehe hatte schon vorher unter Spannungen gelitten, und was jetzt geschah, machte es nur noch schlimmer. Moffat hatte seine Warnung laut und deutlich ausgesprochen, doch angesichts der Zahl der Kranken und Sterbenden, die jeden Tag größer wurde, und angesichts meiner Berufung, etwas dagegen zu unternehmen, der ich mich nicht entziehen konnte, wusste ich, dass ich keine andere Wahl hatte, als ihm ungehorsam zu sein.

Teil III

Der Kampf beginnt

Eine Quelle des Lebens

Von diesem Tag an war mein Verhältnis zu Moffat von einer ständigen Spannung überschattet. Nicht alle Tage waren schlecht und nicht alle waren rosig, aber die Spannung war immer da. Manchmal ließen ein Blick oder ein Ereignis die Animosität aufflackern, manchmal war sie nur wie ein fast unhörbares Hintergrundgeräusch. Moffat hatte die HIV-Diagnose schwer getroffen und ich bin sicher, dass dies sein Verhalten in jener Zeit beeinflusste. Wir stritten weiter darüber, ob wir die Diagnose geheim halten sollten; er beharrte weiterhin darauf, dass ich es niemandem erzählen dürfe.

Dem äußeren Anschein nach waren wir ein glückliches Paar. Und es gab ja auch wirklich viel Positives in unserem Leben. Wir waren Christen und Eltern. Unsere Beziehung zu unseren Kindern und zu Christus bedeutete uns viel. Wir wussten, dass es wichtig war, der Gemeinde ein Vorbild zu sein, deshalb widmeten wir uns ganz unserem Glauben und der Erziehung unserer Töchter. Ich fing außerdem an, mich um andere Kinder – viele von ihnen Waisen – zu kümmern. Die Zahl der Kinder, die bei Tanten und Onkeln und älteren Verwandten lebten, wuchs ständig. Ich wusste, wie sie sich fühlten. Auch die Liebe einer Großfamilie kann kein Ersatz für Elternliebe sein; Kinder brauchen es, dass ihre Eltern sie in den Arm nehmen; sie brauchen die Liebe ihrer Eltern und möchten bei ihren Eltern aufwachsen. Die unzähligen Kinder, deren Eltern an Aids starben, wurden ihrer Kindheit beraubt. In den meisten Fällen konnten sie nicht einmal weiter zur Schule gehen. Wenn ich daran dachte, wie gefährdet sie waren und was ihnen bevorstand, brach es mir fast das Herz.

An einem Samstag saß ich zu Hause auf dem Sofa, halb eingeschlafen. Joy und Faith spielten bei mir im Zimmer und Moffat las Zeitung. Die Sonne fiel durchs Fenster. Ich saß, was selten genug vorkam, einfach nur still da und beobachtete meine beiden kleinen Mädchen, die ich mehr liebte als mich selbst. *Was können wir tun, um den Waisen zu helfen?*, fragte ich mich. Und während ich so dasaß, träumte ich von einem Ort, an dem Kinder Kinder sein können, an dem sie lachen und lernen und spielen können. Ich musste eingenickt sein, doch der Traum hörte nicht auf. Ich hörte, wie die Kinder sangen, wie sie lesen und rechnen lernten; ich sah sie lächeln, sah, wie die Hoffnung in ihre Augen zurückkehrte. *Wie soll ich es wahr machen? Wo soll ich anfangen?* Die Fragen fluteten durch meinen Traum, als unterhielte ich mich mit jemandem. Als ich aufwachte, stand der Traum so deutlich vor mir, dass ich wusste, ich musste etwas unternehmen.

Während ich da im warmen Schein der Sonne saß, wurde dieses Gefühl immer stärker. Ich überlegte, was Jesus von uns erwartete. Unser Herr war für uns alle ein Vorbild an Liebe, Mitleid und Barmherzigkeit. In meinen Augen war es nicht richtig, dass die Menschen, die an HIV und Aids litten, ausgegrenzt und vergessen wurden. *Wie können wir von Liebe reden, ohne für diese Geringsten zu sorgen?*, fragte ich mich. *Das ist eines Christen nicht würdig.* Diese Kinder brauchten ganz praktische Hilfe.

Ich hatte zum Glauben gefunden durch die Liebe, die die christliche Gemeinde mir entgegenbrachte; diese Menschen, die Gemeinschaft der Gläubigen, liebten mich und liebten einander. Sie teilten alles miteinander und ich wollte ein Teil von ihnen sein. Der Jesus, den sie liebten, war nicht abwesend, er wohnte mitten unter ihnen. Er sprach durch sie. Ich sagte in meinem Herzen: *Herr, hier bin ich, gebrauche mich.* Dies war meine Berufung, eine Möglichkeit, meine Liebe zu Jesus unter Beweis zu stellen, so, wie es in Jakobus 1,27 von uns verlangt wird: »Rein und vorbildlich Gott, unserem Vater, zu dienen bedeutet, dass wir uns um die Sorgen der Waisen und Witwen kümmern und uns nicht von der Welt verderben lassen.«

In meiner Schulzeit hatten wir von Nelson Mandela, dem großen Helden Afrikas, gehört. Ich erinnere mich, dass er sagte: »Bildung ist die stärkste Waffe zur Veränderung der Welt.« Während mir alle diese Gedanken und Träume durch den Kopf gingen, wurde mir klar, dass ich eine Schule für Waisen gründen musste. *Eine Schule. Das gefällt mir*, dachte ich. Noch immer saß ich still da, mit geschlossenen Augen, meine Familie ganz nah bei mir.

Um greifbare Realität zu werden, brauchte die Schule einen Namen. Auf der Suche nach dem perfekten Namen wandte ich mich dem einzigen Buch zu, das ich kannte, der Bibel. Ich blätterte durch ihre Seiten und plötzlich wusste ich den Namen: *Fountain of Life*, Quelle des Lebens.

Ich wollte meine Idee gleich, solange sie mir noch so deutlich vor Augen stand, mit Moffat besprechen. Als ich sah, dass er seine Zeitung hinlegte, sagte ich zu ihm: »Moffat, du weißt doch, dass ich schon eine ganze Weile darüber nachdenke, wie wir den Waisen helfen können. Jetzt weiß ich es. Ich möchte eine Schule für Waisenkinder gründen.« Ich beobachtete ihn und wartete auf seine Reaktion. »Eine Schule, hm. Gut. Aber wie willst du das anstellen?«

Ich fuhr fort: »Wir fangen einfach an, mit den begrenzten Mitteln, die wir haben. Zum Beispiel könnten wir Joy und Faith, statt sie zur Schule zu schicken, selbst unterrichten und die eingesparten Schulgebühren dazu benutzen, eine Schule zu gründen.«

Was für Fehler Moffat auch immer haben mochte, wenn es um Kinder ging, tat er alles, um ihnen zu helfen. Er sagte, dass er sich ebenfalls Sorgen um die vielen Waisen machte, und damit trat wieder einmal die liebevolle Seite seines Charakters in den Vordergrund. Er war sofort bereit, bei meinem Projekt mitzumachen.

»Die Idee gefällt mir. Ich werde dich auf jede mir mögliche Weise unterstützen.«

Ich war so begeistert, dass mein Mann mein Vorhaben guthieß, dass ich ihm um den Hals fiel. »Danke«, rief ich.

»Und das wird dich hoffentlich von der verrückten Idee abbringen, allen Menschen von deiner Krankheit erzählen zu wollen«, war seine Antwort. Ich sagte nichts mehr.

Ich war unglaublich aufgeregt. Moffat hatte meine Idee gutgeheißen! Meine eigenen Lebensumstände und meine mangelnde Ausbildung machten es mir nicht gerade leichter, mein Vorhaben in die Tat umzusetzen. Ich war in die zehnte Klasse gegangen, als ich meine Bamaa verlor, doch viele der Kinder, an die ich dachte, hatten ihre Eltern schon mit vier oder fünf Jahren verloren. Ich fragte mich, was wohl aus ihnen werden würde und was aus meinem Land werden sollte, wo wir künftig unsere Politiker, Ärzte und Lehrer hernehmen sollten, wenn jedes dritte Kind als Waise aufwuchs.[16] Wie konnte ich angesichts dieser Situation einfach untätig bleiben?

Das Geld stellte natürlich ein großes Problem dar. Ich hatte kaum Startkapital und Moffats Gehalt reichte selbstverständlich nicht aus, um eine ganze Schule zu finanzieren. Da kam mir eine kühne Idee, wie ich Geld auftreiben konnte: Ich würde einfach zwei Schulen gründen – eine private, in der die Eltern Schulgebühren für ihre Kinder zahlen mussten, und eine für Waisen. Das Geld, das wir mit der ersten verdienten, konnten wir für den Unterhalt der zweiten verwenden. Joy würde die Privatschule besuchen und Faith ebenfalls, wenn sie alt genug war. Damit war das Geldproblem in meinen Augen gelöst, doch es gab noch zwei weitere Probleme: Ich war keine Lehrerin und ich hatte keine Räumlichkeiten für meine beiden Schulen.

Moffat war einverstanden, unser Haus in der Lantana Avenue Nr. 25 in Luanshya für die Gründung der beiden Schulen zur Verfügung zu stellen: die Fountain of Life Private School und die

Fountain of Life Ministries Community School for Orphans. Wenn ich sagte, dass ich kaum Mittel für die Schulgründung besaß, meinte ich damit, dass ich wirklich nur sehr wenig Geld hatte – vielleicht 50 000 Kwacha, das entsprach zehn Dollar, mit denen ich unseren Lebensunterhalt bestritt. Sie waren mein einziges Budget, um Bücher und andere Lehrmittel für unsere Schüler anzuschaffen.

Ich fertigte Plakate an, auf denen ich für unsere Schule warb: »Fountain of Life Ministries – eine Gemeindeschule für Kinder, die ein oder beide Elternteile verloren haben und es sich nicht leisten können, zur Schule zu gehen. Schuluniformen oder Schuhe sind nicht erforderlich.« Im Laufe der nächsten Wochen hängte ich diese Plakate mithilfe von Freunden in unserer gesamten Nachbarschaft auf. Wir klebten sie an Bäume, Laternenpfähle, Bushaltestellen und sämtliche anderen Oberflächen, die uns geeignet erschienen.

Überall, wo ich hinkam, erzählte ich den Leuten: »Bitte schickt eure Kinder zur Fountain of Life School. Wenn ihr jemanden kennt, der Hilfe braucht, schickt ihn zu uns.« Ich dachte, ich würde es einer ganzen Menge von Leuten sagen müssen, bis ich die zwanzig Schüler beisammen hatte, auf die ich hoffte, doch ich sollte rasch feststellen, dass ich den Bedarf unterschätzt hatte.

In den ersten Jahren nach Sambias Unabhängigkeitserklärung 1964 hatten wir noch keinerlei Erfahrung darin, die nach britischem Vorbild organisierte Regierung und die Kupferminen, auf die sich die Wirtschaft unseres Landes stützte, selbstständig weiterzuführen. Als die Kupferpreise weltweit sanken, lieh sich unsere unerfahrene Regierung exorbitante Summen bei internationalen Geldverleihern wie dem Internationalen Währungsfonds und der Weltbank. In dem Versuch, strukturelle Reformen in unserem Land zu unterstützen, wurden die Kredite an bestimmte Bedingungen geknüpft. So durften nicht mehr als fünf Prozent unseres Bruttoinlandsproduktes für Beamte – Ärzte, Krankenschwestern, Lehrer – ausgegeben werden. Darüber hinaus wurde eine Gebührenpflicht für das Bildungssystem eingeführt. Das Ganze zielte darauf ab, dass ein Volk den Gürtel enger schnallen sollte, dessen Angehörige viel zu arm waren, um überhaupt Gürtel zu besitzen.[17] Wenn bettelarme Familien zwischen dem momentanen Bedarf an Nahrung und dem langfristigen Bedarf an Bildung wählen müssen, wird immer die Zukunft der Kinder leiden.

Während sich für meine Privatschule lediglich fünf Kinder – einschließlich unserer Tochter Joy – angemeldet hatten, lag die Sache bei der Fountain of Life Ministries Community School völlig anders. An dem Tag, an dem der Unterricht beginnen sollte, wachte ich mit einer Mischung aus schlimmen Vorahnungen und Aufregung auf. Gleich nach dem Aufstehen, noch bevor ich mein übliches Bad genommen hatte, trat ich ans Schlafzimmerfenster und zog die Vorhänge beiseite. Zu meiner größten Überraschung standen etwa hundert Menschen vor meinem Haus und warteten darauf, dass die Schule begann.

Du meine Güte, was habe ich da bloß angezettelt?, fragte ich mich ungläubig.

Ich hatte gehofft, zwanzig Schüler zusammenzubekommen, und nun standen da draußen Kinder aller möglichen Altersgruppen. Wie sollte ich sie alle unterrichten? Ich trat vom Fenster zurück, ließ mich auf einen Küchenstuhl fallen, vergrub den Kopf in den Händen und versuchte erst einmal, den Mut aufzubringen, mich der Gruppe zu stellen.

Draußen blickte ich auf das Meer verzweifelter Gesichter. Manche der Kinder waren von Großeltern, Onkeln oder bettelarmen Müttern, deren Männer gestorben waren, herbegleitet worden. Andere – manche offensichtlich noch nicht einmal sieben Jahre alt – waren barfuß und allein gekommen.

Ich stellte mich den begleitenden Erwachsenen vor und dankte ihnen für ihr Kommen. Mein Herz klopfte heftig, als ich ihnen dann sagen musste: »Ich freue mich sehr, dass Sie Ihre Kinder zu mir gebracht haben, aber es tut mir leid – so viele kann ich nicht unterrichten. Ich wollte einfach nur irgendetwas tun, einen ganz kleinen Beitrag leisten, in meinem Haus, und kann höchstens zwanzig Kindern helfen.«

Das Ausmaß des Problems traf mich wie ein Schlag. Es gab einfach zu viele Menschen wie mich in unserem Land, die für viel zu viele andere, von ihnen abhängige Personen sorgen mussten. Heute weiß ich, dass es eine Bezeichnung für die Kinder gibt, die damals vor mir standen. Sie gehören zu den Ärmsten der Welt. Man nennt sie serielle Waisen. Bis vor etwa dreißig Jahren war die Vorstellung echter Waisen in unserer Kultur so gut wie unbekannt; es gab immer ein Dorf, das für unsere Kinder sorgte. Serielle Waisen sind Kinder, deren Eltern starben und die daraufhin zu einer Tante geschickt wurden, die dann ebenfalls stirbt. Daraufhin kommen sie zu einer zweiten Verwandten, die auch wieder stirbt. Das Kind und seine Geschwister werden immer weitergereicht, bis sie schließlich bei einem Großelternteil enden, oder schlimmer noch, ganz allein zurückbleiben. Alle drei Sekunden verliert ein Kind ein Elternteil an Aids. Einer der vielen grausamen Tricks von Aids ist es, dass die Krankheit vor allem junge Erwachsene dahinrafft, die sexuell Aktiven, die produktivsten Mitglieder der Gesellschaft – Eltern, Ärzte, Krankenschwestern, Lehrer. Übrig bleiben die Hilflosesten und Verletzlichsten – Kinder und ältere Menschen.

Eine der Frauen vor meinem Haus fand den Mut, etwas zu sagen. Sie kämpfte gegen die Tränen an, während sie bat: »Princess, bitte, helfen Sie uns. Wir brauchen das wirklich. Wir können uns keinen Schulbesuch für unsere Kinder leisten. Wenn Sie sie nicht aufnehmen, wer weiß, was dann aus ihnen wird? Die Jungen enden wahrscheinlich auf der Straße, verkaufen Kohlen oder werden kriminell. Bitte, nehmen Sie sie auf, damit wenigstens ihr Kopf beschäftigt ist und sie eine Chance haben, eine Zukunft. Ohne diese Schule haben sie gar nichts.«

Eine andere stimmte ein: »Wir können uns die Schulgebühren

der staatlichen Schulen nicht leisten, ganz zu schweigen von den Schuluniformen und den Schuhen, die dort verlangt werden. Sie haben gesagt, Sie unterrichten die Kinder auch ohne Schuhe und verlangen nichts dafür.«

Während sie sprach, fiel mein Blick auf ein Plakat an der Tür des Zimmers im Haus, das mein Klassenzimmer werden sollte. Darauf stand: »Bei Gott sind alle Dinge möglich.« Da stand sie – die Wahrheit; was sollte ich also noch sagen? Und so nahm ich, obwohl ich nur ein paar Bleistifte und nur noch fünf Dollar hatte, über sechzig Schüler in die Fountain of Life Ministries Community School auf, im Vertrauen auf das, was ich schon so oft erfahren hatte: dass Gott mir helfen und mir geben würde, was ich brauchte.

Ich arbeitete jeden Tag bis in die Nacht hinein, um den Unterricht vorzubereiten. Morgens begann ich dann in der Privatschule, deren Schüler getrennt unterrichtet werden mussten. Hier musste der Standard sehr hoch sein, um die Gebühren zu rechtfertigen, die ich erhob. Joy nahm am Unterricht teil und oft kam auch Faith und leistete ihr Gesellschaft, bis sie alt genug war, um in die Vorschule zu gehen. Sie mussten lernen, mich zu Hause »Mama« und im Klassenzimmer »Frau Lehrerin« oder »Mrs Zulu« zu nennen.

Wenn die Privatschüler dann an ihren Aufgaben saßen, lief ich hinüber in die Garage, wo die Waisen in ihren staubigen, zerrissenen Kleidern saßen, barfuß, aufrecht und begierig zu lernen. So ging es den ganzen Tag hin und her, von einer Schule zur anderen, in dem Versuch, dafür zu sorgen, dass alle Kinder die Möglichkeit hatten, etwas zu lernen. Und so ermüdend es auch war, der Herr schenkte mir Gnade und Weisheit, denn er ist treu und gibt uns alles, was wir brauchen, um die Aufgabe zu erfüllen, zu der er uns berufen hat.

Viele der Schüler der Fountain of Life Ministries Community School hatten noch nie eine Schule besucht. Manche der Waisen waren zehn Jahre alt, besaßen aber nur die Kenntnisse viel jüngerer Kinder. Mitte des Vormittags waren die meisten müde und schwach, weil sie weit gelaufen waren, und ein Großteil von ihnen hatte an diesem Tag noch nicht einmal etwas gegessen.

Wir hatten nicht viel, doch das, was wir hatten, teilten wir mit ihnen. Wir bereiteten jeden Tag eine Mittagsmahlzeit aus *Nshima*, Maismehlbrei, und Bohnensauce und manchmal auch *Kapenta*, das sind kleine getrocknete Fische, für die Waisen zu.

Die Schulen beanspruchten die Mithilfe unserer ganzen Familie. Meine Stiefkinder, David, White, Moffat Jr. und Ethel halfen jeden Tag, das Haus zu putzen und für den Unterricht vorzubereiten. Moffat Sr. grub einen Brunnen, damit wir Zugang zu Wasser hatten, und mein Bruder Muyani holte zusammen mit Elvis und Rhoda jeden Morgen so viel frisches Wasser, wie wir für den Tag brauchten. Die anderen halfen beim Kochen und Abwaschen.

Ich war schon bald völlig erschöpft. Einmal war ich morgens so müde, dass ich mir vor dem Unterricht nur schnell das Gesicht wusch und nicht wie sonst ein Bad nahm. Normalerweise machten die Kinder großen Lärm, wenn sie eintrafen, doch diesmal waren sie ganz still. Ich fragte mich, was wohl mit ihnen los war.

Als ich müde das Klassenzimmer verließ und zur Garage hinübergehen wollte, hörte ich, wie meine Schüler beteten. Ich wusste nicht genau, wer da sprach, blieb aber stehen, um zu lauschen, ohne dass sie mich sehen konnten: »Gott, bitte segne Tante Princess für alles, was sie für uns tut. Wenn du Tante Princess segnest, segnest du auch uns. Bitte segne sie, damit wir gesegnet sind.«

Die Kraft ihrer Worte rührte mich tief. Ich stand ganz still und weinte um diese Kinder. Als sie ihr Gebet gesprochen hatten, nahm ich alle meine Kraft zusammen und gelobte mir selbst, alles zu tun, was in meiner Macht stand, um das Los dieser Kinder Afrikas und der Kinder der ganzen Welt zu bessern. Ihre Worte erinnerten mich daran, dass es immer ein Kind gibt, das weint, wenn wir nur bereit sind, sein Weinen zu hören.

Kleine Kinder, die ihre Eltern verloren haben, umgibt eine ganz besondere Trauer. Sie sehnen sich danach, dass der Albtraum ein

Ende hat – dass sie wieder spielen können, dass ihre Mutter sie in die Arme nimmt und tröstet, dass ihr Vater sie hoch in die Luft wirft und wieder auffängt, doch ihre Freude, ihre Unschuld und ihre Kindheit sind unwiederbringlich verloren.

Innerhalb eines Jahres wuchs die Zahl meiner Schüler auf über neunzig an. Das bedeutete eine echte Belastung für unsere Finanzen und auch für unsere Wohnsituation. Ich sagte der Gemeinde, dass wir Hilfe brauchten, und sie handelte. Jeden Tag kamen fremde Menschen, die uns beim Kochen und Putzen halfen. Ich machte mehr Plakate und Anzeigen, auf denen ich diesmal um Nahrungsmittel, Kleidung und Geld für den Unterhalt der Fountain of Life School bat.

Die Gemeinde half mir. Viele dieser Leute wurden meine Freunde und eine Art Familienersatz für die Schüler. Die Schule war nicht mehr nur mein Traum, sondern der Traum und die Errungenschaft der ganzen Gemeinde.

Als die Menschen erfuhren, was wir den Waisen boten, wuchs die Community School weiter an – im Gegensatz, leider, zu der Privatschule, deren Mitgliederzahl von fünf auf drei schrumpfte und die schließlich geschlossen werden musste. Die Community School war nie besonders gut ausgestattet; die Kinder mussten auf der Erde sitzen, doch sie waren so begierig, etwas zu lernen, dass es keinem etwas auszumachen schien.

Obwohl der Unterricht mich entsetzlich anstrengte, kann ich doch die Freude kaum beschreiben, die mich erfüllte, wenn ich in den Sonnenschein hinausging und sah, wie meine Familie und meine Freunde für die Waisen kochten, ihnen Geschichten erzählten und ihnen halfen, sich zu entfalten. Mittags spielten wir alle zusammen auf unseren paar Schaukeln und Rutschen, tobten herum und sangen. Ich vermisse meine Eltern bis auf den heutigen Tag, doch die Tatsache, dass ich diesen Kindern helfen konnte, begann die Wunden, die ihr Verlust geschlagen hatte, langsam heilen zu lassen.

Mit der Zeit waren wir in der Lage, ein paar Lehrer zu bezahlen, sodass ich mich stärker der Leitung der Schule widmen konnte. Meine vordringlichste Sorge galt dem Aufbringen von Geldmitteln. Die Schule selbst schien täglich zu wachsen. Ich wandte mich an Firmen und alle möglichen Leute, von denen ich mir Hilfe versprach. Die erste Firma, die uns unterstützte, war Colgate. Sie konnten uns kein Geld spenden, aber sie kamen in die Schule und zeigten den Kindern, wie man sich die Zähne putzt. Dann schenkten sie allen Kindern Zahnbürsten und Zahnpasta. Für

Die Fountain of Life Ministries Community School in unserem Haus, das wir mit den Waisenkindern teilten. Dies ist der Tag, an dem die Firma Colgate den Schülern Zahnpasta und Zahnbürsten schenkte. Im Vordergrund Lehrer und Eltern; der Mann an der Tür ist Mr Banda von Colgate (1998).

manche Kinder war es das erste Mal, dass sie sich die Zähne mit einer Zahnbürste putzten. Bis dahin hatten sie sich die Zähne mit dem Zeigefinger und Salz oder Feuerasche geputzt oder auch mit einem gekauten, zerfaserten Mangostängel, den sie in Salz tauchten.

Es war ein kostbarer Anblick für mich zu sehen, wie sie kicherten und lachten, wenn die Zahnpasta in ihren Mündern schäumte und ihre Gesichter bedeckte, ein Anblick, der noch heute fest in meinem Gedächtnis verankert ist. Die meisten von uns verschwenden keinen zweiten Gedanken an Zahnpasta. Doch für diese Waisenkinder, die Ärmsten der Armen, wurden ihre Zahnbürste und ihre Zahnpasta zu einem kostbaren Besitz.

Für die Lehrer und für alle Leute, die ich kannte, war der Umgang mit diesen Kindern etwas ganz Besonderes. Gott liebt jedes Kind. Für ihn sind alle Kinder kostbar. Er ist der Vater der Vaterlosen und liebt die Kinder, ganz gleich, wo sie sind. Er ist die Quelle des Lebens.

Per Anhalter mit Lastwagenfahrern unterwegs

Die Schule half zwar den Waisenkindern in unserer Stadt, doch sie konnte die Ausbreitung des Virus nicht aufhalten. Ich musste einen Weg finden, den Menschen zu helfen, sich vor einer Infektion zu schützen. Kinder, die mit zwei lebenden Elternteilen aufwuchsen, waren noch eine weit bessere Option als die Schulausbildung von Waisen. In meinen Augen war es sinnvoller, einen Zaun vor dem Abgrund zu errichten, um die Kinder davor zu bewahren hinunterzustürzen, als einen Krankenwagen unten hinzustellen, der sie auflas, wenn sie gefallen waren. Mir wurde klar, dass ich, wenn ich Erfolg haben wollte, unseren Männern die Augen öffnen musste.

Dafür gab es eine ganze Reihe von Gründen. Ich weiß, dass Frauen rein biologisch und auch aus anderen Gründen anfälliger für das Virus sind. Physiologisch wird das Virus leichter von einem Mann auf eine Frau übertragen als von einer Frau auf einen Mann. Noch verschärft wird diese Situation dadurch, dass Ungleichstellung, Armut, mangelnde Bildung, geringere Körperkraft und kulturelle Praktiken zusammenspielen und die Frauen stärker gefährden. Kondome sind heute zwar fast überall erhältlich, doch zu dem Zeitpunkt, an dem diese Geschichte spielt, waren sie es noch nicht. Schon ihre Beschaffung war eine Herausforderung, und eine fast ebenso große Herausforderung war die Machtlosigkeit der Frauen, wenn es darum ging, sie tatsächlich zu benutzen.

Ich möchte die Frauen hier nicht als völlig unschuldig hinstellen, doch die Statistiken zeigen, dass in Sambia die Männer öfter häufig wechselnde Sexualpartner haben als die Frauen. Das liegt zum Teil an den polygamen Ehen, die nach unserem Brauch legal sind – sechzehn Prozent aller sambischen Frauen leben in polygamen Ehen[18] – zum Teil aber auch daran, dass die Männer aufgrund unseres Wirtschaftssystems häufig gezwungen sind, lange Zeit von zu Hause abwesend zu sein. Man weiß heute, dass die Männer, die im Rahmen ihrer Arbeit ständig unterwegs sind – Fernfahrer, Soldaten, Händler und Minenarbeiter –, eine Schlüsselrolle bei der Verbreitung des Virus im Süden des afrikanischen Kontinents gespielt haben.[19] Angesichts der unzulänglichen Transportwege und der Tatsache, dass es für sie keinen Grund gibt zu reisen, bleibt der größte Teil der übrigen Bevölkerung die meiste Zeit an einem Ort und weiß nichts davon, dass ein tödliches Virus vielleicht schon bald an seine Tür klopft.

Bei meinen Besuchen im Krankenhaus, die inzwischen aufgrund meiner Arbeit für die *Fountain of Life School* nur noch selten und sporadisch stattfinden konnten, hatte ich wieder und wieder die gleiche Geschichte gehört. Frauen, die im Sterben lagen, erzählten von ihren Männern, die nur wenige Male im Jahr nach Hause kamen und dann den unerwünschten Gast, das Killervirus, mitbrachten. Leider dauerte es in den meisten Fällen nicht lange, bis das Virus sich nicht nur auf die Ehefrau, sondern auch auf die in dieser Zeit gezeugten Kinder übertragen hatte.

Eines Tages, als ich mich nach meiner Arbeit für *Fountain of Life* hinsetzte, fragte ich mich – und das nicht zum ersten Mal: *Wie kann ich sie erreichen? Wie kann ich das Verhalten der Männer ändern? Es muss einfach einen Weg geben.* Ich dachte über die Probleme meines Landes nach, über die Umstände, die zur Promiskuität führten, und überlegte, ob es in meinem ringsum von anderen Ländern umschlossenen Heimatland Berufe gab, auf die ich mich bei meinem Vorhaben vielleicht konzentrieren sollte. Das Bild von

Afrika als einer Frau, mit den Verkehrswegen als Arterien, über die die Autos und Lastwagen das Virus durch ihren Körper befördern, war mir wieder eingefallen, und ich wusste, dass hier die Lösung lag, zumindest teilweise. Als ich daran dachte, wie häufig mir beim Fahren per Anhalter eindeutige Anträge gemacht worden waren, kam mir eine Idee.

Ich lief zum Haus meiner Freundin Chilufya, weil ich unbedingt mit ihr darüber reden musste. »Chilufya, ich hab's! Ich habe eine Idee! Du musst mir unbedingt helfen! Lastwagenfahrer sind ein Teil des Problems und ich weiß, wie wir sie erreichen können.« Chilufya war fasziniert und versuchte zu erahnen, was ich wohl vorschlagen würde. »Wir können so tun, als seien wir Prostituierte, per Anhalter mit den Fahrern mitfahren und sie dann über das Virus aufklären.« Chilufyas Begeisterung schwand sichtlich. Sie war zwar an meine wilden Ideen gewöhnt, doch das schien sogar für meine geduldige Freundin zu viel zu sein.

»Chilufya, überleg doch mal! Unser Land ist ringsum von anderen Ländern umgeben. Sämtliche Import- und Exportwaren müssen über die Straßen transportiert werden. Weil alles noch ohne die Unterstützung von Computersystemen abgewickelt wird, sitzen die Fahrer manchmal tagelang an den Grenzen fest. Hier liegt der Kern des Problems, aber manchmal nehmen sie ein Mädchen auch mit bis zur nächsten Grenzstadt.«

»Das weiß ich, Princess, aber was hat das mit uns zu tun?«

»Ich brauche eine Begleitperson, falls uns jemand aufgreift und fragt, was wir da tun.« Ich wusste, dass es schwierig werden würde, einen Freund von Moffat oder jemanden aus unserer Kirchengemeinde davon zu überzeugen, dass ich nur so tat, als sei ich eine Prostituierte. »Außerdem ist es sicherer, wenn wir zu zweit sind, Chilufya.«

Chilufyas Reaktion fiel nicht so aus, wie ich gehofft hatte. »Princess, du bist eine verheiratete Frau – wir sind beide verheiratete Frauen … und Christinnen! Wie könnten wir so etwas tun? Was werden die Leute von uns denken? Du hast recht: Sie werden daraus schließen, dass wir promiskuitiv sind. Ich glaube, du solltest diese Idee lieber vergessen. Sie bringt uns nur in Schwierigkeiten, wenn unsere Ehemänner davon erfahren. Bitte, lass es uns vergessen, denk nicht mehr dran!«

»Aber, Chilufya« – jetzt bettelte ich – »jeden Tag sterben Menschen an Aids. Als Christinnen sind wir aufgefordert, Mitgefühl zu zeigen, doch das tun wir nicht. Sollten wir uns nicht viel mehr um die Leute kümmern, die infiziert sind und sterben, als um die, die uns verurteilen, ohne uns zu kennen?«

Es trieb mich sehr um, dass wir als Christen gehalten sind, unsere Mitmenschen vor der Verdammnis zu warnen und um ihr Seelenheil zu ringen; es stimmt, wir müssen uns um die Seelen und das ewige Leben der Menschen kümmern. Aber wir sollten uns auch um ihr Leben hier auf Erden kümmern und versuchen, sie vor Schaden zu bewahren. Doch was immer ich auch vorbrachte, ich konnte Chilufya nicht für meinen Plan gewinnen, deshalb ging ich wieder.

Auf dem Heimweg von Chilufyas Haus – ich fühlte mich enttäuscht und alleingelassen – dachte ich über unser Gespräch nach. Ich versetzte mich in die Lage meiner Freundin und erkannte nun auch, dass sie recht hatte. Sie hatte durchaus Grund zu fürchten, dass mein Plan ihre Ehe gefährdete.

Ich versuchte, ihn mir aus dem Kopf zu schlagen, um meiner eigenen Ehe und auch um des lieben Friedens willen. Moffat fand Trost in seinem Glauben und seinen Töchtern, doch seine Verbitterung über seinen HIV-Status wuchs zusehends. Gleichzeitig wurde er eifersüchtig und verdächtigte mich ständig; so wollte er zum Beispiel immer genau wissen, wo ich mich gerade aufhielt. Moffat war von Natur aus kein gewalttätiger Mann, aber in letzter Zeit konnte seine Stimmung ganz plötzlich umschlagen und dann fragte ich mich manchmal, wozu er wohl fähig sein mochte.

Doch meine Idee ließ mich nicht mehr los. Die Lastwagenfahrer aufzuklären, war mir ein Bedürfnis geworden, eine Last, gegen die ich etwas unternehmen musste. Ich musste irgendwie die Kraft und den Mut finden, es allein zu tun.

Am Morgen meiner ersten geplanten Anhalter-Mission verhielt ich mich Moffat gegenüber wie eine mustergültige Ehefrau, damit er ja keinen Verdacht schöpfte. Ich hatte gewartet, bis Schulferien waren, sodass ich keine Pflichten bei der *Fountain of Life School* hatte. Nach dem Aufwachen duschte ich, zog afrikanische Kleidung an, bereitete ein warmes Frühstück aus Süßkartoffeln und Erdnusssauce für meinen Mann und winkte ihm nach, als er zur Arbeit ging. Die Kinder ließ ich bei meiner Großfamilie und sagte ihnen, was sie zum Abendessen vorbereiten sollten, damit es den Anschein hatte, als sei ich den ganzen Tag zu Hause gewesen. Jetzt hatte ich genau acht Stunden Zeit.

Als ich sicher war, dass die Luft rein war, verließ ich das Haus. Ich trug eine Plastiktüte mit den Sachen, die meine Geheimwaffe im Kampf gegen Aids werden sollten, bei mir und ging zu dem großen Straßenschild am Stadteingang. Ich vergewisserte mich, dass mich niemand sah, und schlüpfte in die Büsche neben der Straße. Ein paar Minuten später sah ich völlig verändert aus: Ich trug enge Jeans, ein kurzes, bauchfreies Tanktop aus blauer Seide, hochhackige Schuhe und knallroten Lippenstift. Die Veränderung erfüllte ihren Zweck, war aber gleichzeitig auch ein wenig beängstigend. Ich wusste nicht so recht, ob ich stolz darauf sein sollte, aber ich ging ohne Weiteres als Prostituierte durch!

So blieb ich ein paar Minuten stehen, verborgen vor den Blicken Vorüberkommender, und fragte mich, ob ich wirklich den Mut hatte weiterzumachen. Doch dann dachte ich daran, wie viele Mädchen gerettet werden konnten, wenn auch nur ein einziger Lastwagenfahrer sein Verhalten änderte, und – wenn es nicht schon zu spät dafür war – wie auch seine Frau und seine Kinder zu Hause gerettet werden würden. *Was, wenn ich zwei Fahrer umstimme, oder zehn oder hundert?* Das Gefühl der Hoffnung half mir, die Gefahr zu vergessen. Jetzt hatte ich auch keine Angst mehr. Es ging bei dieser Geschichte nicht um mich; es stand eine größere Macht dahinter und trieb mich an. Ich dachte: *Fangen wir an!*

Die Fahrer schienen meiner üppigen Figur nicht widerstehen zu können. Ihre großen Sattelschlepper kamen die Straße entlanggerast und dann hörte ich das Geräusch der schweren Bremsen. Ich kletterte in die Fahrerkabine und los ging's. Jedes Mal, wenn ich bei jemandem einstieg, lief das Gespräch zwischen uns ungefähr folgendermaßen ab:

»Hallo, meine Hübsche. Wo willst du denn hin?«, fragte der Fahrer.

»In die nächste Stadt«, antwortete ich.

»Wie findest du das: Ich fahre auch in die nächste Stadt. Hüpf rein, ich nehm' dich mit. Wie heißt du denn, du hübsches Ding?«

Aus irgendeinem Grund benutzte ich stets den Namen Doreen, manchmal auch Doris; ich habe keine Ahnung, warum.

»Gut, Doreen, warum fährst du nicht mit bis zur Grenze? So haben wir ein bisschen mehr Zeit zusammen.«

»Gern, ich hab's nicht eilig. Fahren wir.«

Ich brauchte nie lange, bis ich den Fahrer so weit hatte, den erwarteten Vorschlag zu machen – und dann schlug ich einen anderen Ton an.

»Sir, ich muss Ihnen sagen, ich habe eine Mission. Es tut mir leid, dass ich Ihr Angebot nicht annehmen kann.«

»Was meinst du damit?«, fragte der Fahrer dann gewöhnlich indigniert.

»Ich bin nur in Ihren Lastwagen eingestiegen, um Sie über eine Krankheit namens Aids aufzuklären.«

Wenn er schon von Aids gehört hatte, reagierte er gewöhnlich folgendermaßen: »Sehe ich etwa aus, als sei ich promiskuitiv? Diese Krankheit betrifft mich nicht. Sie befällt nur Menschen mit häufig wechselnden Sexualpartnern und solche, die mit Prostituierten schlafen.«

Ich pflegte meine Worte sehr sorgfältig zu wählen. Die Männer waren in der Regel älter als ich und unsere Kultur verlangt von uns, dass wir älteren Menschen Respekt entgegenbringen. Ich wusste auch, dass ein falsches Wort die Bereitschaft der Fahrer, mir zuzuhören, auf null sinken lassen würde. »Bitte, Sir. Auch die Mädchen, die Sie auf der Straße aufsammeln – sie können völlig gesund aussehen, aber sie können trotzdem die Krankheit in sich tragen. Keiner ist immun gegen diese Krankheit, Sir.« Wenn ich erst einmal ihre Aufmerksamkeit geweckt hatte, fuhr ich fort: »Wenn ein Mädchen HIV-positiv ist und Sie haben ungeschützten Geschlechtsverkehr mit ihr, besteht die große Gefahr, dass Sie sich infizieren.«

»Woher weiß man, wer das Virus hat?«, fragten die Fahrer dann häufig.

An diesem Punkt griff ich rasch in meine Tasche und zog das Ergebnis meines eigenen HIV-Tests heraus. »Ich weiß es, Sir. Hätten Sie es vermutet, wenn ich es Ihnen nicht gesagt hätte?«

Einer der Fahrer, erinnere ich mich, verursachte daraufhin fast einen Verkehrsunfall. Er verwechselte die Gänge; der Schock war einfach zu groß für ihn.

»Aber Sie sehen so gesund aus. Ich kann es nicht fassen!«

»Das ist die Geheimwaffe des Virus, Sir. Man kann nie sagen, wer es in sich trägt. Bitte, seien Sie vorsichtig, immer. Natürlich sagen Ihnen die Mädchen nicht, wenn sie HIV-positiv sind. Sie brauchen das Geld. Viele wissen auch gar nicht, dass sie infiziert sind. Doch das hindert das Virus nicht daran, auf Sie überzugreifen, und dann infizieren Sie auch Ihre Frau und Ihre ungeborenen Kinder. Bitte«, flehte ich, »ich bitte Sie, versuchen Sie, treu zu sein, und wenn Sie es nicht können, benutzen Sie jedes Mal ein Kondom.«

Ich wusste, dass selbst die hartgesottensten Männer den Gedanken, das Virus an ihre Kinder weiterzugeben, nicht ertrugen, deshalb schien mir dieser Weg der vielversprechendste zu sein. »Ich trage das Virus nicht nur selbst in mir, meine beiden Eltern sind daran gestorben, als ich noch ein Kind war. Wissen Sie denn, wie gefährdet Waisenkinder sind? Wollen Sie Ihren Kindern das antun?«

Die Antworten fielen sehr unterschiedlich aus. Manche glaubten trotzdem, sie könnten das Virus nicht bekommen. Ihre Entschuldigungen und die Rechtfertigungen für ihr Verhalten kamen schnell und routiniert. Zu den häufigsten gehörten folgende: »Die Mädchen an der Grenze zwingen uns dazu. Sie klopfen an die Türen unserer Lastwagen, während wir schlafen. Wir geben ihnen nur, was sie wollen – wir helfen einander« und »Sie kleiden sich so verführerisch; sie drängen sich uns auf. Was soll man da tun als Mann? Manchmal sehe ich meine Frau mehrere Monate nicht. Schließlich bin ich ein Mann.«

Andere gerieten ins Grübeln. Sie bedankten sich bei mir für das, was ich ihnen gesagt hatte. Ich wusste, dass sie ihr Verhalten ändern würden, zumindest für diesen Tag. Als Menschen sind wir alle Gewohnheitstiere; ich betete dann immer darum, dass die Fahrer nicht so schnell wieder in ihre alten Verhaltensweisen zurückverfielen.

Je nachdem, wie weit der Fahrer sich auf ein Gespräch mit mir einließ, erzählte ich ihm auch von meinem Glauben und ermutigte ihn, eine engere Beziehung zu Gott zu suchen. Wenn auch dieses Thema gut aufgenommen wurde, war ich wirklich glücklich, denn dann hatte ich die Chance, ein irdisches Leben zu schützen und zugleich von dem ewigen Leben zu erzählen.

An manchen Tagen setzten die Fahrer mich in Ndola ab, manchmal bat ich sie auch, mich in die nahegelegene Minenstadt Kitwe mitzunehmen, wo meine Tante Erika lebte. Ein oder zwei Mal, wenn Moffat aus beruflichen Gründen unterwegs war, fuhr ich sogar mit bis an die Grenze. Das erste Mal, als ich die Grenze von Kongo erreichte, das Gebiet namens Kasumbalesa, traute ich meinen Augen nicht.

Viele junge Mädchen und Frauen in Sambia leben unter nahezu aussichtslosen Umständen und so kommt es, dass oft ganze Scharen von Prostituierten an den Landesgrenzen auf die müden Fahrer warten. Traurigerweise sind die meisten wirklich noch blutjunge Mädchen, größtenteils Waisen, die etwas zu essen brauchen oder Geld, um ihre Schulgebühren, Schuluniformen und Schuhe zu bezahlen. Wenn ich in die Augen dieser Mädchen schaute, sah ich darin eine tiefe Scham über ihr Tun, doch die Not zwang sie, etwas zu tun, was sie lieber nicht getan hätten. Da ich selbst zu dem gefährdeten Personenkreis gehört hatte, wusste ich nur zu gut, wie das ist. Die Mädchen haben ein traurig-zynisches Sprichwort, das ihre Lebensrealität zum Ausdruck bringt und zugleich zeigt, wie unauflöslich Aids mit Armut verbunden ist: »Aids bringt mich vielleicht in ein paar Monaten oder Jahren um, doch der Hunger tötet mich und meine Familie schon morgen.« Genau das tut extreme Armut den Menschen an: Sie beraubt sie der Fähigkeit, in längeren Zeiträumen zu denken. Ich wusste, dass diese Mädchen aus purer Verzweiflung immer wiederkommen würden, ungeachtet all dessen, was ich ihnen sagte, solange die Fahrer ihr Verhalten nicht ändern würden.

Diese Mädchen gelten als kommerzielle Sexarbeiterinnen, Prostituierte, doch ich habe Probleme mit dieser Bezeichnung. Viele von ihnen sind noch Teenager und verdienen höchstens fünfzigtausend Kwacha, das sind etwa zehn Dollar, bei einer »Nummer« mit einem Fahrer. Diese Summe wird manchmal halbiert oder sogar auf einen Dollar reduziert, wenn das Mädchen ein Kondom benutzen möchte, um sich und den Fahrer vor einer unheilbaren, tödlichen Krankheit zu schützen.[20] *Was ist an dieser Transaktion kommerziell?*, fragt man sich da doch unwillkürlich.

Die Folgen ihres Verhaltens sind niederschmetternd. Ein Forscher namens Job Bwayo an der Universität von Nairobi registrierte Ende der Achtzigerjahre des zwanzigsten Jahrhunderts einen Anstieg der Zahl der Prostituierten, die sich mit Aids infizierten, und beschloss, einige der Frauen zu testen. Die Prostituierten, bei denen er den Test vornahm, waren bis zu 80 Prozent mit HIV infiziert. Neugierig geworden, was ihre Klienten betraf, testete er daraufhin im Jahr 1989 auch die Lastwagenfahrer. Wieder waren die Ergebnisse erschreckend: 36 Prozent der ugandischen, 19 Prozent der kenianischen und 51 Prozent der ruandischen Lastwagenfahrer waren HIV-positiv.[21] Heute haben Fernfahrer eine HIV-Infektionsrate, die fast doppelt so hoch ist wie die der übrigen Bevölkerung.[22]

Der Kampf gegen Aids unter den Prostituierten ist ein Beispiel dafür, wie die Hilfsprogramme durch Politik und Ideologie behindert werden können. Die Schwierigkeit besteht darin, dass das Kaufen von Sex illegal ist und als unmoralisch gilt, aber dennoch in allen Ländern auf der ganzen Welt üblich ist. Obwohl sie das wissen, unterstützen konservative Politiker und Menschenrechtsorganisationen keine Aids-Präventions-Programme unter diesen Mädchen. Sie verstehen jede Kampagne, die auf Prostituierte abzielt, als ein Gutheißen ihres »Gewerbes«. Aus diesem Grund werden viele Initiativen, die den jungen Frauen helfen sollen, eine neue Einkommensquelle zu finden – zum Beispiel als Näherin oder Kunsthandwerkerin –, nicht unterstützt, sodass die Mädchen in ihrer hoffnungslosen Existenz gefangen bleiben. Das ist natürlich absolut widersinnig, sowohl unter dem Aspekt, die Krankheit unter Kontrolle zu bekommen, als auch von einem moralischen Standpunkt aus. Hat Jesus sich denn nicht auch um Prostituierte gekümmert? Hat er sie nicht sogar gesegnet und sich von ihnen die Füße waschen lassen? Was gibt uns das Recht, über Menschen zu Gericht zu sitzen, die Jesus gesegnet hat?

Auf einer Konferenz in Thailand lernte ich eine beeindruckende Afrikanerin kennen, Graca Machel, die Frau des großen Nelson Mandela. Sie führte damals den Vorsitz in einer Kommission, vor der ich eine Rede hielt. Bei diesem Anlass wurde sie von einer bekannten Journalistin namens Stephanie Nolen interviewt, deren Buch *28 Stories of AIDS in Africa*[23] damals gerade erschienen war. Es ist ein ganz außergewöhnlicher Band, den ich Ihnen nur wärmstens empfehlen kann. Mrs Machel wurde im Zusammenhang mit dem Tod von Nelson Mandelas Sohn Makgatho Mandela interviewt, der an Aids gestorben war, dem Virus, das sechs Jahre früher Mrs Machels Schwager Boaventura Machel umgebracht hatte. Das Interview mit Mrs Machel ist außerordentlich interessant, doch ein Zitat ist mir ganz besonders im Gedächtnis geblieben. Es erklärt, warum wir uns so schwer damit tun, das Problem Aids unter den Prostituierten in den Griff zu bekommen. Sie sagt, Aids anzupacken, heiße, »die hässlichsten Teile in uns Menschen« zum Vorschein zu bringen. Die Tatsache, dass Aids großenteils eine sexuell übertragene Krankheit ist, »habe eine völlig andere Reaktion zur Folge, als zu erwarten gewesen wäre, wenn HIV durch Moskitos oder Niesen statt durch Sex übertragen würde.«[24] Von der Wahrheit dieses Satzes habe ich mich mit eigenen Augen überzeugen können. Wenn wir der Ansicht sind, HIV sei zu schwierig und zu tabubeladen, um darüber zu reden, lassen wir zu, dass es seinen tödlichen Marsch fortsetzt.

Je öfter ich mit den Fahrern unterwegs war, desto wichtiger erschien es mir, meine Arbeit unter ihnen fortzusetzen. Jeden Tag wurde ich durch eine neue Verhaltensweise oder eine neue Einstellung, die ich kennenlernte, aufgeschreckt. Für mich war das Ganze eine Sache von Leben und Tod. Jeden Tag sagte ich mir aufs Neue, wenn ich nur das Verhalten eines einzigen Fahrers änderte, könnte ein Leben gerettet werden – das eines Mädchens oder einer Mutter. Und das bedeutete in meinen Augen ungeheuer viel.

An einem guten Tag schaffte ich drei Fahrten, bevor ich zurückeilte und mich in den Büschen hastig wieder umzog, um vor Moffat zu Hause zu sein. Dabei sorgte ich jedes Mal dafür, dass ich eine gute Geschichte in petto hatte, falls ich es einmal nicht rechtzeitig schaffte. Meine Undercover-Aktivitäten bereiteten mir große Gewissensqualen. Ich wusste, dass es unchristlich war, meinen

Mann zu belügen; ich setzte damit meine Ehe aufs Spiel und riskierte es, meine Töchter zu verlieren, und nicht zuletzt gefährdete ich meinen Ruf als Christin. Doch mein Gewissen sagte mir gleichzeitig, dass es falsch gewesen wäre, einfach damit aufzuhören.

Jede einzelne Minute jedes einzelnen Tages stirbt ein Kind an einer durch Aids hervorgerufenen Krankheit und ein anderes wird infiziert. Das Virus hatte meine Eltern und meine Schwester getötet und sollte in den kommenden Jahren auch meinen Bruder Kelvin umbringen. Ich war umgeben von Waisen, die ihre Eltern verloren hatten und deren Welt sich auflöste. Aids verkrüppelte mein Land und doch gab es immer noch Leute, die nicht einmal glaubten, dass es diese Krankheit gab. Für mich war klar, dass ich meiner Berufung folgen musste: Ich hatte die Möglichkeit, den Menschen Barmherzigkeit und Mitgefühl zu erweisen, deshalb nahm ich das Risiko auf mich.

Begegnung mit Dr. Phiri

Freitag, der 28. Juli 2000, ist ein Datum, an das ich mich ganz deutlich erinnere. Die Wintersonne stand hoch am weiten blauen Himmel und wärmte alles, worauf ihre Strahlen fielen – wie es in dieser Jahreszeit ganz typisch für Sambia ist. Es war ein Tag, an dem einem alles möglich schien.

Ein Fernfahrer hatte mich in Ndola abgesetzt, wo ich die Mitarbeiter einer sambischen Elektrizitätsgesellschaft (denen man mein Kommen nicht angekündigt hatte) über das Virus und darüber, wie sie sich vor ihm schützen konnten, aufklären sollte. Neben meiner Mission als Tramperin hatte ich in den letzten Jahren auch einige große Firmen aufgesucht und gefragt, ob ich ihre Angestellten über HIV und Aids aufklären dürfe. Anfänglich ging ich diesen Aktivitäten in den Schulferien nach, doch seit die *Fountain of Life School* sich endlich bezahlte Lehrer leisten konnte, widmete ich mich dieser Aufgabe auch während des Schuljahres.

An manchen Tagen arbeitete ich als Anhalterin *und* machte Firmenbesuche, doch diese Tage erschöpften mich restlos. Ich machte mich stets frühmorgens auf den Weg und bat die Lastwagenfahrer, mich in Ndola, der nächstgelegenen großen Stadt, abzusetzen, wo ich mir dann eine Firma suchte, die mir erlaubte, vor ihren Angestellten zu sprechen. Wenn ich mich in einer solchen großen Firma vorstellte, trug ich stets ein wunderschönes, traditionelles afrikanisches Gewand aus einem bunten *Shiterge*-Tuch und hatte auch ein Tuch um den Kopf geschlungen, sodass ich älter und erfahrener aussah, als ich es den Jahren nach in den Augen der

Menschen sein konnte. An diesen Tagen zog ich mich so oft um, dass ich manchmal kaum noch wusste, welches Kostüm gerade dran war!

Den Impuls, meine Aufklärungsarbeit bei den Firmen fortzusetzen, bekam ich, als sich die Zweigstelle unserer Postgesellschaft *Zampost* in Ndola vor mehreren Monaten als Erste bereit erklärt hatte, mich vor ihren Angestellten sprechen zu lassen. Der *Zampost*-Manager wirkte selbst überrascht, als er an jenem Tag sagte: »Wir können Sie zwar nicht bezahlen, aber Sie dürfen jederzeit bei uns sprechen.« Rasch dankte ich ihm, bevor er womöglich noch seine Meinung änderte, und erklärte ihm, es läge im ureigensten Interesse von *Zampost* selbst, wenn jeder – von den Führungskräften bis zum letzten Hilfsarbeiter – sich anhörte, was ich zu sagen hatte.

Ich begann damit, dass ich der versammelten *Zampost*-Belegschaft ein Buch zeigte, in dem einige höchst anschauliche Fotos von Aids-Kranken im Endstadium zu sehen waren. Die Aufnahmen zeigten Männer und Frauen, bei denen das Virus zum voll ausgebildeten Aids-Stadium fortgeschritten war. Die Kranken wiesen Symptome verschiedener opportunistischer Infektionen auf wie zum Beispiel der Candidiasis, einer Pilzinfektion, von Herpes simplex, Cytomegalie, Kryptokokkose, Lungentuberkulose, von Malignomen wie dem Kaposi-Sarkom, malignen Lymphomen und Ähnlichem. Ich erzählte den Angestellten, dass nicht Aids selbst der Killer ist, sondern diese opportunistischen Infektionen. Die Fotos, die ich ihnen präsentierte, waren gleichsam ein Aids-Atlas – sie zeigten eine Welt der Schmerzen und des Leidens. Viele der Arbeiter konnten kaum hinsehen.

»Wenn man das kriegen kann, indem man mit einer Frau schläft, werde ich nie wieder mit einer Frau schlafen!«, bemerkte ein männlicher Arbeiter und versuchte, auf diese Weise die Stimmung ein bisschen zu heben. Natürlich war es nicht meine Absicht, Angst zu verbreiten. Angst währt nur eine kurze Weile; früher oder später vergessen wir sie. Wir brauchen eine andere Motivation, eine, die zu langfristigen Verhaltensänderungen führt. Richtige Aufklärung, immer aufs Neue wiederholt, konnte diese Änderung herbeiführen. Ich wusste, dass ich jedes Krümelchen Wissen brauchte, das ich besaß, wenn ich diese Leute zum Zuhören bewegen wollte. Auch hier musste ich, da ich eine Frau war und sie ältere, geachtete Männer, viele von ihnen zudem in wichtigen Positionen, großen Respekt an den Tag legen und sehr diplomatisch vorgehen, vor allem, wenn ich so heikle Themen ansprach.

Ich erzählte ihnen, dass Direktoren, Führungskräfte und Männer, die im Beruf erfolgreich sind und viel Geld verdienen, bevorzugt von möglicherweise infizierten jungen Frauen angesprochen wurden. Damit verfolgte ich zusätzlich ein weiteres heimliches Ziel: nämlich alle Mitarbeiter gleich zu behandeln. Normalerweise waren die einfachen Arbeiter der stärksten Diskriminierung ausgesetzt, da man die Wahrscheinlichkeit, dass sie infiziert waren, aus angestammten Vorurteilen heraus höher einschätzte. Aber natürlich wollte ich auch nicht, dass die gewöhnlichen Arbeiter sich nun für immun hielten, deshalb schränkte ich meine Aussage wieder ein, indem ich hinzufügte: »Die jungen Mädchen suchen sich zwar oft Leute in leitenden Positionen aus, doch das Virus selbst weiß nicht, ob Sie eine Krawatte tragen oder in den Minen arbeiten. Das Virus macht keinen Unterschied; wir sind alle gleichermaßen gefährdet.«

Zum Schluss erzählte ich regelmäßig meine eigene Geschichte, wie ich mit HIV lebte und dass das Virus meine Mutter, meinen Vater und meine kleine Schwester getötet hatte. Viele glaubten mir erst, wenn sie mit eigenen Augen mein Testergebnis sahen. Irgendwie erschien das Virus den Menschen wohl realer, wenn sie ein Stück Papier sahen, auf dem das positive Ergebnis schwarz auf weiß bestätigt wurde. Wenn ich meinen eigenen HIV-Status offenbart hatte, begannen sie, Fragen zu stellen. Ganz offensichtlich hatten sie noch nie von jemandem gehört, der zugab, mit dem Virus zu leben. Ich ermutigte sie, sich ebenfalls testen zu lassen. »Wissen ist Macht«, schärfte ich meinen Zuhörern ein.

»Princess, Sie sind doch eine verheiratete Frau«, sagte jemand. »Wie ist der HIV-Status Ihres Ehemannes?« So schwer es mir auch fiel, es für mich zu behalten, erklärte ich doch, dass jeder das Recht habe, selbst über seinen Status zu sprechen, und dass ich hier nicht über den Status meines Mannes reden würde. »Und übrigens«, fügte ich hinzu, »wenn Sie mich je mit meinem Mann zusammen sehen, dann verraten Sie ihm bitte nicht, dass ich hier war, denn ich tue das hier gegen seinen Willen.« Auf diese Weise, so hoffte ich, konnte ich es noch ein wenig hinauszögern, bis Moffat von meinen Aktivitäten erfuhr.

In der Anfangszeit meiner geheimen Umtriebe dachte ich manchmal, zum Beispiel, wenn ich von *Zampost* zurückkehrte, dass ich eine gute Spionin oder Schauspielerin abgegeben hätte, denn Moffat schien tatsächlich nichts von alldem mitzubekommen. Am 28. Juli 2000 schöpfte er jedoch endlich Verdacht wegen meiner häufigen Abwesenheit, auch wenn es im Grunde plausibel war, dass ich unterwegs war, um Geldmittel und Versorgungsgüter für die Schule aufzutreiben. In diesen Tagen musste ich sehr vorsichtig sein, vor allem da ich, seit ich in Firmen auftrat, stärker in den Blickpunkt der Öffentlichkeit geriet.

Als die Mitarbeiter von *Zampost* erst einmal das Ausmaß und die Bedeutung der HIV-Pandemie erkannt hatten, gierten sie geradezu nach weiteren Informationen. Über eine Stunde lang beantwortete ich Fragen und war mehr als glücklich, ihnen diese Informationen liefern zu können. Diese Leute hatten nie die Gelegenheit gehabt, offen Fragen über die Krankheit zu stellen, die das Leben ihrer Kollegen, Freunde und Familienmitglieder bedrohte. Sie erkannten, dass Wissen sie selbst und die Menschen, die sie liebten, schützen konnte. Als die Sitzung vorüber war, dankten mir die Manager und von den Arbeitern bekam ich großen Beifall.

Ich freute mich über die Maßen, wenigstens an dieser einen Arbeitsstelle etwas bewirkt zu haben, und war höchst motiviert, mit meiner Arbeit fortzufahren.

Der Vortrag bei *Zampost* öffnete mir die Türen bei anderen Firmen. Schon bald nach meinem dortigen Auftritt lud ein Freund mich ein, auf einer Tagung der *Standard and Chartered Bank* zu sprechen. Auch hier war die Reaktion überwältigend. Das Informationsbedürfnis war so groß, dass sie ein paar der anderen geplanten Vorträge strichen, damit ich mehr Zeit hatte. Dann luden sie mich ein, am nächsten Tag wiederzukommen und den Vortrag vor den Mitarbeitern einer anderen Filiale zu wiederholen. Natürlich sprang ich in die Luft vor Freude über diese Chance. Dr. Tembo hatte mir noch sechs Monate gegeben, die ich schon längst überschritten hatte. Ich hatte das Gefühl, von geborgter Zeit zu leben, doch diese Zeit lief mir davon. Die *Standard and Chartered Bank* und *BP* wurden zu Vorreitern bei der Aufklärung über die Gefahren von Aids und beim Mitarbeiterschutz.

Doch nicht alle Firmen waren so fortschrittlich, was HIV und Aids betraf. Kurz zuvor, irgendwann im Jahr 2000, hatte Moffat seinen hochrangigen Job bei der Minenpolizei verloren. Wir hatten den Eindruck, dass es mit seinem HIV-Status zusammenhing. Die Ärzte des *Konkola Mine Hospital* hatten ihm ein Medikament verschrieben und er hatte die Kosten dafür bei seinem Arbeitgeber geltend gemacht, wie es ihm seinem Arbeitsvertrag nach zustand. Dabei handelte es sich um ein Medikament gegen eine opportunistische Infektion, wie sie bei HIV auftreten kann; deshalb war es teurer als die meisten anderen Medikamente auf dem Markt. Moffat hatte mitbekommen, dass das Management der Mine seine medizinischen Unterlagen beim Krankenhaus, das ja der Mine gehörte, angefordert hatte, weil man wissen wollte, wofür er ein so teures

Medikament benötigte – auch wenn ein solches Vorgehen selbstverständlich illegal war. Kurz nach der Einreichung der Rechnung für das Medikament teilte man Moffat mit, dass die Minen ihre Polizeikräfte neu organisierten und dass er nicht länger gebraucht wurde.

Die Kündigung eines Angestellten wegen seines HIV-Status' war und ist unrechtmäßig, doch es ist schwer zu beweisen, dass eine Kündigung aus diesem Grund ausgesprochen wurde, denn die Diskriminierung der Betroffenen spielt sich gewöhnlich in aller Stille ab und Beweise dafür sind kaum beizubringen. Unserer Ansicht nach hatte mein Bataa genau das Gleiche erlebt und jetzt, über zehn Jahre später, vermuteten wir, dass dies auch der Grund für Moffats Kündigung war. Wir werden es nie mit Sicherheit wissen – aber vielleicht hatte mein Mann durchaus Grund gehabt, seinen HIV-Status geheim halten zu wollen.

Die Tatsache, dass Moffat seine Arbeitsstelle verlor, hatte eine ganze Reihe von Folgen. Schon rein finanziell gesehen wurde das Leben für uns sehr viel schwieriger. Es gab kaum Arbeit in unserer Gegend, deshalb blieb Moffat nichts anderes übrig, als eine Arbeit in Kitwe anzunehmen, der nächstgelegenen Minenstadt. Der Weg zur Arbeit kostete ihn jetzt fünfundvierzig Minuten bis zu einer Stunde, abhängig vom Zustand des Busses und der Straße. Darüber hinaus war er restlos überqualifiziert für seine neue Aufgabe. Hinzu kam, dass er, wie so viele Afrikaner, seine Familie nun die Woche über nicht sehen konnte, weil er erst Freitagabend oder Samstag nach Hause kam und nur das Wochenende zu Hause verbrachte.

Andererseits hatte es auch Vorteile, dass Moffat die Woche über nicht mehr zu Hause war. So war es einfacher für mich, meine Arbeit mit den Fernfahrern und bei den Firmen fortzusetzen. Und offen gesagt, empfand ich die räumliche Trennung von meinem Mann damals sogar als recht angenehm. Wir hatten in letzter Zeit einige Probleme in unserer Ehe gehabt. Moffat war ständig gereizt und voller Argwohn mir gegenüber und warf mir alles Mögliche vor. Uns beiden lag viel daran, unsere Beziehung zu retten, deshalb hatten wir begonnen, regelmäßig zur Eheberatung bei unserem Pastor zu gehen, in der Hoffnung, dass er uns helfen konnte. Die Tatsache, dass wir beide Christen waren, machte es uns leichter, gewisse Differenzen zwischen uns zu übersehen und einander zu vergeben, deshalb gab ich die Hoffnung nicht auf, dass es zwischen uns nicht zum endgültigen Bruch kommen würde.

An diesem Freitag im Juli war Moffat noch in Kitwe. Ich suchte die Büros einer der Elektrizitätsgesellschaften auf und bat um eine Unterredung mit einem der Manager. Ein Mann kam mit leicht verwirrtem Blick die Treppe herunter, doch diesen Blick war ich mittlerweile gewöhnt.

Unerschrocken sagte ich: »Guten Tag, Sir, ich heiße Princess Kasune Zulu und freue mich, Sie kennenzulernen. Dürfte ich vielleicht zu Ihren Angestellten sprechen?«

Er sah mich über den Rand seiner Brille hinweg an, teils amüsiert, teils genervt, und gab mir zu verstehen, dass er keine Zeit zu verschwenden hatte. »Worüber, junge Dame? Und welche Qualifikationen haben Sie?«

Ich antwortete freimütig: »Über HIV und Aids, Sir. Die Krankheit kann Ihre Mitarbeiter töten. Ich habe zwar keine formellen Qualifikationen, aber ...« Ich wollte ihm gerade meine Geschichte erzählen, als er mich rüde unterbrach und sagte: »Wir haben unsere eigene Krankenschwester, die unsere Angestellten über Gesundheitsrisiken aufklärt.« Und weg war er. Ich blieb mit offenem Mund zurück und versuchte, mir meine Verlegenheit vor der Empfangsdame nicht anmerken zu lassen.

Ich hatte noch eine Liste mit anderen Firmen, die ich an jenem Tag aufsuchen wollte, doch leider bekam ich von allen eine Abfuhr. Bis jetzt war der Tag völlig erfolglos gewesen. Enttäuscht und sehr hungrig wollte ich schließlich noch ein paar Nahrungsmittel für meine Familie und die Schüler kaufen.

Ich hatte beschlossen, in das Gefängnis von Ndola zu gehen, dessen Insassen einen großen Gemüsegarten betrieben und die Erträge verkauften, um die unwürdigen Lebensbedingungen in der armseligen, völlig verkommenen Strafanstalt zu verbessern. Im Gegensatz zu Bamaa hatte ich keinerlei gärtnerische Ambitionen und wir brauchten Spinat und Gemüse, um unseren Eisenspiegel aufrechtzuerhalten. Auch unsere Kinder und die Kinder von *Fountain of Life* brauchten viel Eisen, weil sie sich noch im Wachstum befanden.

Auf dem Weg zum Gefängnis kämpfte ich mit meiner Enttäuschung über diesen entmutigenden Tag. Manchmal wurde mir alles zu viel; vor allem begriff ich das Verhalten mancher Personen einfach nicht. Die Menschen starben. *Konnte man denn nicht erwarten, dass ihre Arbeitgeber alles in ihrer Macht Stehende taten, um sie zu schützen? Die Menschen brauchen eine Chance,* dachte ich. Plötzlich merkte ich, dass ich laut sprach und drei Bitten an den Herrn richtete: »Herr, könntest du bitte diese Last von mir nehmen? Oder aber hilf meinem Mann und den anderen Menschen, dass sie mein Anliegen akzeptieren. Und wenn du beides nicht tun kannst, lass mich sterben. Ich fühle mich so aufgerieben zwischen der Überzeugung, dass dies meine Bestimmung ist, und der ständigen Erfahrung, dass mir die Türen verschlossen bleiben. Mein Mann ist zornig auf mich, die Firmen lassen mich nicht reden. Ich bin müde, Herr.«

Als ich vor den riesigen Gefängnistoren anlangte, sagte man mir, der Garten sei heute geschlossen; ich könne keinen Spinat kaufen. *Wann wird dieser Tag endlich vorbei sein?*, fragte ich mich. Ich war so grenzenlos enttäuscht und erschöpft. Ich hatte viel länger als sonst gebraucht, um per Anhalter nach Ndola zu fahren, und war in fünf Firmen abgewiesen worden. Jetzt wollte ich nur noch zu Hause bei meinen Kindern sein, eine ganz normale Mutter, ihnen etwas zu essen machen und meine kleinen Mädchen ins Bett bringen. Doch nun würde ich mit leeren Händen nach Hause zurückkehren müssen. Falls Moffat zu Hause war, würde es mir schwerfallen, ihm meine Abwesenheit zu erklären; schließlich war es schon ziemlich spät.

Meine Füße taten furchtbar weh, weil ich sie in Stöckelschuhe gequetscht hatte, um einen guten Eindruck bei den Firmen zu machen, die ich aufsuchen wollte. Und zu guter Letzt hatte ich auch noch den Bus knapp verpasst und der nächste würde erst nach geraumer Zeit kommen. Ich hatte für diesen Tag zwar eigentlich die Nase voll davon, per Anhalter zu fahren, doch es war die einzige Möglichkeit, nach Hause nach Luanshya zu kommen, bevor Moffat nach seiner Arbeitswoche aus Kitwe eintraf. Auch so würde ich mein Glück noch genügend strapazieren. Allmählich geriet ich in Panik.

Schließlich stand ich an der Hauptstraße, die aus Ndola herausführte, und winkte verzweifelt jedem vorbeikommenden Fahrzeug. Autos und Lastwagen fuhren an mir vorbei, was völlig ungewöhnlich war. Inzwischen hatte ich meine Schuhe in der Hand, doch ich war nicht die einzige barfüßige Sambierin, die per Anhalter fuhr, meine bloßen Füße konnten also kaum der Grund sein, warum die Fahrer nicht hielten. Ich dachte, ich hätte vielleicht einen schlechten Standort gewählt, deshalb stellte ich mich woanders hin und sprang jedes Mal, wenn jemand vorbeifuhr, auf und ab und winkte heftig. Trotzdem hielt niemand an.

Inzwischen wünschte ich mir so verzweifelt, nach Hause zu kommen, dass ich überglücklich gewesen wäre, wenn ein Mann auf einem Elefanten angehalten und mich mitgenommen hätte. Doch plötzlich verlangsamte ein wunderschöner, brandneuer, grüner Toyota Camry – so ganz anders als die Rostlauben, die wir sonst auf den sambischen Straßen zu sehen bekommen – seine Fahrt und hielt neben mir.

Ich war völlig überrumpelt, als der Fahrer dieses Traumautos sagte: »Ich habe gesehen, wie verzweifelt Sie sind. Ist alles in Ordnung? Wo müssen Sie denn hin?« Als ich mich bückte und durchs

Fenster blickte, sah ich, dass das Innere des Autos mindestens genauso schön war wie das Äußere. Es roch frischer und sauberer als alle anderen Autos, die ich je gesehen hatte. Ich stieg ein, versuchte, meine Schuhe wieder anzuziehen und hatte Angst, die Sitze dreckig zu machen. Ich traute mich nicht, mich an die edlen Ledersitze zu lehnen, sondern hockte zusammengekauert auf der Kante des Sitzes.

Als wollte er versuchen, mein offensichtliches Missbehagen zu lindern, sagte der Fahrer ruhig: »Ich habe aus zwei Gründen angehalten. Erstens bin ich beeindruckt, dass eine junge Frau so schöne afrikanische Kleidung trägt. Das tun heute nur noch wenige. Es sieht sehr schön aus. Zweitens war es Ihre Verzweiflung, die mich anhalten ließ. Wie heißen Sie? Ist alles in Ordnung mit Ihnen?«

Ich sagte ihm meinen Namen und dass ich es einfach nur eilig hätte, nach Hause zu kommen. Dann fügte ich hinzu: »Ich trage gern afrikanische Kleidung. Dieses Kleid habe ich selbst entworfen.«

»Wirklich? Was arbeiten Sie, Princess?«, fragte er daraufhin.

Es war offensichtlich, dass er ein wichtiger Mann war, der mit Sicherheit einen hochrangigen Posten hatte. Verlegen dachte ich einen Augenblick nach und prägte dann einen neuen Begriff für das, was ich meiner Ansicht nach tat: »Ich bin freiberufliche Aids-Aktivistin.«

»Freiberufliche Aids-Aktivistin? Von einer solchen Tätigkeit habe ich noch nie gehört«, war seine überraschte Antwort. Ich gestand ihm, dass ich wahrscheinlich die Einzige im ganzen Land war. Ich hatte diese Berufsbezeichnung ebenfalls noch nie gehört, aber ich wünschte mir so sehr, professionell zu klingen, und ich wusste, dass man die Journalisten, die selbstständig arbeiteten, Freiberufler nannte – also warum nicht?

»Wie interessant. Ich bin Mannasseh Phiri«, sagte er daraufhin.

Schweigend fuhren wir weiter und ich fragte mich: *Wer ist dieser Mann, mit dem ich da mitfahre? Ein schönes Auto, ein gutaussehender*

Mann ... Mannasseh Phiri heißt er ... Ich warf einen verstohlenen Blick auf sein Gesicht und entdeckte, dass er das rote Band trug, mit dem man seine Solidarität mit von HIV und Aids Betroffenen zum Ausdruck bringt. Und plötzlich dämmerte es mir – konnte das wirklich sein? »Sind Sie Dr. Mannasseh Phiri, der Arzt aus dem Fernsehen?«

»Ja, der bin ich«, antwortete er gelassen.

Dr. Mannasseh Phiri war der berühmte Arzt, der die Fernsehsendung *Your Health Matters* (Ihre Gesundheit zählt) moderierte, in der er über HIV, Aids und andere Gesundheitsfragen sprach. Seit ich das Buch mit dem rosa Einband über das Virus gelesen hatte, schaute ich mir die Sendung regelmäßig an. Ausgerechnet er hatte angehalten und mich mitgenommen! Ich konnte es kaum glauben!

»Dr. Mannasseh, ich bin HIV-positiv. Deshalb mache ich das. Ich möchte die Menschen über HIV und Aids aufklären und sie warnen, indem ich ihnen meine Geschichte erzähle. Deshalb habe ich mich als freiberufliche Aids-Aktivistin bezeichnet.«

»HIV-positiv und freiberufliche Aids-Aktivistin?« Er klang echt überrascht, als er fortfuhr: »Sie sind wirklich erstaunlich. Ich freue mich sehr, Sie kennenzulernen, Princess Zulu. Ich glaube, Gott hat Sie geschickt.«

Dann erklärte er mir, dass er für gewöhnlich keine Anhalter mitnahm, dass ich jedoch so verzweifelt gewirkt hätte, dass er dachte, ich sei in Schwierigkeiten. Welch ein Segen, dass er angehalten hatte!

Er erzählte, dass er erst letzte Woche von der Zwölften Internationalen Aids-Konferenz in Durban, Südafrika, zurückgekehrt sei. Er war allerdings ein wenig entmutigt, weil die Konferenz nichts Neues erbracht hatte. Er hatte seinen Patienten und den anderen an Aids sterbenden Sambiern nichts Neues anzubieten. Dr. Phiri sagte, dass er auf der langen Fahrt an seine Freunde, Familienmitglieder und Patienten gedacht hatte, die er in ihrem – meist vergeblichen – Kampf gegen das Virus betreut hatte. Nicht einer von ihnen hatte jemals offen über seinen Zustand sprechen wollen.

In der Konferenz war es darum gegangen, die Menschen, die HIV-positiv waren, zu ermutigen, ihren Status zu akzeptieren und offen darüber zu sprechen. Über fünftausend Wissenschaftler und Ärzte, darunter elf Nobelpreisträger aus fünfzig Ländern und fünf Kontinenten hatten eine Stellungnahme unterzeichnet – eine Erklärung, die sogenannte *Durban Declaration*, die den Zusammenhang zwischen HIV und Aids bestätigte.[25]

Dr. Phiri fuhr fort: »Es wäre schön, wenn wir Sambier offener über all das sprechen würden. Wir brauchen sehr viel mehr Offenheit, was diese Krankheit betrifft. Sie fordert viel zu viele Menschenleben, als dass wir einfach weiter schweigen können.« Er fragte, ob ich letzten Sonntagabend seine allwöchentliche Radiosendung auf Radio Icengelo (Radio Licht) gehört hätte. Ich sagte, das hätte ich nicht. Er erklärte: »Ich habe darum gebeten, dass jemand, der mit dem Virus lebt, in die Show kommt. Ich bin auf der Suche nach jemand, der offen und furchtlos ist – wie Sie. Deshalb habe ich gesagt, Sie seien von Gott gesandt.« Plötzlich schien sich seine Stimme ganz leicht zu verändern, während er fortfuhr: »Ich habe eine Idee. Wären Sie bereit, nächsten Sonntag in meine Sendung zu kommen? Ich glaube, das könnte vielen Sambiern sehr helfen. Wir müssen unbedingt das Schweigen brechen und wir brauchen jemand wie Sie, der mutig genug ist, seinen HIV-Status zu offenbaren und zu beweisen, dass diese Diagnose nicht das Ende der Welt ist, sondern der Anfang einer neuen Welt des Lebens mit HIV und Aids.«

Mein Herz hüpfte vor Freude, als ich langsam begriff, was mein prominenter Chauffeur mich da fragte. »Gerne, Doktor. Es wäre mir eine Ehre. Ich habe so viel zu sagen und es ist so schwer, die Menschen dazu zu bringen, mir zuzuhören.« Dr. Phiri erzählte mir mehr über seine Radiosendung und lud mich ein, in zwei Tagen, am Sonntag um einundzwanzig Uhr, ins Studio von Radio Icengelo zu kommen.

Er setzte mich so nah bei mir zu Hause ab, wie er konnte, und entschuldigte sich, weil er sofort nach Kitwe weiterfahren musste, wo er heute Nacht Notdienst hatte. Ich hatte noch etwa eine halbe Stunde Fußweg bis nach Hause, doch das machte mir nicht das Geringste aus. Endlich sollte ich die Möglichkeit haben, meine Geschichte zu erzählen! Ich konnte kaum erwarten, bis es Sonntag war. *Dr. Phiri ist auch von Gott gesandt*, dachte ich. Am Sonntag würde ich ihm sagen, dass ich schon immer Radiomoderatorin hatte werden wollen. Angesichts all dessen, was in meinem Leben passiert war, erschien es mir wie ein wahr gewordener Traum, dass ich als Gast in seiner Sendung auftreten durfte. Wieder einmal war mir klar, dass Gott niemals aufhört, Wunder zu wirken.

Ich fühlte mich frei wie ein Vogel und rannte, die Schuhe in den Händen – die schmerzenden Füße waren längst vergessen – nach Hause. Die Sonne ging gerade unter; es wurde schon kühl. Erinnerungen gingen mir durch den Kopf: »Ein Sambia, ein Volk. Sie hören die neuesten Nachrichten mit Maureen Nkandu.« Bataa, der versuchte, mich aus dem Badezimmer zu scheuchen; meine Familie, die mich »die Reporterin« nannte.

Konnte es wirklich sein, dass meine Träume zurückkehrten? *Ja! Das ist meine Berufung; dafür bin ich bestimmt – das ist mir vorherbestimmt.* Hüpfend und singend schlenkerte ich die Arme. Dr. Phiris Einladung hatte mir neuen Mut gegeben und jetzt fieberte ich förmlich danach weiterzumachen. Kein Gedanke mehr ans Sterben; ich war voller Leben und voller Hoffnung. Gott hatte meine Gebete erhört.

Doch als ich mich meinem Zuhause näherte, holte die Realität mich ein. *Moffat.* Ich hatte Angst, dass ich Schwierigkeiten bekommen würde. Und wie sich herausstellte, war meine Angst berechtigt.

Häusliche Turbulenzen

Natürlich hatte ich gewusst, dass eines Tages alles herauskommen würde. Man kann nicht so vielen Menschen von seinem HIV-Status erzählen, ohne dass es irgendwann herauskommt. Ich hatte geschworen zu tun, was ich konnte, um so viele Menschen wie möglich zu erreichen, bevor mein Mann von meinem Tun erfuhr – mit den Konsequenzen würde ich mich befassen, wenn es so weit war.

Moffat war ein intelligenter Mann, von Beruf Polizist. Damals hatte er bereits Verdacht geschöpft. Er wusste zwar nicht, was ich tat, doch er spürte, dass etwas nicht stimmte. Der Versuch, sich auszumalen, was ich wohl trieb, wenn er die Woche über fort war, muss ihn völlig verrückt gemacht haben. Jedes Mal, wenn er zum Wochenende nach Hause kam, sah ich, wie er grübelte, wie er versuchte, meinen Verbrechen auf die Spur zu kommen, während er das ganze Haus nach Beweisen absuchte.

Inzwischen hatte ich richtiggehend Angst vor ihm. Ich wusste, dass ich nicht clever genug war, meinen argwöhnischen Ehemann hinters Licht zu führen, wenn er mich ernsthaft ausfragte – vor allem dann nicht, wenn ich erschöpft und angeschlagen war. Und das war ich; ich war mehr als müde; die Anhalterei, die Leitung einer Schule, die Erziehung meiner beiden Töchter und die Sorge für die, die von mir abhängig waren, waren harte Arbeit.

Als ich an jenem Freitag, dem 28. Juli 2000, nach Hause kam, sah ich, dass das ganze Haus hell erleuchtet war, doch das war in gewisser Weise normal, weil die Kinder und weitere Familienmitglieder den ganzen Tag zu Hause gewesen waren. Erst als ich durch die Vordertür hineinging und seine Stimme hörte, wurden meine Ängste bestätigt. *Er ist zu Hause.* Moffat war an jenem Freitag früher heimgekommen.

Trotz meiner Erschöpfung und meiner Angst vor Moffat erfüllte mich immer noch das Hochgefühl darüber, in eine Radiosendung eingeladen zu sein, und das trübte mein Urteilsvermögen. Ich war ein wenig nervös, aber immer noch sehr viel selbstsicherer, als ich hätte sein dürfen. »Hallo, Moffat, wie war deine Woche?«, fragte ich lächelnd, blind für die Konfrontation, die unausweichlich war.

Was ich nicht wusste, war, dass an jenem Tag ein Besucher bei uns zu Hause gewesen war. Ein Mann namens Mulenga hatte vorbeigeschaut – unter Umständen, die Moffat hellhörig gemacht hatten. Mulenga, seine Frau und sein Kind waren allesamt krank gewesen. Für mich war klar, dass sie Aids hatten, auch wenn sie sich selbst die Wahrheit vielleicht nicht eingestanden. Ich hatte ihnen in ihrer Krankheit bis zum Tod von Mulengas Frau beigestanden.

Nun wollte die Familie der Frau eine alte, in Sambia übliche Tradition befolgen, die auf Bemba *ukumuwamya makumupyanika* heißt, sexuelle Reinigung. Dahinter steht der Glaube, dass der Geist eines Ehemannes oder einer Ehefrau nach dem Tod so lange bei dem zurückbleibenden Ehegatten bleibt, bis die betreffende Person sexuell gereinigt ist. Die Familie hatte Mulenga geraten, die jüngere Schwester seiner verstorbenen Frau zu heiraten, damit alle bösen Geister, die nach dem Tod seiner Frau in ihm zurückgeblieben waren, ausgetrieben würden, das Baby des Paares wieder eine Mutter und einen Vater hätte und die beiden Familien miteinander verbunden blieben.

Mich hatte der Gedanke natürlich zutiefst beunruhigt, denn höchstwahrscheinlich würde Mulenga seine neue Frau mit dem Virus anstecken und der Teufelskreis würde von vorn beginnen. Das Ganze war ein höchst heikles kulturell besetztes Thema, doch irgendwie hatte ich es geschafft, Mulenga dazu zu bringen, sich anzuhören, was ich zu sagen hatte. Nun versuchte ich nach Kräften, ihn davon abzuhalten, die Schwester seiner Frau zu heiraten, und hatte ihn in diesem Zusammenhang erst kürzlich mehrmals zu Hause aufgesucht, um zu sehen, wie es ihm ging. Ich hatte ihn jedoch jedes Mal verpasst und ihm deshalb bei meinem letzten Besuch eine Nachricht mit folgendem Wortlaut hinterlassen: »Hi Mulenga, ich war mehrmals bei dir zu Hause, habe dich jedoch nicht angetroffen. Ich würde dich gerne sehen. Princess.« Auf diese Aufforderung hin, mit der Nachricht in der Hand, war Mulenga heute Nachmittag zu meinem Mann gekommen.

Moffats Brust hob und senkte sich heftig und auf seinem Gesicht lag ein Ausdruck unverhüllten Zorns. *Ist das der Augenblick, den ich gefürchtet habe?*, fragte ich mich. *Hat ihm jemand erzählt, dass ich als Anhalterin in Lastwagen mitfahre?*

Ich sagte, unbekümmerter, als ich mich fühlte: »Moffat, ich war heute in Ndola einkaufen« – obwohl ich gar keine Einkaufstaschen in der Hand hatte – »der Gefängnisgarten hatte zu und ich habe den Bus nach Hause nicht mehr geschafft. Ich glaube, es gab eine Art Engpass und deshalb beschloss ich, per Anhalter zu fahren, weil ich so schnell wie möglich nach Hause wollte. Du rätst nicht, was dann passiert ist …«

»Du wirst es mir gleich erzählen.« Da saß er und ließ mich nicht aus den Augen, heftig atmend, die Nüstern gebläht.

»Du kennst doch Dr. Mannasseh Phiri aus dem Fernsehen«, sagte ich, meine Worte äußerst vorsichtig wählend. »Er dachte, ich sei in Schwierigkeiten, als er mich am Straßenrand stehen sah, und nahm mich mit. Er hat auch eine Radiosendung, in die er mich eingeladen hat. Ich habe ihm gesagt, dass ich gerne komme.« Moffat sah aus wie eine Gewitterwolke, deshalb fügte ich hinzu: »Du kannst natürlich mitkommen.«

»Verstehe«, sagte er ohne die geringste Emotion in der Stimme. »Und worüber wirst du in dieser Radiosendung sprechen?«

»Ich werde einfach über meinen HIV-Status sprechen.« Wieder

wurde sein Ausdruck drohend und ich fuhr hastig fort: »Und natürlich über alles, was Gott in dieser Situation für unsere Familie getan hat. Auf diese Weise können wir nicht nur über HIV sprechen, sondern auch über unseren Glauben. Er hat gesagt, die Sambier müssen ermutigt werden, sich testen zu lassen, damit sie ihren Status kennen. Ich bin so aufgeregt, Moffat.«

Jetzt war es heraus. Ich hatte es selbst heraufbeschworen. Es war, als täte sich die Hölle unter mir auf.

»Du … Weibsstück! Du benutzt alle möglichen Tricks. Du hörst mir nie zu, oder? Hab' ich dir nicht verboten herumzugehen und den Leuten diesen Unsinn zu erzählen?«

»Ja, aber es ist doch im Radio, und du weißt doch, dass ich immer Moderatorin werden wollte …«

Ich hatte mich dicht an die Tür gestellt, falls ich schnell weglaufen musste. Moffat war zwar noch nie gewalttätig geworden – ich glaube, er hatte sich selbst geschworen, mich nie zu schlagen – aber in diesem Augenblick war ich nicht sicher, ob er sein Versprechen würde halten können.

Er war bedeutend stärker als ich und wenn er mich verprügelte, würde ich echte Probleme bekommen.

Er schüttelte ungläubig den Kopf. »Jetzt ist es Dr. Phiri. Vor ein paar Stunden erst ist dein Freund hier gewesen. Du dachtest wohl, du seist sicher, wenn ich weg bin? Dein Freund hat mir gesagt, du seist bei ihm zu Hause gewesen und hättest ihn verpasst. Er hat mir sogar eine Notiz gezeigt. Es war deine Handschrift. Nun, jetzt ist er wieder in der Stadt und du kannst ihn jederzeit besuchen. Was ist in dich gefahren? Muss ich mir wirklich in meinem eigenen Haus so etwas bieten lassen?«

Moffat liebte mich sehr, fast zu sehr. Er war sich unseres Altersunterschieds ständig mehr als bewusst und lebte in der ewigen Angst, dass Männer meines Alters mir Avancen machten. Und jetzt klopfte Mulenga an seine Haustür. Mein Freund? O Gott. Wie soll ich diese Anschuldigungen entkräften?

In der Bedrängnis dachte ich, einen plausiblen Grund dafür gefunden zu haben, dass ich Mulenga besucht hatte. Meine kirchlichen Ämter waren zunehmend mehr geworden. Zu meinen Aufgaben gehörte es inzwischen auch, dass ich gemeinsam mit anderen Gemeindemitgliedern in die Häuser der Menschen ging, wo wir das Wort Gottes verkündigten. Das schien mir eine ganz gute Erklärung zu sein, also sagte ich Moffat einfach, dass ich einer kranken Familie das Wort Gottes gebracht hatte, schon in der Zeit, bevor die Frau gestorben war. Moffat brauchte eine Minute, um zu verdauen, was ich gesagt hatte.

Was die Radiosendung betraf, bestand ich darauf, dass ich am kommenden Sonntag hingehen würde. Ich erinnerte Moffat daran, dass ich schon immer im Radio hatte auftreten wollen, und sagte ihm auch, dass es meine Berufung war, den Menschen meine Geschichte über HIV und Aids zu erzählen und dass er, wenn er mir verbot, dort hinzugehen, damit auch verbot, Gottes Auftrag zu erfüllen. An diesem Punkt konnte mein Mann seinen Zorn nicht mehr bezähmen. Es war wie ein Vulkanausbruch.

»Princess, jetzt bist du zu weit gegangen. Ich hatte schon lange den Verdacht, dass du irgendetwas gegen meinen Willen tust, und jetzt habe ich den Beweis.« Moffat gebrauchte noch immer gern den Polizeijargon.

Irgendwie fand ich den Mut, ihm Paroli zu bieten, und sagte, ich sei keine seiner Verdächtigen, die er verhören könne. Ich hätte es besser wissen müssen. Jedes Wort, das ich sagte, machte ihn nur noch wütender. Mit viel Türenknallen und Fußaufstampfen stritten wir die ganze Nacht und den ganzen nächsten Tag. Moffat erklärte: »Du hast den Verstand verloren«, und meinte, ich als Christin müsse ihm, ihrem Mann, gehorchen. Er sagte, die grundlegende Aufgabe einer Ehefrau sei der Gehorsam. Überhaupt schien der eigentliche Grund seines Zorns mein Ungehorsam zu sein. Er war enttäuscht und gekränkt und der Ansicht, ich hätte meine christlichen Werte verraten. In seinen Augen hatte ich mein

Gelübde des Gehorsams gegenüber den Ehegesetzen und den Gesetzen der Kirche gebrochen.

Gegen 21 Uhr am Samstagabend, über 24 Stunden, nachdem unser Streit begonnen hatte, hatte Moffat offenbar genug. »Du bist wirklich zu weit gegangen, Frau«, sagte er. »Du brauchst eine Therapie. Du kommst jetzt mit mir mit«, befahl er. Er nahm mich und ging mit mir zum Haus unseres Pastors und weckte den Geistlichen und seine Frau. Sie baten uns herein und Moffat sagte ihnen, dass Mulenga nach mir gesucht habe und ich keine plausible Erklärung dafür hätte.

»Wenn sie diesem Mann das Wort Gottes gebracht hat, hätte sie das doch zusammen mit einem anderen Gläubigen tun müssen und nicht allein in sein Haus gehen dürfen, oder?« *Meine Erklärung hat ihn also nicht zufriedengestellt*, dachte ich. »Dann kam sie bei Dunkelheit nach Hause und erzählte mir, sie sei von einem Arzt per Anhalter mitgenommen worden und hätte vor, in seiner Radiosendung aufzutreten und der ganzen Welt von ihrem positiven HIV-Status zu erzählen. Ist das zu fassen, Pastor?«

Der Pastor sah mich besorgt an. »Entsprechen diese Vorwürfe der Wahrheit, Mrs Zulu?«

»Ja, Pastor.« Ich wusste nicht, was ich sagen sollte, merkte aber, dass ich in meiner Lage am besten den Mund hielt, so weit das möglich war.

Der Pastor schien nicht überrascht über Moffats Enthüllung über unseren HIV-Status. Ich fragte mich, ob Moffat es ihm im Vertrauen bereits gesagt hatte.

Mein Mann fuhr fort: »Sie soll sich betragen wie eine christliche Ehefrau, die weiß, dass sie ihrem Mann in allem gehorchen muss. Stattdessen besteht sie darauf, dass ich ein Kondom benutze, obwohl ich ihr Mann bin. Sie offenbart ihren HIV-Befund der ganzen Welt, obwohl ich es ihr verboten habe. Und das Schlimmste ist, meine Freunde haben sie gestern Nacht betrunken am Bahnhof gesehen.«

Betrunken am Bahnhof? Zumindest diese letzte Geschichte stimmte nicht. Irgendjemand musste mich verwechselt haben. Ich wollte mich verteidigen, entschloss mich aber dann anders. Im Stillen musste ich sogar ein bisschen lachen. *Gott sei Dank hatte niemand gesehen, wie ich in einen Lastwagen einstieg!*

Der Pastor forderte mich in ernstem Ton auf, mich zu den Vorwürfen zu äußern. »Mrs Zulu, was soll das alles?« Ich sah ihm und seiner Frau in die Augen und antwortete offen: »Der Kampf gegen Aids ist meine Berufung, meine Lebensaufgabe, Pastor.«

»Aber Schwester Princess. Glaubst du, als führendes Mitglied der Gemeinde gibst du ein gutes Beispiel, wenn du deinem Mann ungehorsam bist?«

»Nein, Pastor.«

»Warum willst du dann gegen seinen Willen öffentlich über deinen HIV-Status sprechen?«

»Die Menschen sterben, Pastor, sehen Sie das denn nicht? Und wozu sind wir als Christen berufen? Die Bibel fordert uns auf, Erbarmen zu haben, etwas gegen das Leid in der Welt zu tun.« Es entstand ein kurzes Schweigen, während der Pastor überlegte, wie er verfahren sollte. Als er schließlich sprach, waren seine Worte niederschmetternd. »Princess, der Heilige Geist sagt mir, dass ich dich kraft meines Amtes aus der Gemeinde ausschließen muss.«

Ich hatte das Gefühl, einen Schlag in den Magen bekommen zu haben. Ich hatte diesem Mann Gottes gesagt, dass ich einen göttlichen Auftrag hatte, und dies war seine Reaktion darauf. Man hatte mir Dinge vorgeworfen, die ich nicht getan hatte, doch wenn ich ihnen die wahre Geschichte erzählte, würde ich alles nur noch schlimmer machen.

Moffat warf ein: »Das kommt nicht von Gott. Das ist das Werk des Teufels.«

Ich war verwirrt und zerrissen. Konnte es sein, dass ich mich geirrt hatte? Für mein Empfinden antwortete ich auf ein Reden

Gottes, das ich vernommen hatte, und brachte schmerzliche, aber notwendige Opfer, um diese meine Berufung zu erfüllen, und jetzt sagte mir dieser Mann Gottes, dass ich Gott ungehorsam sei. Ich wusste nicht, wie das Ganze ausgehen würde, doch ich vertraute fest darauf, dass der Gott, der mich berufen hatte, die Berge vor mir einebnen würde, damit ich seinem Ruf folgen konnte.

Kurz vor Mitternacht war die Angelegenheit beendet. Auf dem Heimweg schwieg Moffat. Er stolzierte einher wie ein Sieger, der eine Schlacht gewonnen hat, versuchte jedoch gleichzeitig, seinen federnden Schritt zu dämpfen, da sein Sieg auf Kosten eines anderen ging. Ich selbst ging zehn Schritte hinter ihm und schluchzte still vor mich hin, einen stechenden Schmerz in der Brust. Die Tränen strömten mir aus den Augen, doch ich versuchte, leise zu weinen, um nicht die Aufmerksamkeit der Nachbarn zu erregen. Ich war in meinen Grundfesten erschüttert. Mein Pastor, der Mann, der mir beistehen würde, wie ich fest geglaubt hatte, hatte sich von mir abgewandt. Jetzt war ich ganz allein.

Als wir zu Hause waren, ließ ich meinen Gefühlen freien Lauf; es spielte keine Rolle mehr, wer mein Schluchzen hören konnte. In unserem dunklen Schlafzimmer bat Moffat mich, ins Bett zu kommen, doch ich konnte mich nicht überwinden, das Bett mit diesem Mann zu teilen. Stattdessen legte ich mich auf den harten Holzfußboden und bat Gott um Trost. *Warum muss ich das erdulden? Bin ich vielleicht im Unrecht?*

Der Pastor hatte gesagt, mein Ausschluss aus der Gemeinde komme von Gott und ich dürfte nicht mit dem Heiligen Geist rechten. Ich empfand furchtbaren Schmerz darüber, dass ein Mann Gottes so etwas sagte, und war völlig verwirrt. Ich tröstete mich später damit, dass auch Kirchenmänner nur Menschen sind und Fehler machen. Doch am 29. Juli 2000 konnte ich dieses Verständnis noch nicht aufbringen – nicht für den Pastor und nicht für Moffat, der ebenfalls keinen Schlaf finden konnte und sich unaufhörlich im Bett herumwarf. Ich wusste, dass er Reue empfand.

Er bat mich wieder, ins Bett zu kommen, doch ich war nicht bereit für eine solche versöhnende Geste. Ich blieb auf dem blanken Boden liegen, holte mir nicht einmal eine Decke, und weinte und weinte.

Als der Morgen dämmerte, weinte ich noch immer auf dem kalten Fußboden und haderte noch immer mit Gott. *Herr, ich bete mit den Sterbenden, während sie diese Welt verlassen, ich opfere mein Haushaltsgeld, um für die Waisen zu sorgen, und ich kämpfe darum, die Menschen vor der Killerkrankheit zu schützen. Ich tue das alles in deinem Namen und zu deiner Ehre, und doch wendet sich die Kirche von mir ab. Wie kann das sein?*

Das Gebet, das sich in meinem Herzen geformt hatte, tauchte wieder auf, diesmal noch stärker und klarer: *Gott, ich glaube, dass du mich zu diesem Werk berufen hast; ich muss auf deinen Ruf antworten. Ich kann nicht in dieser Welt leben, ohne zu tun, wozu du mich berufen hast; dann wäre mein Leben hoffnungslos und sinnlos. Ich will nicht, dass auch nur noch ein einziges weiteres Kind infiziert wird; ich möchte nicht, dass auch nur noch eine einzige Frau sich nicht schützen kann. Wenn ich auf dieser Erde leben muss und dein Werk nicht tun darf, dann, Gott, bitte ich dich, mein Leben jetzt gleich zu nehmen, denn so kann ich nicht weitermachen. Oder, Gott, wenn ich dich missverstanden habe und diese Berufung nicht von dir kommt, dann nimm diese Last von mir und lass mich in Frieden mein Leben führen. Aber wenn dies dein Wille ist, Gott, und wenn du mich berufen hast, dann erlaube mir, dein Werk zu tun; mach, dass mein Mann mich versteht und unterstützt und sorge auch dafür, dass deine Gemeinde mich versteht.* Noch in meiner dunkelsten Stunde wusste ich, dass die Zeit kommen würde, in der die Kirche mich zurückrufen würde. Wenn nicht die Kirche, wer dann? Die Kirche hat die richtige Plattform; sie kann viele Menschen erreichen. Meiner Ansicht nach wartete die Welt in einer Zeit wie dieser nur darauf, dass die Kirche einschritt.

Ich muss mich schließlich doch in den Schlaf geweint haben,

denn ich wachte auf dem Holzfußboden auf, als Moffat Joy und Faith für den Gottesdienst ankleidete. Ich musste natürlich zu Hause bleiben, da ich ja ausgeschlossen war.

Ich fühlte mich zwar von meiner eigenen Gemeinde verlassen, doch mein Glaube verließ mich nicht. Im Gegenteil, ich lebte nur noch aus meinem Glauben. In meiner Verzweiflung erinnerte ich mich daran, wie Daniel Sack und Asche angelegt, gefastet und zu Gott gebetet hatte. Ich sagte laut: »Gut, Herr, ich bringe mein Herz und einen Sack vor dich als Zeichen, dass ich verzweifelt bin.«

Alle waren in der Kirche, das Haus war leer. Ich ging in die Küche, wo wir die leeren Säcke aufbewahrten, die jeweils fünfzig Kilo Getreide enthielten. Ich nahm einen der großen Säcke, schnitt ein Loch hinein, durch den mein Kopf hindurchpasste, und je eins für die Arme und zog ihn an. Es gab keine Asche im Haus und wenn ich erst ein Feuer machte, um Asche zu haben, würde ich sehr lange warten müssen, bis die Asche abgekühlt war. Also rieb ich mich stattdessen mit Getreidemehl ein. Dann ging ich wieder ins Schlafzimmer und betete wie Daniel, in meinem Sack und mit Mehl eingeschmiert, und sagte mir, dass alles in Gottes Hand war. *Herr, ich bin nicht perfekt, aber ich bin verzweifelt. Ich brauche dich, jetzt in diesem Augenblick. Nimm mich, wie ich bin. Ich stehe vor dir und bekenne meine Sünden. Ich bekenne, dass ich deine Gebote nicht gehalten habe.*

Nach der Kirche brachte Moffat die Kinder nach Hause und ging dann zu einer der Versammlungen im kleineren Kreis, die nach jedem Gottesdienst abgehalten wurden. Joy, die neugierig war, weil ihre Mutter nicht mit in der Kirche gewesen war, suchte mich und fand mich im Schlafzimmer, auf dem Fußboden kniend und betend, nur mit einem Sack bekleidet. Natürlich fanden die Mädchen das zum Lachen und fragten: »Mama, warum hast du Maismehl im Gesicht?« Vor allem Joy war alt genug, um zu wissen, dass ein solches Verhalten mit Wahnsinn in Verbindung gebracht wird und dass ihre Bamaa so etwas normalerweise nie tun würde.

Ich sah, wie verlegen sie war, als sie fragte: »Mama, warum hast du einen Sack an?«

Ich wusste nicht, wie ich es ihr erklären sollte, also sagte ich einfach: »Ich bete zu Gott.«

»Warum musst du, wenn du beten willst, einen Sack tragen und Mehl im Gesicht haben?«, fragte ihre unschuldige Stimme.

Ich wusste einfach nicht, wie ich einem Kind die ganze Sache erklären sollte, und sagte nur, so hätten die Menschen in früheren Zeiten gebetet, wenn sie Gottes Hilfe verzweifelt nötig hatten. Da Kinder nun einmal Kinder sind, ließen sie mich allein und gingen spielen.

Ich würde Gott keine Ruhe lassen, bis er mir antwortete. Die Zeit verging an diesem Tag sehr schnell; es muss ungefähr 15 Uhr gewesen sein, als ich plötzlich spürte, wie eine ungewohnte Kraft mich erfüllte; es war ein Gefühl, als würde ich hochgehoben. Und ich hörte eine Stimme, die mir ins Ohr flüsterte: *Steh auf. Die Zeit deines Weinens ist vorbei.*

Ich gehorchte und ging ins Badezimmer. Dort sah ich mich im Spiegel. Meine Augen waren geschwollen und rot von dem fast zwölfstündigen Weinen vor dem Herrn und das Mehl in meinem Gesicht war verschmiert. Ich lächelte.

Ich war so schwach gewesen, doch jetzt war ich voller Freude und empfand eine große innere Stärke. Ich zog den Sack aus und duschte; dabei sang ich Gott Loblieder. Erfrischt und ordentlich angezogen machte ich mich auf die Suche nach Moffat.

Inzwischen war es sechzehn Uhr; um 17 Uhr sollte ich mich mit Mannasseh Phiri treffen. Moffat hatte mir zwar verboten hinzugehen, doch ich würde heute Abend zum Radiosender gehen – nur wollte ich es ihm anstandshalber vorher sagen. Ich war bereit, den Preis zu bezahlen, koste es, was es wolle.

Ich lief zu der Versammlung, an der Moffat teilnahm. Der Gastgeber bat mich, mich zu ihnen zu setzen, doch ich wusste, dass ich, da ich aus der Gemeinde ausgeschlossen war, an keinem ihrer

Kreise mehr teilnehmen durfte. Es blieb jedoch keine Zeit mehr für Erklärungen, deshalb sagte ich nur: »Ich kann es jetzt nicht erklären. Bitte, tun Sie mir den Gefallen und holen Sie meinen Mann.«

Moffats Gesicht wurde ganz starr, als er mich sah. Er traute seinen Augen nicht. »Was hast du jetzt wieder vor? Warum kommst du hierher?«

»Moffat, ich gehe jetzt zu Radio Icengelo. Ich wollte es dir nur vorher sagen.«

»Ich habe doch gesagt, du gehst nicht«, war seine wütende Antwort. »Wann wirst du mir endlich gehorchen? Warum bist du überhaupt hier, du aufsässiges, halsstarriges Weib? Nicht einmal, dass du aus der Gemeinde ausgeschlossen wurdest, kann dich aufhalten!«

Jetzt verlor auch ich die Geduld. »Moffat, ich bin es müde. Wenn Christin zu sein bedeutet, still zu sein, und wenn ich, um in den Himmel zu kommen, die Menschen sterben lassen muss, dann gehe ich lieber in die Hölle.«

»Und wie willst du zum Sender kommen? Du hast ja nicht einmal Geld, um nach Kitwe zu fahren, und ich gebe dir bestimmt keins. Wenn du gegen meinen Willen gehst, ich warne dich, dann komm nicht zurück in mein Haus, denn dann bist du dort nicht mehr willkommen. Deine Taschen werden gepackt vor der Tür stehen.«

Ich überschritt den Punkt, an dem es kein Zurück mehr gab. »Dann stell mir die Taschen hinaus. Ich gehe jedenfalls.« Ich wusste, dass mein Mann es ernst meinte, doch ich würde der Stimme gehorchen, die ich gehört hatte.

Ich werde Radiomoderatorin

Die Zeit war knapp. Ich lief, so schnell ich konnte, zur Bushaltestelle am East Drive. Wenn ich heute zurückdenke, muss ich lächeln angesichts der Vorstellung, wie ich da im langen, fließenden grünen Gewand, einem Boubou, die Straße entlangrannte. Verheiratete Frauen pflegten normalerweise kein solches Tempo vorzulegen und ich bin alles andere als eine anmutige Läuferin, doch das war mir egal. Ich musste den Bus zum Studio von Radio Icengelo erreichen. Moffat hatte sich geirrt, ich hatte doch ein wenig Geld, gerade genug, um die Fahrt zu bezahlen.

Plötzlich stand da wieder einmal meine Nachbarin Mrs Banda. »Wo gehen Sie diesmal hin, meine Liebe?«

»Ich werde im Radio sprechen. Hören Sie heute Abend Radio Icengelo«, rief ich, während ich an ihr vorbeilief.

»Wiiiiirklich? Worüber werden Sie sprechen?«, rief sie mir nach.

»Machen Sie eeeeiinfach nur das Raaaadio an, Mrs Bandaaaaa! Ich muss mich beeilen!«

Ich schaffte es gerade noch zum letzten Minibus von Luanshya nach Kitwe. Im Bus standen wir eng zusammengequetscht wie die Ölsardinen. Sambias blau-weiße Minibusse sind berüchtigt für ihre Klapprigkeit, Unzuverlässigkeit und Überfülltheit; in der Regel sind mehrere Sitze ausgebaut, damit mehr Passagiere hineinpassen. Man hörte nicht selten von tödlichen Unfällen im Zusammenhang mit diesen Bussen und ich benutzte sie nur, wenn es nicht anders ging, doch diesmal hatte ich keine andere Möglichkeit.

Die Sendung begann zwar erst um einundzwanzig Uhr, doch ich hatte mich um siebzehn Uhr mit Dr. Phiri im Haus von Tante Erika verabredet, damit er mir noch ein paar Instruktionen geben konnte. Diese Zeit war längst vorbei und ich hatte keine Möglichkeit mehr, noch mit Dr. Phiri zu reden. Meine Tante hatte kein Telefon, deshalb konnte ich ihn von ihrem Haus aus auch nicht anrufen. Der einzige Ort in Kitwe, wo es meines Wissens ein Telefon gab, war das Edinburgh Hotel. Ich musste den Inhaber bitten, sein Telefon benutzen zu dürfen, denn mein Geld hatte nur für den Bus gereicht. Inzwischen war es zwanzig Uhr. Ich konnte es immer noch schaffen.

Als der Bus in der Nähe des Hotels hielt, lief ich, unschuldige Passanten, die das Pech hatten, mir im Weg zu stehen, energisch beiseite schubsend, in die Eingangshalle und platzte vor der arglosen Empfangsdame heraus: »Bitte helfen Sie mir, ich muss einen wichtigen Anruf machen. Der Mann, den ich anrufe, wird den Anruf bezahlen, wenn er mich abholt. Ich muss heute Abend im Radio sprechen.«

Dr. Mannasseh Phiri kam sofort zum Hotel und holte mich ab. Er hat mich nie gefragt, warum ich es nicht rechtzeitig geschafft hatte, und ich habe es ihm nicht erzählt. Er war ein reifer, erfahrener Mann um die fünfzig und muss geahnt haben, dass ich einige Schwierigkeiten gehabt hatte zu kommen.

Als wir den Sender betraten, konnte ich mich kaum noch beherrschen. Icengelo bedeutet »Licht«; Radio Icengelo ist ein christlicher Sender, der von der Diözese Ndola betrieben und im gesamten Gebiet des Kupfergürtels ausgestrahlt wird. Es war keine Zeit mehr für eine Einweisung, wir gingen sofort ins Studio. Dr. Phiri sprach als Erster. Er erklärte, dass er heute statt des vorgesehenen Beitrags über die Reduzierung der Kindersterblichkeit einen besonderen Gast habe, der über ein Thema sprechen würde, das auch viele Kinder betreffe. Dann nahm er Bezug auf die Sendung der vorigen Woche, in der er darum gebeten hatte, dass sich jemand melden und als Gast in der Sendung auftreten möge. Gott hätte sein Gebet erhört, meinte er, so könne er nun heute einen ganz besonderen Gast vorstellen. »Ich weiß, dass Sie sich freuen werden, jetzt Princess Kasune Zulu zu hören.«

In meinem Kopf drehte sich alles. Mein Traum wurde wahr, ich trat im Rundfunk auf. *Ich habe es geschafft! In ein paar Minuten bin ich auf Sendung und Tausende von Menschen hören meine Botschaft.* Es war zwar nur ein ganz schlichtes Studio, doch ich war wie berauscht von meiner Umgebung, fasziniert von den vielen Schaltern und Knöpfen, den Kabeln, Mikrofonen, Kopfhörern. Ich musste an meine Kindheit denken – wie ich im Badezimmer stand und in die Haarbürste sprach: *»Hier sind die neuesten Nachrichten mit Maureen Nkandu.«* Ich setzte mich auf den Studiostuhl und versuchte mich zusammenzureißen.

Als ich dran war, sprach ich viel zu schnell. Ich versuchte, jede einzelne Tatsache unterzubringen, jedes Bröckchen Information über HIV und Aids, das mir einfiel, jede Einzelheit aus meinem Leben und Glauben, die die Menschen davor bewahren konnte, sich mit dem Virus zu infizieren, oder die den bereits Infizierten helfen konnte, eine positivere Lebenseinstellung zu gewinnen. Ich sprach von Enthaltsamkeit, von Treue, von gesunder Ernährung, selbst angebautem Gemüse, davon, mehr Eiweiß und Eisen zu sich zu nehmen, von HIV-Tests und von Kondomen. Ich gab alles und sprach so schnell, weil mir klar war, dass es vielleicht das einzige Mal sein würde, dass ich im Radio auftrat. Ich war überzeugt, wenn ich nach Hause zurückkehrte, würde Moffat meine Taschen gepackt haben und ich würde ins Dorf zurückkehren müssen, ohne meine Kinder. Außerdem lag mein Test inzwischen zweieinhalb Jahre zurück; ganz bestimmt war meine Zeit auf Erden so gut wie aufgebraucht.

Als die Zeit für Fragen der Hörer gekommen war, klingelten die Telefone wie verrückt. Es zeigte sich, dass die Menschen am ganzen Kupfergürtel zugehört und meine Botschaft verstanden hatten.

Ich war überhaupt nicht vorbereitet auf eine solche Fragestunde. Das war etwas völlig anderes, als vor einer Gruppe von Arbeitern zu sprechen. Um im Fernsehen oder Radio aufzutreten, bedarf es ganz bestimmter Fähigkeiten und ich war völlig unerfahren. Ich wollte auf gar keinen Fall Fehler machen, aber wenn ich die Antwort auf eine Frage nicht wusste, dann waren immer noch ein Arzt und ein Aids-Aktivist anwesend, die mir helfen konnten.

Wer bei einem Radiosender anruft, kann anonym bleiben, deshalb sprachen die Leute ungewöhnlich frei und stellten viele Fragen. Ich wusste nie, wie die nächste Frage lauten würde.

Ein Anrufer fragte zum Beispiel: »Kann ich HIV bekommen, wenn ich meine Freundin küsse?«

»Das ist sehr unwahrscheinlich. Es gibt keine Belege dafür, dass das Virus durch Küssen übertragen wird. Ein solcher Fall wurde noch nie bekannt. Problematisch könnte es allerdings sein, wenn jemand einen Schnitt im Mund oder eine Zahnfleischerkrankung hat.«

In ihrer Anonymität draußen im Äther hatten die Menschen nicht mehr das Bedürfnis, »für einen Freund« zu fragen. Endlich gab es einen sicheren Ort, von dem aus sie ihre Fragen stellen konnten – und sie hungerten förmlich nach Information.

»Ich lebe mit jemandem zusammen, der HIV-positiv ist«, erklärte ein anderer Anrufer. »Soll ich ihn bitten auszuziehen?«

»Nein, nein, nein. In dieser Zeit brauchen wir einander nötiger denn je. Man muss schon eine beträchtliche Menge an Körperflüssigkeiten austauschen, um das Virus zu bekommen. Das geschieht in der Regel durch ungeschützten Geschlechtsverkehr oder durch Transfusionen von verseuchten Blutkonserven. Das Virus kann auch bei der Geburt oder beim Stillen von der Mutter auf das Kind übertragen werden.

Aber im gleichen Haus zu leben, vom selben Teller zu essen, dieselbe Toilette zu benutzen – all das ist überhaupt nicht gefährlich. Auch wenn ein Moskito zuerst Ihren infizierten Mitbewohner und dann Sie sticht, würde das Virus dabei nicht auf Sie übertragen werden.«

Und so ging es weiter. Es war völlig ausgeschlossen, alle Anrufe zu beantworten. Das Informationsbedürfnis der Menschen war immens. Als die Sendung vorüber war, fühlte ich mich wie berauscht. Mein Herz raste noch immer, als Dr. Phiri mich zurück zu Tante Erika fuhr, wo ich die Nacht verbringen wollte. Der Arzt hatte seine Handynummer im Radio bekannt gegeben und so klingelte den ganzen Weg lang sein Handy. Zwischen den Anrufen sagte er mir, dass die Reaktion auf die Sendung sehr ermutigend sei, ja, dass er in den vielen Jahren, in denen er diese Sendung nun schon machte, kaum jemals eine solche Resonanz bekommen habe.

Er setzte mich bei meiner Tante ab und lud mich ein, in der nächsten Woche wieder an der Sendung teilzunehmen. »Die Reaktion heute Abend war so gewaltig, dass das sehr wichtig wäre«, meinte er. »Die Hörer lieben Sie.« Obwohl ich in diesem Moment keine Ahnung hatte, wo ich leben würde oder was überhaupt aus mir würde, sagte ich, ohne zu zögern: »Ja, ich komme gern. Ich komme ganz bestimmt, Doktor.«

Wie sehr wünschte ich mir, dass Bamaa oder Bataa noch gelebt hätten! Der Gedanke, dass das alles einen Sinn gehabt und ich nicht umsonst stundenlang das Badezimmer blockiert hatte, war, als sei ein Traum wahr geworden. Jetzt hatte ich die Möglichkeit, gegen die Krankheit zu kämpfen, die meine Eltern umgebracht hatte – die Möglichkeit, andere Familien vor diesem Schmerz zu bewahren. Obwohl ich wusste, dass ich eventuell ins Dorf zurückkehren musste, war ich überglücklich, als ich an diesem Abend ins Bett ging. Princess Kasune Zulu, die Radiomoderatorin, war geboren.

Früh am nächsten Morgen klopfte es an der Tür. Ich war sehr nervös. Moffat war gekommen. Er rief mich, meine Tante und meine Cousinen zusammen. Ich konnte kaum still sitzen, denn ich wusste, was nun kam – Moffat würde meiner Familie sagen, was ich getan hatte. Doch ich war bereit, alles zu ertragen, was von mir verlangt wurde.

»Hast du sie im Radio gehört, Tante?«, fragte er verdrossen.

»Ja, Moffat. Sie war großartig. So mutig und offen«, antwortete Tante Erika, die Moffats Absichten ja nicht kannte.

»Ich werde mich deswegen von ihr scheiden lassen. Sie wurde gewarnt. Diese Frau ist ungehorsam, unwissend und unkultiviert.« Eine verheiratete Frau vor ihrer Familie als unkultiviert zu bezeichnen, ist in der sambischen Kultur der schlimmste Vorwurf überhaupt – eine unvorstellbare Beleidigung, denn es bedeutet, dass die Familie darin versagt hat, das Mädchen zu einer pflichtgetreuen Ehefrau zu erziehen.

»Was?«, fragte Tante Erika. »Princess, bist du deinem Mann ungehorsam gewesen? Er ist dein Mann. Ihr seid verheiratet. Warum hast du gegen den Willen deines Mannes so etwas getan? Jetzt sieh dir an, was du dir und deiner Familie damit angetan hast! Wo willst du hingehen, wenn ihr geschieden seid?«

»Wenn ich ins Dorf gehen muss, werde ich gehen; ich kann es nicht ändern«, antwortete ich demütig. Normalerweise hätte Tante Erika bestimmt Partei für mich ergriffen, doch sie war stark in den Traditionen verhaftet und konnte nicht fassen, was ich da sagte. »Aber, Princess, du wirst deine Kinder verlieren.«

»Es sind meine Kinder. Ich werde sie immer sehen.«

»Warum tust du das? Warum kannst du es nicht einfach sein lassen?«, fragte sie. Moffat saß still da.

»Ich will die Frauen und Kinder schützen. Ich will die Frauen in den Dörfern schützen, Frauen wie meine Bamaa. Es stimmt, als Frauen sollten wir uns unseren Männern unterwerfen – aber sollen wir das auch auf Kosten unseres Lebens tun? Soll eine Frau in einer Beziehung bleiben, auch wenn sie vermutet, dass ihr Mann sie betrügt? Sie muss sich schützen. Wenn eine Frau früh stirbt, haben ihre Kinder keine Mutter mehr. Wie viele Frauen sind schon gestorben! Sie hatten nicht die Möglichkeit, am Leben zu bleiben und ihre Kinder zu schützen. Ich habe es selbst erlebt und weiß, wie schlimm es ist. Ich bin entschlossen, etwas dagegen zu tun. Wenn das bedeutet, dass ich meinen Mann verliere, dann soll es so sein.«

»Princess, bitte, hör auf deinen Mann – geh nächste Woche nicht wieder zum Sender.«

Moffat war nicht mehr so wütend wie noch vor zwei Tagen, doch er blieb fest. »Princess, ich jage dich fort. Du bist eine Enttäuschung für mich. Du machst diese Radiosendung abends mit einem anderen Mann zusammen. Du verhältst dich nicht wie eine verheiratete sambische Frau, wenn du so spät abends noch gegen den Willen deines Mannes ausgehst.« Es gab keine friedliche Lösung für dieses Problem. Ich bestand darauf, mein Werk fortzusetzen, und Moffat beharrte darauf, dass das falsch war.

Ich fuhr an diesem Tag mit dem Bus nach Hause; Moffat blieb in Kitwe, weil er arbeiten musste. Als ich nach Hause kam, liefen Joy und Faith mir ganz aufgeregt entgegen: »Mummy, Mummy, wir haben dich im Radio gehört. Du bist berühmt!«

Mir brach beinahe das Herz. Meine Mädchen wussten nicht, was HIV und Aids bedeutete. Sie waren noch so klein; sie hielten ihre Mummy jetzt einfach für eine Berühmtheit. Ich hatte sie gebeten, sich die Sendung anzuhören, in der ich öffentlich verkündet hatte, dass ich HIV-positiv war, doch sie wussten noch nicht, was das bedeutete. Mir traten Tränen in die Augen, aber ich kämpfte dagegen an.

»Ja, meine Babys, ich weiß, dass ich gut war, aber wisst ihr, was Aids bedeutet?«

In diesem Moment, allein mit meinen Kindern, sprach ich zum ersten Mal mit ihnen über Aids. »Es ist eine Krankheit, die Millionen von Menschen tötet.« Sie hatten noch keine Vorstellung vom Tod. Eigentlich waren sie noch zu jung, um es zu verstehen, aber ich wollte trotzdem, dass sie Bescheid wussten.

Ich versuchte, es in so einfachen Worten wie möglich zu erklären. »Aids ist die Krankheit, die eure Großmutter und euren Großvater getötet hat. Sie bringt viele Mummys und Daddys um. Deshalb möchte eure Mummy darüber reden – damit die Menschen sich schützen können.«

»Aber, Mummy, hast du diese Krankheit auch? Heißt das, dass du bald sterben wirst?«

»Ja, ich habe die Krankheit, aber eure Mummy ist gesund und wir werden beten, dass sie noch lange leben darf.«

»Ja, Mummy, wir beten für dich.«

Und damit liefen sie wieder weg, spielen. Ich wusste, dass sie es nicht verstanden, doch von diesem Tag an schwor ich mir, mit meinen Kindern ganz offen über Aids zu sprechen, auch wenn sie noch so klein waren. Ich sprach auch mit meinen Stiefkindern und anderen von mir Abhängigen, die älter und deshalb gefährdeter waren. Ganz egal, wie alt Kinder sind, die Erwachsenen haben die Verantwortung, sie zu schützen und eine Sprache zu finden, die sie verstehen.

Da Moffat wieder die Woche über in Kitwe war, hatte ich ein bisschen Zeit zum Nachdenken. Konnte ich wirklich ins Dorf zurückkehren und dort leben? Moffat schien in dieser Sache unerbittlich zu sein.

Sollte ich versuchen, die Mädchen mitzunehmen, oder war es besser, wenn sie bei ihrem Vater blieben? Er liebte sie sehr und in der Stadt hätten sie es besser als im Dorf. Ich konnte den Gedanken, sie zu verlieren, kaum ertragen, aber ihr Wohlergehen war mir wichtiger.

Während mir all dies durch den Kopf ging, dachte ich nicht eine Sekunde daran, meinen Entschluss zu ändern und nicht mehr zum Sender zu gehen. Es war einfach zu wichtig. Der Sender gab mir die Möglichkeit, meine Berufung, so viele Menschen wie möglich zu erreichen, zu erfüllen; es war tausendmal besser, als durch die Straßen von Ndola zu stapfen oder per Anhalter in Lastwagen mitzufahren. Es stand also außer Frage, dass ich weitermachen würde. Ich musste darauf vertrauen, dass Gott alles richtig fügte.

Zu Hause in Luanshya war mein Radioauftritt Stadtgespräch. Die Menschen fragten sich, warum ich wieder einmal solche Schande über mich und meine Familie brachte. Ich hörte sie flüstern: »Vielleicht lügt sie ja nur, um ein bisschen Geld zu verdienen. Sie sieht überhaupt nicht krank aus.« Die Menschen glaubten nicht, dass ich HIV-positiv war. »Sieh sie dir doch an; sie ist fetter als wir alle. Sie macht es nur wegen des Geldes.« Wieder versuchte ich, die missgünstigen Stimmen auszublenden und den Kopf hoch zu tragen.

Gegen Ende der Woche wurde mein Glaube belohnt, denn was dann geschah, grenzte an ein Wunder. Das Telefon klingelte. Es war Moffat, der aus Kitwe anrief.

Es geht los, dachte ich. Doch durch die schlechte, knisternde Verbindung sagte mein Mann etwas, das mich fast umwarf: »Princess, ich möchte am nächsten Sonntag mit dir zum Radiosender gehen.«

»Wirklich?« Ich war völlig verwirrt. *Was führt er im Schilde?* Es war unglaublich. Konnte es sein, dass meine Gebete erhört worden waren? Allein vom Ton seiner Stimme her konnte ich schwer beurteilen, was mein Mann im Sinn hatte.

Als der Tag meines zweiten Auftritts gekommen war, traf Moffat sich mit mir vor dem Gebäude von Radio Icengelo. Eine ganz neue Freundlichkeit und Güte erfüllte seine Augen, nun, da er Zeit gehabt hatte, sein Verhalten zu überdenken. Bevor wir hinaufgingen, sagte er Dr. Phiri, dass er ebenfalls gern im Radio sprechen wollte.

Als er dran war, gestand er mit zögernder Stimme, dass er jetzt, als älterer Mann, das Gefühl habe, mich als junges Mädchen ausgenutzt zu haben, und dass er das sehr bereue.

Er forderte die Männer auf, die jungen Mädchen mit mehr Achtung zu behandeln und an ihre Zukunft zu denken. Und er bekannte öffentlich im Radio, dass er HIV-positiv war. Ich wusste nicht, was ich tun sollte. Es war das Werk Gottes.

Ich war an diesem Tag unglaublich stolz auf Moffat. Er hatte viel durchgemacht, seit er erfahren hatte, dass er HIV-positiv war, und seine Arbeitsstelle verloren. Hinzu kam die nicht geringe Herausforderung, eine Frau wie mich zu haben, eine der damals noch sehr wenigen jungen Frauen in Sambia, die ihren HIV-Status öffentlich bekannt machten. Die meisten sambischen Frauen sind sehr zurückhaltend und zufrieden damit, zu Hause bei ihrem Ehemann und ihren Kindern zu bleiben – und nun hatte Gott dafür gesorgt, dass ausgerechnet ich Moffats Ehefrau wurde. Ich konnte es nicht fassen, wie sehr er sich in einer einzigen Woche geändert hatte. Ich war stolz auf ihn und auf uns.

Die Reaktion der Hörer auf Moffats und meinen gemeinsamen Auftritt war noch weit überwältigender als die Resonanz in der vorherigen Woche. Die Leute riefen an und wollten, dass wir eine eigene Radiosendung bekamen. »Bitte, Doktor, denken Sie darüber nach«, sagten sie. »Dieses Paar, das über seine Krankheit spricht, hat eine so große Wirkung. Wir müssen ihre Botschaft hören. Es ist sehr wichtig.«

Dr. Phiri war sofort einverstanden. Er hatte ebenfalls schon daran gedacht, mir eine eigene Sendung zu geben – und nun war ihm augenblicklich klar, dass das gemeinsame Auftreten eines HIV-positiven Ehepaares den Kampf gegen Aids einen großen Schritt voranbringen konnte. Nach der Sendung fragte er: »Princess, Moffat, möchten Sie tun, worum die Menschen gebeten haben? Könnten Sie eine Sendung moderieren, wenn ich Ihnen eine Stunde Sendezeit die Woche gebe?« Er war klug genug, uns beide zusammen zu fragen, weil er wusste, dass Moffat in dieser Situation kaum ablehnen konnte.

Wie gehofft, war Moffat einverstanden, sagte mir jedoch, er sei der Ansicht, dass ich die Sendung lieber allein moderieren solle. Ich wäre am liebsten herumgehüpft vor Freude. Da stand ich, eine

HIV-positive Waise, aufgewachsen in einem Dorf, Mutter zweier Kinder, freiberufliche Aids-Aktivistin – und würde eine richtige Radiomoderatorin werden, mit regelmäßiger Sendezeit. Es war noch gar nicht so lange her, da war ich eine junge Frau, die glaubte, alle ihre Hoffnungen und Träume seien geplatzt. Ich musste die ganze Zeit an meinen persönlichen Vers denken, der mich immer begleitet hatte, Psalm 118,17: »Ich werde nicht sterben, sondern leben, um zu erzählen, was der Herr getan hat.« *Ich bin nicht in sechs Monaten gestorben und werde auch in den nächsten sechs Monaten nicht sterben*, sagte ich mir glücklich.

»Warten Sie, warten Sie!« Dr. Phiri versuchte, meine Aufregung zu dämpfen, bevor die Entscheidung nicht hundertprozentig sicher war. Er sagte, er werde alles tun, damit der Sender mir die Sendezeit gab, doch er könne nichts versprechen. Außerdem bräuchte ich dringend noch ein wenig Schulung. Es würde nicht einfach werden. Doch das schreckte mich nicht – nichts konnte mir mehr etwas anhaben. Ich wusste, dass die Sendung laufen würde. Wir setzten uns alle zusammen hin und dachten über einen Namen nach. Irgendwie kamen wir auf *Positive Living*. Es klang einfach perfekt! Ich spürte, wie meine Augen und mein Gesicht leuchteten bei diesem Gedanken: *Positive Living*! Nach dem Erfolg dieser anstrengenden Woche war ich so ermutigt, dass ich durchs ganze Studio tanzte. Der Doktor war genauso glücklich wie ich. Darauf hatte er gewartet – auf jemanden, der seinen Status zugab und die Menschen zu mehr Bewusstheit anregte, der das Schweigen brach, das zu Stigmatisierung und Diskriminierung führte. Er strahlte vor Stolz.

Da der Streit zwischen Moffat und mir nun anscheinend beigelegt war, verließen die Kinder und ich unser großes Haus in Luanshya und zogen zu ihm nach Kitwe. Das Haus, das wir dort bewohnten, war sehr viel kleiner, denn Moffat verdiente in seinem neuen Job nur noch sehr wenig. Trotzdem: Wir lebten wieder als Familie zusammen und wohnten nur eine kurze Busstrecke von Radio Icengelo entfernt. Die Schule mussten wir zurücklassen, doch wir wussten sie in guten, liebevollen Händen.

In der folgenden Woche erklärte sich der Radiosender – auf Dr. Phiris Fürsprache hin – bereit, mir Sendezeit zu geben. Mehr brauchte ich für den Anfang nicht. Irgendwann wurden zwar auch gewisse Geldmittel nötig, doch der Anfang war gemacht. Ich war wieder im Geschäft, diesmal mit dem Segen meines Mannes. Ich wusste, dass Dr. Phiri wirklich von Gott gesandt war.

Sie hören *Positive Living*

Die Woche, in der zum ersten Mal die Sendung *Positive Living* ausgestrahlt wurde, war eine der aufregendsten Wochen meines Lebens. Ich konnte es nicht fassen, dass mein Traum wirklich wahr geworden war! Jede einzelne Minute des Tages dachte ich daran, und wenn ich schlief, träumte ich davon. Die ganze Woche über war ich so nervös und aufgeregt, dass ich am liebsten die ganze Zeit gelacht hätte.

Obwohl ich keinerlei Erfahrung darin hatte, eine Radiosendung aufzunehmen, stellte sich heraus, dass ich durch Gottes Gnade der Herausforderung gewachsen war. Meine Füße unter dem Tisch zuckten, während Dr. Phiri mir zeigte, welche Knöpfe ich drücken und wie ich dann ankündigen musste: »Hallo und herzlich willkommen bei der Radiosendung *Positive Living*. Ich bin Ihre Gastgeberin, Princess Kasune Zulu, und ich bin HIV-positiv.«

Der Doktor war ein begnadeter Lehrer. Er bestand von Anfang an darauf, dass ich lernte, ganz allein als Radiosprecherin zurechtzukommen. Geduldig zeigte und erklärte er mir alles und sagte: »Princess, wir haben hier keine Techniker. Wir Moderatoren sind ganz auf uns allein gestellt. Wenn du es hier schaffst, schaffst du es überall.« Er machte mir Mut und sagte, mit etwas Übung und Geduld würde ich eine großartige Radiomoderatorin werden. Der Doktor sah ein Potenzial in mir, das er fördern wollte, und die Fertigkeiten und Kenntnisse, die er mir vermittelte, halfen mir nicht nur in meinem Beruf als Radiomoderatorin, sondern auch bei allen öffentlichen Auftritten in meinem späteren Leben. So gesehen wurde Dr. Mannasseh Phiri mein erster Mentor; ich glaube, er betrachtete mich als eine Art Rohdiamanten.

△

Der Doktor war sehr bekannt in Sambia, doch er blieb stets bescheiden und war niemals auch nur im Geringsten arrogant. Er ist immer noch der Ansicht, dass er von anderen genauso viel lernen kann wie sie von ihm. Er fühlt sich seinen Hörern, wie wenige oder wie viele es auch sein mögen, immer zu Dank verpflichtet. »Sei immer respektvoll deinen Hörern gegenüber«, sagte er in meiner ersten Woche zu mir.

Während meiner Tage als Radiomoderatorin bei Radio Icengelo (2001).

»Wenn du unbeabsichtigt ein Geräusch machst oder während des Redens von irgendetwas unterbrochen wirst, entschuldige dich bei ihnen. Du sitzt nur hier, weil es deine Hörer gibt.« Und nicht zuletzt brachte er mir bei, dass ich als Moderatorin zu jeder meiner Sendungen rechtzeitig im Studio sein musste, bei Regen, Hagel oder Sonnenschein.

Obwohl ich jetzt sicher wusste, dass die Sendung regelmäßig stattfinden würde und dass ich monatelang Zeit haben würde, um den Menschen zu sagen, was ich zu sagen hatte, sprach ich nach wie vor viel zu schnell. Ich wollte ganz einfach jedem einzelnen Hörer jede einzelne Tatsache mitteilen, die mir bekannt war und die ihn schützen oder ihm helfen konnte. In meiner zweiten

Woche half Dr. Phiri mir auch darin. Er zeigte mir, wie ich langsamer und deutlicher reden konnte. Meine Botschaft würde besser zu den Hörern durchdringen, wenn ich langsamer sprach, erklärte er mir.

So einschüchternd und beängstigend das alles auch sein mochte, ich liebte es. Ich war sehr stolz darauf, lernen zu dürfen, wie man die Anrufe der Hörer entgegennahm, die Hörer in die Warteschleife setzte und Privatgespräche führte, während zwischendrin ein Musiktitel gespielt wurde. Wieder war die Reaktion, als die Leitung für die Anrufe geöffnet wurde, überwältigend. Es machte mir große Freude, die Fragen von Leuten wie mir zu beantworten und ihnen zu helfen, sich wieder normal und geliebt zu fühlen.

Nur wenige Stunden vor meiner dritten Sendung ließ der Doktor eine Bombe platzen. Er rief mich zu sich und sagte: »Princess, ich glaube an dich. Du wirst deine Sache diese Woche sehr gut machen. Ich werde von zu Hause aus zuhören. Du bist schon jetzt eine gute Moderatorin, aber ich werde jeden Fehler, den du machst, aufschreiben, damit du immer besser werden kannst. Ich weiß, dass du es gut machen wirst.« Und so war ich ganz auf mich allein gestellt.

Da saß ich und wartete auf den Beginn meiner ersten Solosendung im Radio. Wie der Doktor vorhergesagt hatte, lief alles nach Plan. Am Ende dachte ich, ich hätte nur wenige Fehler gemacht, wartete aber trotzdem sehnsüchtig auf das Feedback meines Mentors. Ich hatte mir gerade mein erstes Handy gekauft und einer der ersten Anrufe, die ich bekam, war vom Doktor, der sagte: »Gut gemacht.« Kein Mensch kann sich vorstellen, was diese Worte mir bedeuteten.

Bei den Vorbereitungen zum World Aids Day 2001 sah ich eine Anzeige in der Zeitung. Es ging um einen Preis für Rundfunksendungen über das Thema HIV und Aids. Ich beschloss, an dem Wettbewerb teilzunehmen, und fragte den Doktor, ob er mich für eine gute Kandidatin hielte. Dabei hoffte ich insgeheim, dass er mir helfen würde. »Princess, du solltest auf jeden Fall teilnehmen«, sagte er. »Du hast meinen Segen, aber meine Hilfe brauchst du nicht. Du hast es ganz allein so weit gebracht. Der Erfolg liegt ganz in deinen Händen.« Also schrieb ich einen Brief und schickte ihn an die amerikanische Botschaft, zusammen mit einem Band meiner ersten Solosendung.

In dieser Zeit war mein Leben so arbeitsreich und erfüllt, dass der World Aids Day, der 1. Dezember, kam und ging, ohne dass ich auch nur mit einem Gedanken an den Preis dachte. Im Grunde hatte ich auch nie wirklich geglaubt, dass ich eine Chance hätte zu gewinnen, und war deshalb zutiefst überrascht, als mich am nächsten Tag ein Freund anrief und sagte, dass ich etwas in Lusaka gewonnen hätte. Anscheinend war mein Name in einer Zeitung abgedruckt.

Ich musste die Zeitung haben, um mich selbst davon zu überzeugen, und lief mit meinen Nachbarn durch sämtliche Läden, bis ich eine Zeitung vom 1. Dezember auftrieb. Und – Sie werden es nicht glauben – da stand es wirklich! Mein Name, Princess Kasune Zulu, gedruckt in einer Zeitung! Es hieß, ich sei eine der Gewinnerinnen des Most Outstanding Broadcaster Award (des Preises für den hervorragendsten Rundfunkreporter). Rosemary Nkonkola hatte den ersten Preis gewonnen. Rosemary war eine erfahrene Reporterin, der ich große Hochachtung entgegenbrachte, und es war mir eine Ehre, in einem Atemzug mit ihr genannt zu werden. Noch mehr freute ich mich, als ich erfuhr, dass sie mit dem Band eines Interviews gewonnen hatte, das wir zusammen gemacht hatten! Ihr Preis war eine Reise nach Amerika. Ich wünschte mir zwar, ich hätte das Gleiche gewonnen, doch Rosemary, die völlig in ihrem Beruf aufging, hatte den Preis wirklich verdient.

Die amerikanische Botschaft, die den Preis sponserte, konnte mich nicht kontaktieren und deshalb versäumte ich die große Preisverleihung in Lusaka. Ich war völlig aufgelöst, als ich das erfuhr. Doch Gott hatte etwas viel Besseres mit mir vor. David

Dunn, der damalige amerikanische Botschafter in Sambia, wollte eine Reise in den Kupfergürtel unternehmen, und man hatte beschlossen, mir den Preis persönlich in den Studios unseres nationalen Fernsehsenders ZNBC in Kitwe zu überreichen.

Der Tag, an dem ich Botschafter Dunn kennenlernen sollte, war zugleich der Tag, an dem eine Sendung von *Positive Living* geplant war – und einer der wenigen Tage in meinem Leben, an denen ich wirklich krank war. Ich hatte einen schweren Anfall von, wie ich vermutete, Malaria, doch das, was Dr. Phiri über eine Moderatorin gesagt hatte – dass sie im Studio war, ganz gleich, ob Regen, Hagel oder Sonnenschein, bewog mich, meinen Pflichten nachzukommen.

Ich hatte die Worte meines Mentors zu ernst genommen. Natürlich hätte er mich, wenn er gewusst hätte, wie krank ich war, lieber im Krankenhaus als im Studio gesehen. Doch als junge, enthusiastische Moderatorin hatte ich das Gefühl, dass so viel auf dem Spiel stand, vor allem an diesem Tag, an dem ich seine Exzellenz treffen sollte. Ich musste ganz einfach hingehen.

Als Brian und Betty, meine Freunde, sahen, wie krank ich war, fuhren sie mich zum Sender und ich moderierte zitternd und benommen *Positive Living*. Falls Sie noch nie einen Malariaanfall hatten – er läuft folgendermaßen ab: Zuerst sind Sie müde. Dann haben Sie einen bitteren oder sauren Geschmack im Mund – das ist ein sicheres Zeichen für Malaria. Was auch immer Sie essen, entwickelt diesen widerlichen Geschmack. Je länger man nichts dagegen unternimmt, desto schlimmer werden die Symptome. Man bekommt Schüttelfrost, abwechselnd mit hohem Fieber und Muskelkrämpfen, während man immer mehr Kraft verliert und immer müder wird.

Während der Sendung an diesem Tag wurde ich furchtbar müde und schwach. Mein Kopf hämmerte. Ich konnte immer nur kurz sprechen, dann mussten wir wieder einen Musiktitel spielen, sodass ich kurz schlafen konnte. Ich konnte meinen Kopf kaum noch aufrecht halten und meine Arme fühlten sich an wie Bleigewichte, über die ich keine Kontrolle hatte. Brian und Betty schauten voller Sorge durch das Studiofenster. Sie baten mich aufzuhören.

Ich überstand die Sendung und ging zu dem Treffen mit Seiner Exzellenz, David Dunn. Ich sah furchtbar aus und fühlte mich auch so, versuchte aber, meine Schmerzen hinter einem Lächeln zu verstecken. Botschafter Dunn überreichte mir meine Plakette und sagte, er wünschte, ich hätte nach Lusaka kommen können. Zu diesem Zeitpunkt war meine Haut schon ganz heiß und feucht und fiebrig und ich wusste, dass mein Gesicht und das Weiß meiner Augen gelblich wirkten. Trotzdem sagte ich ihm nicht, dass ich krank war, sondern sprach mit ihm über *Fountain of Life*, und er ermutigte mich, an USAID zu schreiben und um Geldmittel für einen, wie er es formulierte, »so noblen Zweck« zu bitten.

Ich hatte mir so sehr gewünscht, dass ich an der Preisverleihung in Lusaka hätte teilnehmen können, aber wenn es geklappt hätte, hätte ich Botschafter Dunn niemals kennengelernt. Und jetzt war es eine solche Freude, ihm zu begegnen. Er wurde mein Freund und ein Förderer meiner Arbeit in Sambia.

Nachdem ich meine offiziellen Pflichten an diesem Tag erfüllt hatte, brachten meine Freunde mich so schnell wie möglich ins Krankenhaus, wo ich sofort aufgenommen wurde. Wie jeder, der in einem Malariagebiet lebt, weiß, wird die Krankheit, wenn man nicht schnell behandelt wird, sehr schlimm. Malaria wäre zwar vermeidbar, ist aber nach wie vor ein Killer, der jedes Jahr etwa einen Million Menschenleben fordert, meist schwangere Frauen und Kinder auf dem schwarzafrikanischen Kontinent.[26] Malaria ist die Hauptursache für Anämie, zu niedriges Geburtsgewicht, Frühgeburten und Kindersterblichkeit. In schweren Fällen kann ein kleines Kind noch am selben Tag, an dem es von einem infizierten Moskito gestochen wurde, sterben. Und obwohl es diese Krankheit bei uns seit Urzeiten gibt, haben wir noch immer keinen Impfstoff dagegen. Malaria bedroht noch immer über die Hälfte der Weltbevölkerung in einhundertneun Hochrisiko-Ländern.[27] Das Frustrierendste an Malaria aber ist, wie leicht sie zu verhindern wäre, denn schon ein Moskitonetz für sechs Dollar vierzig und das zweimal jährliche Aussprühen des Hauses für sieben Dollar fünfzig tragen viel zum Schutz vor einer Infektion bei.[28]

Für HIV-Infizierte ist eine Malaria-Infektion besonders gefährlich – man könnte es als eine Art doppelten Fluch bezeichnen. Die Malaria kann die HIV-Infektion verschlimmern und die HIV-Infektion beeinträchtigt ihrerseits die Reaktion des Körpers auf die Standard-Malariabehandlung.[29] Dabei ist eine sofortige Behandlung sehr, sehr wichtig, ja entscheidend. Leider hatte ich damals einen sehr schweren Anfall und die Diagnose fiel denn auch entsprechend aus: Es bestand die Gefahr, dass die Malaria das Hirn erreichte und das ist hochgefährlich.

Ich lag auf dem schmalen Bett im Krankenhaus, schwer krank, und betete: »Ich werde nicht sterben, bevor ich tot bin.« Ich wollte unbedingt gesund werden. Als die Ärzte mein Gebet hörten, dachten sie, die Malaria hätte bereits mein Hirn erreicht und ich läge im Delirium. Ich musste eine Woche im Krankenhaus bleiben, doch ich wusste, dass es mehr als einen Malariaanfall brauchte, um mich umzubringen – jetzt, wo sich meine Träume erfüllten.

Die Menschen konnten es nicht fassen, wie ich in dieser Situation, mit Malaria und HIV im Krankenhaus liegend, sagen konnte, dass meine Träume wahr wurden.

Doch auf irgendeine Weise war die HIV-Infektion für mich zu einem verkappten Segen geworden, der meine Träume tatsächlich wahr werden ließ. Das Virus lehrte mich, dass es möglich ist, jede Situation umzukehren, ja, dass selbst ein Fluch zu einem Segen werden kann – es hängt nur von unserer Entscheidung ab, wie wir auf die Herausforderungen des Lebens reagieren. Ich war fest entschlossen, keinen Zusammenbruch, sondern einen Durchbruch zu erleben.

Als ich wieder aus dem Krankenhaus entlassen war, gingen die Segnungen weiter. Durch den Gewinn des Preises und meinen wachsenden Bekanntheitsgrad durch *Positive Living* wurde ich in Sambias Rundfunkwelt bekannt. Der Zweigstelle des ZNBC in Kitwe gefiel meine Arbeit. Sie boten mir ebenfalls eine Sendung an, und so konnte ich noch mehr Menschen erreichen. Daraufhin dauerte es nicht mehr lange, bis *Positive Living* landesweit von ZNBC ausgestrahlt wurde. Meine Sponsoren dabei waren die UNICEF, und zwar durch eine Organisation namens CHEP – Copperbelt Health Education Program – und die internationale Hilfsorganisation Oxfam.

Doch das war noch nicht alles. Der Informationsbedarf der Menschen war so groß, dass schon bald der Wunsch laut wurde, meine Sendung nicht nur in Englisch, sondern auch in anderen Sprachen auszustrahlen. So schrieb zum Beispiel eine Großmutter an den ZNBC, dass ihre beiden Kinder und fünf ihrer sechs Enkel an dem Virus gestorben seien. Auch das sechste Kind sei krank. Freunde hatten ihr erzählt, dass meine Sendung ihr helfen konnte, aber sie verstand kein Englisch und bat deshalb darum, dass sie auch in anderer Sprache zu hören war. Bald darauf wurde *Positive Living* in sieben einheimischen Sprachen und in Englisch gesendet. Zu unserer Überraschung erfuhren wir, dass man uns außerdem jenseits der Landesgrenze, in Tansania, Malawi und Simbabwe zuhörte, denn auch aus diesen Ländern riefen Hörer an oder schrieben uns Briefe.

Die ZNBC-Studios waren sehr viel besser ausgestattet; wir hatten sogar den Luxus, dass uns Techniker zur Verfügung standen. Die Sendung wurde jede Woche mit folgenden Worten angekündigt: »Sie hören Positive Living. Dies ist eine Sendung, in der Sie und ich über unsere Gedanken, Sorgen und Erfahrungen mit HIV und Aids sprechen können. Vergessen Sie nicht, HIV betrifft uns alle, und hören Sie unsere Gastgeberin, Princess Kasune Zulu.« Dieser Ankündigung folgte die Erkennungsmelodie von *Positive Li-*

ving, ein Titel von Norman Brown. Gegen Ende jeder Sendung konnten die Hörer dann anrufen. Außerdem veröffentlichten wir Kontaktadressen, falls uns jemand schreiben oder mailen und Fragen stellen oder Vorschläge machen wollte.

Kürzlich fielen mir ein paar alte Skripte zu *Positive Living* in die Hand, die irgendwie überlebt haben. Das eine war ein Papier für eine Sendung mit dem Thema *HIV und seine Behandlung* – ein Thema, das im Laufe der Zeit zu meiner Leidenschaft geworden war. Ein anderes Skript betraf zu meiner Überraschung eine Sendung, in der ich Dr. Phiri zu Gast hatte. Damals sprachen wir über die Entstehungsgeschichte von HIV, die Fortschritte, die in der Forschung gemacht wurden, über Behandlungsmöglichkeiten und darüber, was noch zu tun war.

Andere Themen umfassten Malaria, HIV und Aids, den Kampf der Frauen gegen HIV und Aids, die Rolle der Männer, die Rolle nichtstaatlicher Organisationen, die Reaktion des Nationalen Aids Council. Es ging um traditionelle Heiler und HIV, die Vermeidung der Übertragung von HIV von der Mutter auf das Kind, die Rolle der Kirche, HIV am Arbeitsplatz, Tuberkulose und Aids, Aids-Verhütung und um die Übertragung von Aids.

In einer Sendung hatten wir ein interreligiöses Gremium zu Gast, darunter einen Pastor, einen Hindu-Geistlichen, den Führer der Bahai-Religion und einen islamischen Theologen. Es war beeindruckend zu hören, wie jeder einzelne dieser frommen Männer gestand, dass sie HIV und Aids früher geleugnet hatten. Sie waren der Ansicht gewesen, die Krankheit beträfe sie nicht, und jetzt mussten sie feststellen, dass sie ihre Gläubigen dahinraffte. Darüber hinaus hatten die Sorge für die Kranken und die vielen Begräbnisse ihre Arbeitsbelastung beträchtlich erhöht. Inzwischen kannten sie die entscheidende Rolle, die jeder Religion, jedem Glauben im Kampf gegen HIV zufällt.

Für mich gab es nichts Aufregenderes, als wenn Angehörige verschiedener Religionen zusammenkamen, um über ein Thema zu sprechen, das von manchen als die größte Herausforderung für die Menschheit überhaupt bezeichnet wurde. Das war mein größter Wunsch gewesen. Als ich damals aus der Gemeinde ausgeschlossen wurde, war ich überzeugt gewesen, dass man mich zurückholen würde, auch wenn es Wochen oder gar Jahre dauern konnte. Dieser Zeitpunkt war jetzt gekommen. Die Worte von Hesekiel fielen mir ein. Meiner Ansicht nach war die Kirche zur Wächterin berufen; sie trug die Verantwortung, in die Posaune zu stoßen und ihre Gläubigen vor der schrecklichen Krankheit zu warnen (vgl. Hes 33,3). Wenn wir als Kirche beschließen zu schweigen, müssen wir zur Verantwortung gezogen werden. Die Kirche hat die Aufgabe, die Trauernden zu begleiten, den Leidenden beizustehen, die Verzweifelten zu trösten. In jeder Glaubensrichtung finden sich Texte oder Lehren, die auf die Sorge für die Armen und das Eintreten für die Unterdrückten abzielen – darauf, sich für die stark zu machen, die keine Stimme haben. Ob Hinduismus, Judentum, Islam oder Buddhismus, das Faszinierende und Ermutigende ist, dass wir alle aufgerufen sind, den Geringsten unserer Brüder Liebe und Mitgefühl entgegenzubringen.

Als Glied des Leibes Jesu hat jeder Einzelne von uns den Auftrag, zu tun, was unser Herr getan hätte. Jeder von uns hat eine Aufgabe, eine Bestimmung. Wir sind die Stimme, die Hände und Füße, auf die Jesus sich verlässt. Jede Religion, jede Glaubensgemeinschaft muss ihre Rolle im Kampf gegen HIV und Aids und gegen die Ursachen dieser Krankheit übernehmen.

Aus diesen Gründen war der Tag, an dem ich Vertreter der verschiedenen Religionen zu Gast hatte, ein besonders freudiger Tag für mich; ihre Anwesenheit machte mir nicht nur neuen Mut, ich hatte auch das Gefühl, als bräche nun eine neue Ära für die Kirche in Sambia an. Denn damals begann sich die Kirche in Sambia, ja in ganz Schwarzafrika, endlich wirklich zu engagieren. Während die Kirche sich wieder neu auf ihre Rolle als Wächterin besann, wurde ich von zahlreichen Gemeinden eingeladen, vor ihren Mitgliedern zu sprechen. Langsam aber sicher erkannte die Kirche, dass sie sich der Realität stellen musste, denn das Virus saß bereits in ihren Kirchenbänken und predigte von ihren Kanzeln. Ich bin froh, sagen zu können, dass sich heute die Geistlichen aller Religionen am Kampf gegen die Krankheit beteiligen.

Positive Living nahm ständig an Beliebtheit zu und ich wurde eine immer bessere Radiomoderatorin. Eine der vielen Geschichten, die ich erlebte, werde ich nie vergessen; sie hat mich besonders berührt.

Eine Hörerin wollte mich sehen; sie schien in großer Bedrängnis zu sein. Im Studio bat sie darum, zu Princess von *Positive Living* gebracht zu werden. Als der Mitarbeiter auf mich deutete, sagte sie enttäuscht: »Nein, nicht das junge Mädchen da. Ich muss Princess, die Radiomoderatorin, sehen.«

Als wir sie endlich von meiner Identität überzeugt hatten, suchten wir uns ein ruhiges Plätzchen. Dort brach sie zusammen, weinte und sagte, dass sie HIV-positiv sei. Sie war fünfundfünfzig und davon ausgegangen, dass wir etwa gleichaltrig seien. »Princess, ich wusste nicht, dass Sie so jung sind. Ich wollte mich umbringen. Ich wusste einfach nicht, wie ich mit dieser Diagnose weiterleben sollte. Und da sind Sie, so jung und so weise und so anmutig. Sie haben Ihr ganzes Leben noch vor sich, haben noch so viel, worauf Sie sich freuen können, und so viel zu verlieren. Wenn Sie positiv leben können, kann ich es auch.«

Die Geschichten anderer Menschen zu hören und meine eigene zu erzählen, gab mir Kraft und Mut. Ich wollte kein Opfer werden. Ich hielt mich an Sprüche, die mir guttaten: »Was dich nicht umbringt, macht dich stark« oder »Ich werde keinen Zusammenbruch, ich werde einen Durchbruch erleben«, und sagte sie mir fast täglich, sagte sie auch meinen Hörern. HIV mochte mir meine Eltern und meine Schwester genommen haben, doch ich betrachtete das Virus als persönliche Herausforderung. Meine Entschlossenheit, etwas zu bewirken, ein Vermächtnis zu hinterlassen, jeden einzelnen Tag so positiv wie möglich zu leben, nahm immer weiter zu. Ich vergaß nie, dass HIV nur ein Besucher in meinem Körper war.

Ich bin nach wie vor fasziniert von der Macht des Radios. Dieses Medium erlaubt es den Hörern, ihre Hoffnungen und Ängste anonym zum Ausdruck zu bringen, und doch kann ihre Geschichte zugleich einem riesigen Publikum zugute kommen. Nach Berichten der Vereinten Nationen haben in Afrika zwar viele Menschen keinen Zugang zu sauberem Wasser, doch irgendwie besitzen die meisten ein Radio. Selbst wenn dieses Radio schon alt ist, die Kabel überall heraushängen und ein Kleiderbügel als Antenne dient, bringen die Menschen es immer irgendwie zum Funktionieren. Ich weiß noch, wie mein Großvater eine Kalebasse als Lautsprecher um einen alten Rundfunkempfänger legte, sodass wir Radio hören konnten. In einem Land wie Sambia, das kaum Infrastruktur besitzt, in dem nur wenige Menschen Zugang zum Fernsehen oder zu Zeitungen haben und in dem über siebzig Sprachen gesprochen werden, ist das Radio eine gewaltige Waffe zur Bildung, Informationsvermittlung und Ermutigung.

Joy und Faith hörten weiterhin ihre Bamaa im Radio. *Positive Living* inspirierte sie, selbst aktiv zu werden. Es war einer der stolzesten Tage meines Lebens, als sie mir erzählten, dass sie ein Lied gedichtet hätten, das sie gern in *Positive Living* singen würden.

»Ein Lied? Wirklich? Wie wäre es, wenn ihr es erst einmal für mich singt?«, fragte ich sie.

Damals hörte man in Sambia an allen Ecken und Enden einen Aufklärungssong über HIV und Aids, den die Mädchen für mich und die Sendung adaptiert hatten. Da standen sie, meine kleinen Mädchen, inzwischen fünf und sechs Jahre alt, und versuchten, die Auswirkungen des Virus zu verstehen, das die Bevölkerung ihres Landes dahinraffte und dessentwegen ihre Bamaa so oft nicht zu Hause war. Sie fingen an zu singen: »Willy, Willy, sei nicht dumm, HIV und Aids sind Wirklichkeit. Väter und Mütter, seid nicht dumm, HIV und Aids sind Wirklichkeit. Jungs und Mädchen, seid nicht dumm, …«

So hatten sich meine kleinen Mädchen einen Song ausgedacht, um auf ihre ganz eigene Weise mit den Menschen über Aids zu sprechen. Ich war sehr stolz auf sie, als ich sagte:»Ja, ich würde mich freuen, wenn ihr den Song in meiner Sendung singen würdet.«

Zufällig hatte ich eine Sendung, in der kein Gast eingeladen war, und an diesem Abend durften Joy und Faith als meine Gäste ins Studio kommen.»Meine Mädchen«, sagte ich zu ihnen,»das ist ein sehr langes Radioprogramm und ihr werdet die ganze Zeit bei mir im Studio bleiben müssen. Meint ihr, ihr könntet auch ein paar Fragen beantworten?«

Sie waren sehr aufgeregt bei dieser Aussicht. Schließlich kam der Abend, an dem sie mich zum Sender begleiteten. Als sie etwas nervös anfingen zu singen, barst mein Herz beinahe vor Stolz. Als sie fertig waren, fragte ich sie:»Warum ist HIV eine tödliche Krankheit?«

»Es gibt kein Heilmittel dagegen und man bekommt es, wenn man mit Jungs herumspielt«, antworteten sie.

Selbstverständlich übertraf die Reaktion der Hörer auf die Mädchen alles, was wir bisher erlebt hatten.

Moffat und ich hatten beinahe Ehrfurcht vor unseren schönen Töchtern. Sie lehrten mich, die Fähigkeiten von Kindern nicht zu unterschätzen, und zeigten mir, wie viel Kinder einfach dadurch lernen, dass sie uns beobachten. Als Dr. Phiri Joy und Faith im Radio hörte, wollte er, dass die ganze Familie Zulu in seiner Fernsehshow auftrat. Wir waren einverstanden. Ich dachte, dass wir zusammen die Möglichkeit hätten, eine echte, umfassende, weitreichende Verhaltensänderung bei den Menschen herbeizuführen.

Der erste Auftritt unserer Familie in der ZNBC-Sendung *Your Health Matters* bewegte die Herzen und Köpfe Sambias. Es machte einen starken Eindruck auf die Menschen, dass ein verheiratetes

Paar seinen HIV-Status auf diese Weise öffentlich bekannte – vor allem in jener Zeit. Doch wir beschränkten uns nicht auf Gespräche mit Erwachsenen; Moffat, Joy, Faith und ich ermutigten die Sambier auch, mit Kindern über HIV und Aids zu sprechen. Wir wussten, wie wichtig es war, wenn die Eltern mit ihren Kindern sprachen, solange diese noch klein waren. Wir haben ein Bemba-Sprichwort: *imiti ikula* – »aus dem Baum wird irgendwann ein Wald«. Das bedeutet, dass unsere Kinder unsere Zukunft sind und dass wir sie schützen müssen und die Verantwortung dafür tragen, dass sie gesund heranwachsen können.

Der zweite Vorteil, den das Fernsehen dem Radio gegenüber hatte, war, dass die Menschen uns sehen konnten; sie konnten sehen, dass Moffat und ich gesund wirkten und keine sichtbaren Symptome der Krankheit aufwiesen. Das half uns, den Mythos zu bekämpfen, dass man einem Menschen seinen HIV-Status ansehen könne. Wir wurden schon bald eingeladen, in Kirchen und großen Hallen im ganzen Land zu sprechen und zu singen.

Ich war mir der Tatsache bewusst, dass ich vielleicht nicht lange genug leben würde, um Joy und Faith bis ins Erwachsenenalter zu begleiten, doch als ich sah, wie sie auf die Informationen über HIV und Aids reagierten, war ich getröstet, weil ich wusste, dass sie immer zurechtkommen würden. Jede Mutter hätte in meiner Situation bestimmt den innigsten Wunsch, dass ihre Kinder die Botschaft der Eltern verinnerlichen; man möchte ganz sichergehen, dass sie nicht denselben Fehler machen wie ihre Eltern. Während ich immer wieder miterlebte, wie Joy und Faith sangen und Fragen beantworteten, war ich von Freude und Stolz erfüllt. Ich bin Gott ewig dankbar dafür, dass er mich für würdig erachtete, ihre Mutter zu sein – ein Geschenk, das mich täglich staunen lässt und demütig macht.

Meine Vision für die Welt

Wenn ich das Haus verlasse, trage ich eigentlich so gut wie immer zwei Accessoires: Das eine sind Bamaas Elfenbeinarmreifen, das andere ist eine rote Schleife, die irgendwo an meiner Kleidung befestigt ist. Eines Tages, im Jahr 2001, erregte diese rote Schleife die Aufmerksamkeit eines Mannes, der geschäftlich in den ZNBC-Studios in Kitwe zu tun hatte. Der Fremde stellte sich mir vor und fragte, was ich über die Kampagne, deren Wahrzeichen die rote Schleife war, wüsste. Als ich ihm sagte, es sei ein Symbol für das Bewusstsein für HIV und Aids und für meine Sorge um die Menschen, die mit dem Virus lebten, wirkte er sehr interessiert. Ich erklärte ihm weiter, dass die rote Schleife nicht verknotet, sondern nur zu einer Schleife gefaltet sei – als Symbol für eine Reise, für Hoffnung und Fortschritt und für die Tatsache, dass Aids uns nicht aufhalten kann, dass wir weiterkämpfen und unsererseits die Krankheit aufhalten werden.

Der Mann, der sehr gebildet wirkte, schien beeindruckt von meinem Wissen und setzte das Gespräch fort. Als ich ihn fragte, für wen er arbeitete, antwortete er: »*World Vision*.« Ich hatte diesen Namen schon gehört; ich dachte, ich hätte Mitarbeiter der Organisation einmal im Fernsehen gesehen, wo sie in einer Gemeinde Rollstühle verteilten, und ich kannte ihre Radiowerbung: »*World Vision* Sambia, wo unserer Überzeugung nach jedes einzelne Kind das Recht auf ein Leben in seiner ganzen Fülle hat. Wir bei *World Vision* wissen, dass Sie und ich, was HIV und Aids betrifft, das Ruder herumreißen, das Schweigen brechen, der Stigmatisierung ein Ende bereiten und die Diskriminierung zum Verstummen bringen können, indem wir vernünftig und einfühlsam über HIV und Aids reden.«

Es schien eine Art Menschenrechtsorganisation zu sein, die den Sambiern half, vor allem den Kindern und den an HIV und Aids Erkrankten. Ich war sofort fasziniert und überlegte, ob dieser Mann vielleicht auch den Waisen und gefährdeten Kindern von *Fountain of Life* helfen konnte.

»Interessant«, sagte ich. »Sie sind von *World Vision* und ich habe eine Vision für die Welt! Wären Sie bereit, mir Ihre Karte zu geben, damit ich mich mit Ihnen treffen und Ihnen mehr über meine Arbeit erzählen kann?«

»Sie scheinen mir etwas ganz Besonderes zu sein, junge Dame«, sagte der Mann mit echter Neugier in der Stimme.

»Aber es ist rein geschäftlich«, antwortete ich, besorgt, dass er meine Absichten womöglich missdeuten könnte. Immerhin ist es in unserer Kultur höchst ungewöhnlich, dass eine junge Frau so offen auf einen fremden Mann zugeht, der älter ist als sie.

Der Name auf der Karte war *Fordson Kafweku*. Darunter stand *Area Manager, Zamtan Area Development Program, World Vision*. Ich wusste zwar nicht ganz genau, was das bedeutete, doch Fordson Kafweku bat mich, anzurufen, damit wir ein Treffen vereinbaren konnten.

Ich rief ihn bald darauf an und wir setzten eine Zeit und einen Ort für ein Treffen fest. *Fountain of Life* in Luanshya existierte zwar noch, doch die Schule kämpfte ständig um Geldmittel. Ich sah unserem Treffen mit großen Erwartungen entgegen und hoffte, *World Vision* würde den Schülern helfen können. Als der vereinbarte Zeitpunkt gekommen war, erzählte ich Fordson alles über die Schule, die damals von etwa sechzig Schülern besucht wurde. Ich sagte ihm auch, dass mein Mann und ich die Schule mit unseren eigenen spärlichen Mitteln gegründet hatten, dass ihr Fortbestehen jedoch in letzter Zeit gefährdet war.

Geldmittel für die Schule aufzutreiben, war tatsächlich zu einer großen Herausforderung geworden, zumal Moffat jetzt sehr viel weniger verdiente als früher. Doch da die Kinder uns sehr am Herzen lagen, hatte die Schule weiterhin Priorität für uns. Moffat war großzügigerweise einverstanden gewesen, dass unser Haus im Lantana Drive 25 der Schule bis auf Weiteres zur Verfügung stand. Die Leute hielten ihn für verrückt, aber in unseren Augen war es richtig so. Mutter Teresa hat einmal gesagt: »Es ist ein Armutszeugnis zu beschließen, dass ein Kind sterben muss, nur damit Sie leben können, wie Sie es sich wünschen« – und so dachten wir auch.

Außer über *Fountain of Life* erzählte ich Fordson auch von meinem HIV-Status und *Positive Living* und wie sehr ich mir wünschte, das Schweigen zu brechen und für die Änderungen zu kämpfen, die die Betroffenen so dringend brauchten. Fordson ging auf und ab, während er zuhörte. Er sagte, dass er meinen Mut und meine Freude bewundere. »Wissen Sie was?«, sagte er und sein Gesicht schien plötzlich zum Leben zu erwachen. »Ich habe eine Idee. Vielleicht können Sie für uns arbeiten.«

»Meinen Sie wirklich?«, fragte ich. Ich war richtiggehend schockiert. An so etwas hatte ich nie gedacht. Ich hatte schon immer empfunden, dass ich eine Vision für die Welt hatte, und nun wurde ich gebeten, für *World Vision* zu arbeiten! Angesichts unserer beengten finanziellen Zwangslage kam uns diese Aussicht natürlich sehr gelegen. Einerseits war ich zwar enttäuscht, weil er mir nicht direkt anbot, *Fountain of Life* zu unterstützen, doch dann sagte ich mir, dass Arbeit und die Möglichkeit, Geld zu verdienen, meinen Wissensstand erweitern und mir neue Chancen verschaffen würden. Und einen Teil des so verdienten Geldes konnte ich dann in die Schule stecken.

Fordson nannte mir auch den Namen des Mannes, der das alles in die Wege leiten konnte: Dr. Nimo in Lusaka. Dr. Nimo müsste dafür sorgen, dass eine Stelle für mich geschaffen wurde, doch er sei ein guter Mann, meinte Fordson, und die an HIV und Aids Erkrankten lägen ihm sehr am Herzen.

Ich fragte mich, warum Fordson mich einstellen wollte, obwohl er mich doch erst so kurz kannte. Er erklärte es mir: »Meiner Ansicht nach passt Ihre Geschichte perfekt zur Arbeit von *World Vision*. Man begegnet nur selten jemandem, der bereit ist zuzugeben, dass er HIV-positiv ist. Ich bin sicher, Dr. Nimo wird alles tun, was in seinen Kräften steht, damit es klappt.«

Ich hatte das Gefühl, dass die Leute, die für *World Vision* arbeiteten, alle sehr gebildet waren, und das war ich nicht. *Ob er mich wirklich einstellt?*, fragte ich mich später. Doch ich behielt den Kopf oben und klammerte mich an die so fest in meinem Herzen verankerte Überzeugung, dass Gott mir eine Vision für die Welt gegeben hatte. Wenn es sein Wille war, würde es klappen. Gott ist der Gott der Möglichkeiten.

Leider dauerte es eine ganze Weile, bis eine Entscheidung gefällt wurde. Ich arbeitete weiter auf ehrenamtlicher Basis bei CHEP, das *Positive Living* noch immer unterstützte. Die letzten Jahre hatte ich unabhängig gearbeitet, doch bei CHEP erfuhr ich allmählich etwas über breiter angelegte Ansätze und Kampagnen, die viele Menschen erreichten. Ich hatte zwar keine Ausbildung, was HIV und Aids betraf, doch ich war auf dem besten Weg, mir umfangreiche praktische Kenntnisse über sämtliche Aspekte des Virus anzueignen, sowohl innerhalb von CHEP als auch auf anderem Wege.

Bei CHEP arbeiteten wir mit einem Prinzip, das wir GIPA nannten – Greater Involvement of People Living with HIV and Aids (stärkere Einbeziehung von Menschen mit HIV und Aids). In unseren Richtlinien hieß es: »Menschen, die mit HIV leben, verstehen die Situation der Betroffenen besser als alle anderen. Sie können einander am besten raten und ihre Bedürfnisse auch am besten vor den verantwortlichen Foren vertreten, in denen Entscheidungen über sie getroffen und Strategien zur Bekämpfung ihrer Krankheit festgelegt werden.«[30] Dieser Gedanke stammte aus dem Jahr 1983, aus den Vereinigten Staaten, und beim Aids-Gipfel 1994 in Paris erklärten zweiundvierzig teilnehmende Länder GIPA zur entscheidenden Grundlage für einen ethisch motivierten und effektiven nationalen Umgang mit der Epidemie. Es war meine erste Berührung mit einem strategischen Vorgehen gegen HIV und ich fand es faszinierend.

Ich lernte weiter und las alles, was ich in der Bibliothek von CHEP in die Hände bekam. Ich arbeitete auch mit ein paar Freunden und lokalen Ärzten zusammen; unser Ziel war es, eine Organisation mit dem langen Namen African Extended Familiy System Support for Orphans and Vulnerable Children (AFEFSSOVC) zu gründen. Aufgabe dieser Organisation sollte es sein, die Auswirkungen des Virus auf die Straßenkinder zu lindern. Unterstützt wurden wir dabei vor allem von Irish Aid. All diese Arbeit hatte meinen Wissensstand beträchtlich erweitert und mir einen Einblick in die Arbeitsweise von Organisationen verschafft. Ich erkannte, dass dieses Wissen mir nicht nur bei meiner derzeitigen Arbeit half, sondern auch eine gute Vorbereitung für eine eventuelle Aufgabe bei *World Vision* war.

Die ganze Zeit über blieb ich mit Fordson in Verbindung, und eines Tages begleitete ich Dr. Nimo sogar zum Zamtan Area Development Program. Ebenfalls anwesend war ein Arzt aus den Vereinigten Staaten. An diesem Tag erfuhr ich, dass Zamtan eine Barackensiedlung ist, die Heimat von siebzehntausend Menschen, die in verrosteten Wellblechhütten oder manchmal auch billigen Ziegelbauten hausen. Die Township hatte als illegale Ansiedlung begonnen und war auf einem Gebiet errichtet worden, das nicht im Entferntesten zum Wohnen geeignet war. Die Einwohnerschaft war ursprünglich aufgrund der inzwischen nicht mehr existenten Zambia-Tanzania Road Services so stark angewachsen. Als die Firma sich irgendwann auflöste, hatten die Arbeiter keinerlei Möglichkeit mehr, Geld zu verdienen. Viele hatten nicht einmal genügend Geld, um in ihre Dörfer zurückzukehren, und so kam es, dass sie einfach das unwirtliche, lebensfeindliche Land besetzt hielten.

Im Laufe der Zeit zogen die Familien und Freunde der Besetzer ebenfalls hierher, doch es wurde keine Infrastruktur entwickelt. Die Menschen lebten unter armseligen Bedingungen mit völlig unzulänglichen sanitären Einrichtungen, verschmutztem Trinkwasser und ständiger Nahrungsmittelknappheit. Die Kinder bekamen keinerlei Schulbildung; es gab auch keine medizinischen Einrichtungen. Fünfundzwanzig Prozent von Zamtans Bevölkerung waren unter fünf Jahre alt.

Jahrelang blieben die Bewohner von Zamtan in dem staubigen, trostlosen, überfüllten Niemandsland stecken wie in einer Falle. Die Stadt Kitwe lag nur gut zehn Kilometer entfernt, ihre Skyline war vom Gelände von Zamtan aus sichtbar, ebenso wie der Rauch aus der Kupfer-Schmelzhütte, in der ein paar der Bewohner arbeiteten, und dennoch genossen die Einwohner von Zamtan keinen der Vorteile des Stadtlebens. Ebenso wenig kamen ihnen die Vorzüge des ländlichen Lebens zugute, denn sie lebten auf engstem Raum zusammengepfercht und hatten kein Land, das sie bestellen konnten. Sie waren sozusagen geistig erstarrt in der Hoffnung auf einen städtischen Lebensstil, den zu erlangen nicht ihrer Macht stand. Man bezeichnete solche Menschen als *peri-urban dwellers*, Bewohner des städtischen Hinterlands.

Ich erkannte sofort die Herausforderung, die sich mir persönlich hier stellte. Die meisten Einwohner dieser Barackensiedlung gehörten zu den siebenundachtzig Prozent[31] der Bevölkerung meines Landes, die sich mit einem Einkommen durchschlugen, das unter der im Jahr 2008 von der Weltbank festgesetzten Armutsgrenze von 1,25 Dollar am Tag lag. Falls Sie jetzt denken, dass 1,25 Dollar in Sambia vielleicht mehr wert ist als in anderen Ländern, überlegen Sie bitte kurz. Die Weltbank passt diese Zahl so an, dass sie der Menge an Nahrungsmittel- und Lebensbedarf entspricht, die man in den Vereinigten Staaten für 1,25 Dollar kaufen kann.[32]

Extreme Armut gibt es nur in den Entwicklungsländern. In extremer Armut zu leben bedeutet, dass ein Haushalt sich nicht einmal die zum Überleben grundlegenden Dinge leisten kann. Diese Menschen sind ständig hungrig, haben keinerlei medizinische Versorgung, keinen Zugang zu Trinkwasser und sanitären Anlagen, können ihre Kinder nicht zur Schule schicken und ihnen fehlt sogar der rudimentärste Schutz – ein Dach über dem Kopf gegen den Regen, ein Kamin, der den Rauch ableitet – und grundlegendste Kleidungsstücke wie zum Beispiel Schuhe. Dies war die Lage der Menschen in Zamtan.[33]

Man sagte mir, dass *World Vision* gemeinsam mit anderen internationalen Hilfsorganisationen wie Oxfam, Care, Save the Children, mehreren UN-Behörden, dem Roten Kreuz, Ärzte ohne Grenzen und einigen christlichen und lokalen Vereinigungen für die ärmsten Gemeinden in den ärmsten Ländern der Welt arbeitet. In Zamtan hatte *World Vision* mit finanzieller Unterstützung durch US-Bürger damit begonnen, die Bewohner zu fragen, welche Art von Unterstützung sie brauchten. Es war keine Überraschung, dass ganz oben auf der Liste Zugang zu Trinkwasser, sanitäre Anlagen und eine Schule standen. Durch *World Vision* wurden die Bewohner von Zamtan mit den Grundregeln kommunaler Selbstverwaltung, der Förderung des Unternehmertums durch Kleinstunternehmerkredite und (in dem Teil Zamtans, in dem ein wenig mehr Land zur Verfügung stand) nachhaltigen landwirtschaftlichen Bewirtschaftungsmethoden bekannt gemacht.

Das Ziel von *World Vision* ist es, die Gemeinden unabhängig zu machen, sodass die Menschen allmählich – in einem Zeitraum von zehn bis fünfzehn Jahren, je nach den jeweiligen Voraussetzungen – auf die Unterstützung von Hilfsorganisationen verzichten können. So wird eine Gemeinschaft stark und lernt, sich selbst zu verwalten. Die verschiedenen Hilfsorganisationen arbeiten zu diesem Zweck gemeinsam an unterschiedlichen Projekten, und wenn es zu einer Krise kommt – einer Nahrungsmittelknappheit oder einer Naturkatastrophe – springen sie in ihrem jeweiligen Spezialgebiet ein und stellen Wasser, sanitäre Anlagen oder medizinische Hilfe zur Verfügung. Leider wurde diese Arbeit der Hilfsorganisationen durch das Virus stark beeinträchtigt; es machte in langjährigem Einsatz erzielte Fortschritte zunichte und beraubte die Gemeinschaften ausgerechnet ihrer fähigsten und produktivsten Mitglieder.

An dem Tag, an dem ich Dr. Nimo und den Amerikaner begleitete, führten die Kinder ein paar Sketche für ihre Gäste auf, um ihnen für ihre Unterstützung zu danken. Später erfuhr ich, dass solche Aufführungen das wichtigste Medium für Menschen sind, die wenig oder gar nichts besitzen, um ihren Dank zum Ausdruck zu bringen. Zugleich sind sie, wie wir feststellten, eine gute Möglichkeit, Menschen zu informieren und zu bilden.

Länder mit Ressourcen, deren Einwohner Zugang zu Fernsehen oder anderen Medien haben, können sich breite, von der Regierung finanzierte Informationskampagnen leisten. Australiens schockierende Schnitter-Tod-HIV- und Aids-Kampagne aus dem Jahr 1987 wurde weltberühmt, weil sie das ganze Land so aufschreckte, dass allen klar wurde, dass das Leben jedes einzelnen Menschen auf dem Spiel stand.[34] Die Grim-Reaper-Kampagne und die damit verbundenen Gesundheitskampagnen waren so erfolgreich, dass heute nicht einmal mehr fünfzehntausend Menschen in diesem Land mit dem Virus infiziert sind.[35] Ich habe gehört, dass zur Zeit der Entstehung des vorliegenden Buches die Menschen in vielen entwickelten Ländern wieder leichtsinniger geworden sind, sodass die deutsche Regierung dabei ist, eine neue schockierende Kampagne gegen Aids zu starten, in der Hitler als das Gesicht von Aids gezeigt wird. Doch in einer armen, übervölkerten Gemeinschaft, in der das Radio das einzige einem etwas größeren Personenkreis zugängliche Medium ist und die wenigen Medienprogramme über das Virus weithin ignoriert werden, sollten erzieherische kleine Theaterstücke und Sketche, von den Angehörigen der jeweiligen Gemeinschaft selbst aufgeführt, unsere beste Waffe gegen HIV und Aids werden.

Ich hatte zwar keine offizielle Funktion bei *World Vision*, doch Dr. Nimo bat mich, trotzdem vor den Leuten zu sprechen. Ich wollte darüber sprechen, wie wichtig es ist, dass wir alle unser Verhalten ändern, um HIV und Aids vorzubeugen, und für meine Zuhörer war es wichtig zu sehen, dass jemand öffentlich bekannte, selbst HIV-positiv zu sein. Ich wusste, dass es nicht leicht werden würde, aber ich wusste auch, dass ich stark sein und fest auftreten musste. Ich wandte mich zunächst an die Männer, sagte ihnen, dass die promiskuitive Zeit vorüber sei, und warnte sie, dass sie nicht wissen konnten, wer das Virus möglicherweise in sich trug – dabei deutete ich auf mich selbst als Beispiel. Dann ermutigte ich die Frauen, sich zu wehren und selbst zu schützen. Sowohl die Männer als auch die Frauen schienen meine Botschaft positiv aufzunehmen, doch ich wusste auch diesmal, dass es mehr als eine Runde Applaus braucht, um eine echte Verhaltensänderung herbeizuführen.

Als wir anschließend über das Gelände fuhren, sagte mir Dr. Nimo, dass meine Ansprache ihn sehr beeindruckt habe. »Sie wären ein echter Gewinn für mein Team«, fuhr er fort und fügte hinzu, dass er alles tun wollte, dass ich aufgenommen würde.

Seine eigene Aufgabe war es, nach Mitteln und Wegen zu suchen, wie man alle Sambier, nicht nur die in der Barackensiedlung, über Aids aufklären konnte. Zwei der Schlüsselgruppen, erklärte er mir, seien die Fernfahrer und die Prostituierten an den Landesgrenzen.

Er bezeichnete das als »grenzüberschreitende Initiative« und beschrieb mir auch die Herausforderung, die darin bestand, die Fahrer zu erreichen, die auf ihren Fahrten verschiedene Länder durchquerten. Dabei waren bestimmte Länder und Landesgrenzen noch problematischer als unsere – und zwar die, in denen die Fahrer in amerikanischen Dollar bezahlt wurden, einer Währung, die für die Mädchen, die sich mehr schlecht als recht durchs Leben schlugen, besonders attraktiv war.[36]

Ich kann Ihnen gar nicht sagen, wie stolz ich war, als ich Dr. Nimo von meiner Geschichte als Anhalterin erzählte, sozusagen meiner höchst persönlichen Version einer »grenzüberschreitenden Initiative«. Ich war so stolz darauf, weil Gott mir, einem ungebildeten jungen Mädchen, einen Weg gezeigt hatte, Frauen zu schützen. Man stelle sich vor, dass ich eine Initiative gegründet hatte, die auch Ärzte und private Hilfsorganisationen für wichtig erachteten! Wieder einmal hatte Gott mir einen unglaublichen Weg gezeigt. Ich wusste, dass die Arbeit mit *World Vision* der perfekte Ausgangspunkt für meine eigenen Ziele war. Und wieder einmal war ich erfüllt von Kraft und Leidenschaft für das, was ich tat. Es gibt im Leben eines jeden Menschen immer wieder Ereignisse, die ihm die Kraft geben, weiterzumachen und das Ziel nicht aus den Augen zu verlieren – in meinem Leben war meine erste Fahrt nach Zamtan ein solches Ereignis.

Dr. Nimo und Fordson versuchten weiter, mir eine Stellung in ihrer Organisation zu verschaffen. Von Zeit zu Zeit riefen sie mich an, um mir Mut zu machen. Zum Glück verlor ich nicht den Glauben an die beiden, denn wenn meine Erinnerung mich nicht trügt, kam in dieser Zeit (Ende Mai 2001), noch vor meiner offiziellen Ernennung, Moffat eines Abends von seinem neuen Job in Kitwe nach Hause und sagte traurig: »Princess, sie haben mich wieder einmal entlassen.«

Mein Gottvertrauen war so groß, dass Moffats Neuigkeit mich kaum interessierte. »Das ist schon okay, Moffat, wir schaffen das schon«, versicherte ich meinem Mann. »Dass diese Tür sich geschlossen hat, muss nicht bedeuten, dass sich keine andere auftut. Wir werden bald eine andere gute Arbeit haben.« Ich wusste, dass Moffat sich große Sorgen machte, war jedoch so sicher, dass alles sich zum Guten wenden würde, dass mir nichts einfiel, was ich sagen oder wie ich ihn ermutigen und trösten konnte.

Es ist nicht leicht, auf das eigene Leben zurückzublicken und zu entscheiden, was man anders machen würde, wenn man die Möglichkeit dazu hätte. Heute weiß ich, dass ich Moffats Not nicht immer genügend Beachtung geschenkt habe. Er hatte die HIV-Diagnose nicht so gut verkraftet wie ich – und wer wollte ihm einen Vorwurf daraus machen? Er war immerhin in einer völlig anderen Lage als ich; er war ein Mann, für den viel auf dem Spiel stand und der für eine Familie sorgen musste. Ich hatte zwar keinerlei Erfahrung im Umgang mit meinem Zustand, doch irgendwie hatte Gott mich dafür gerüstet. Moffat dagegen war in keiner Weise darauf vorbereitet. Ich gab mir durchaus Mühe, aber zu manchen Zeiten hätte ich ganz entschieden mehr Mitgefühl für Moffat und seine Sorgen aufbringen müssen.

Trotz meines Zuspruchs ließ Moffat den Kopf hängen und wirkte völlig verloren. Zum Teil rührte seine Verzweiflung daher, dass er wusste, dass er seine Rolle als Versorger seiner Frau und seiner Kinder nun nicht mehr erfüllen konnte; wir würden Mühe haben, die Miete aufzubringen, und die Schule war ebenfalls in Gefahr. Doch es war noch mehr als das. Dies war schon der zweite Job, den Moffat verlor, seit er sich dazu bekannt hatte, dass er HIV-positiv war. Ich hatte ihn ermutigt, offen über seinen Status zu sprechen, und das hatte ein paar der Arbeiter, die noch immer falsch informiert waren und deshalb befürchteten, sich bei der Arbeit anzustecken, in Angst versetzt. Er war überqualifiziert für seine Arbeit und ein äußerst sorgfältiger Arbeiter, deshalb war es unwahrscheinlich, dass er wegen schlechter Leistungen entlassen wurde. Unserer Ansicht nach war Moffat entlassen worden, um die Ängste der anderen Arbeiter zu beschwichtigen oder aber, weil die Firma nicht für ihn zahlen wollte, wenn er krank wurde.

Irgendwann im folgenden Jahr las ich in der Zeitung, dass beinah 30 Prozent der Arbeitskräfte von Anglogold, einem südafrikanischen Minengiganten, mit dem Virus infiziert waren. Nun musste Anglogold für die Behandlung dieser Arbeiter aufkommen und dadurch steigerten sich die Produktionskosten pro Unze Gold von vier auf sechs Dollar. Noch wichtiger aber war, dass bei einer Zahl von 40 000 Arbeitnehmern, die gefährdet waren, pro Unze Gold mit weiteren neun Dollar Preissteigerung zu rechnen war, wenn die Arbeiter nicht behandelt wurden.[37] Dies war unser Feind – eine Epidemie von solchen Ausmaßen, dass sie den Goldpreis in die Höhe treiben konnte! In einer kleinen Mine wie der, bei der Moffat arbeitete, war der Arbeitgeber höchstwahrscheinlich nicht so fortschrittlich wie Anglogold und hielt es für einfacher, seine Arbeiter zu entlassen, als sie zu schützen und zu unterstützen.

Nicht lange nach Moffats abermaliger Entlassung erhielt ich einen Anruf von Dr. Nimo. Nimo fragte, ob er uns besuchen könne, und zwar mit einem Team aus Amerika, dem auch ein höherer Vertreter von *World Vision* angehörte – Ken Casey, ein Mann, der fortan in mehreren entscheidenden Momenten meines Lebens in Erscheinung treten sollte. Als der große Tag kam, fuhren sie mit ihrer Begleitmannschaft in mehreren Geländewagen vor. Es war eine große Ehre für uns, diese Gäste in unserem bescheidenen Heim willkommen heißen zu dürfen.

Wir quetschten uns alle in unser kleines Wohnzimmer in der Chimwemwe-Township in Kitwe. Meine Familie, einschließlich Joy und Faith, war völlig aus dem Häuschen; die unerschrockene Joy kletterte sofort auf den Schoß des *muzuungu-kaonde* – ein einheimischer Begriff für einen Weißen. Nach der allgemeinen Begrüßung und Vorstellung wurde ich gebeten, meine Geschichte zu erzählen, eine Bitte, die ich natürlich gern erfüllte. Danach sagte Ken zu Dr. Nimo: »In diesem Haus ist Gott am Werk.« Der Doktor stimmte ihm zu. »Ich bin froh, dass Sie mich so nachdrücklich auf diese junge Dame hingewiesen haben, Doktor«, fuhr Ken fort. »Jetzt verstehe ich, warum.«

Dann wandte Ken sich an mich. »Princess, eines Tages werden Sie hoffentlich die Möglichkeit haben, Ihre Geschichte in Amerika zu erzählen.« Da war es wieder, das Wort: *Amerika*. Ich versuchte krampfhaft, ruhig zu bleiben. Im Moment hatten weder Moffat noch ich einen Job und es schien völlig unwahrscheinlich, dass wir überhaupt irgendwohin gehen würden.

Ende September jedoch gab ich meiner Freude ungehindert Ausdruck und lief singend und tanzend durch das Haus, als *World Vision* Sambia mir, getreu des mir gemachten Versprechens, das erste schriftliche Stellenangebot meines Lebens schickte. Mein Gehalt betrug fast eine Million Kwacha – etwa dreihundert Dollar. Das war mehr als das, was Moffat in seinem letzten Job verdient hatte, aber auch weit weniger als das, was er bei der Minenpolizei bekommen hatte. Moffat und ich liefen mit dem Brief zu unseren Pastoren, die mit uns beteten, dass mir bei meiner neuen Aufgabe Erfolg beschieden wäre. Die Feiern setzten sich fort bis zum Gottesdienst am darauffolgenden Sonntag, an dem die ganze Gemeinde über meinen neuen Job unterrichtet wurde und wir Zeugnis für Gottes Güte ablegten. In den Augen mancher Menschen mag dieser Job keine große Sache gewesen sein, doch für uns war es Gottes Antwort auf unsere Gebete, denn wir hatten fast kein Geld mehr.

Der Tag, an dem ich meine neuen Pflichten aufnehmen sollte, rückte näher und es zeigte sich, dass ich neue Arbeitskleidung brauchte. So ging ich eines Morgens in den »Bück-dich«-Laden – so genannt nach den Kunden, die sich dort über die Kleiderhaufen bückten und sie durchwühlten. Ich verbrachte den ganzen Tag in dem Geschäft und stellte mir eine hübsche Auswahl äußerst geschäftsmäßig wirkender Outfits zusammen, die ich zu Hause wusch und so sorgfältig bügelte, dass sogar Bataa stolz auf mich gewesen wäre. Ich wünschte mir so sehr, dass er da gewesen wäre, um seine Princess zu sehen. Diesmal wäre ich an der Reihe gewesen zu fragen: *Sandebota* – sehe ich gut aus?

Als der Tag kam, an dem ich meine neue Arbeitsstelle antreten sollte, erfuhr ich, dass es meine Aufgabe war, die großen Gemeinden in Zamtan über HIV und Aids zu informieren. Bis zu einem gewissen Grad war ich zwar darauf vorbereitet, aber ich war trotzdem froh zu sehen, dass viele Menschen da waren, die mich dabei unterstützen würden. Ich begann, drei oder vier Tage die Woche nach Zamtan zu fahren. Dort hörte ich mir die Sorgen und Nöte der Menschen an. Je mehr ich ihnen zuhörte, desto mehr lernte ich und desto mehr liebte ich meine Arbeit. Ich sah nicht nur die Probleme und die Verzweiflung der Menschen, ich wurde auch Zeugin großer Freude und Hoffnung. Meine neue Arbeit war unvorstellbar erfüllend; sie erlaubte mir, alle Bereiche der Gemeinschaft und ihre jeweils ganz spezifischen Herausforderungen kennenzulernen.

Wir gründeten einen Aids-Club in der Zamtan Primary School, um die Schüler schon vor der Pubertät zu erreichen. Gerade während dieser Jahre sind junge Menschen besonders gefährdet. Das galt besonders für eine solche auf engstem Raum lebende Gemeinschaft, in der es keinerlei Bildungsangebote gab und die kaum Abwechslung oder Arbeit bot. Es war ganz wichtig, die jungen Leute schon vor dieser gefährlichen Zeit über Aids aufzuklären, da sich keine der Familien irgendeine medizinische Behandlung leisten konnte und eine Infizierung unweigerlich bedeutete, dass der Betreffende nur noch kurze Zeit zu leben hatte.

Mit Erlaubnis des Rektors und der Lehrer pflegten wir die gesamte Schule zusammenzurufen, draußen in der hellen Morgensonne, da es keinen Saal gab, der groß genug gewesen wäre, um die ganze Schülerschaft aufzunehmen. Meine mächtigsten Waffen waren nach wie vor mein gesundes Aussehen und meine Bereitschaft zu gestehen, dass ich HIV-positiv war; auf diese Weise verlieh ich der Krankheit einen Namen und ein Gesicht. Damit gewann ich die Aufmerksamkeit der Schüler – denn leider begegnete ich auch hier wieder der irrigen Überzeugung, dass nur die Siechen und Sterbenden infiziert seien.

Nach der großen Versammlung teilten wir uns in Kleingruppen auf, in denen die Schüler Fragen stellen konnten. Manchmal arbeitete ich mit Jungen, manchmal mit Mädchen in der sechsten oder siebten Klasse, deren Körper sich gerade zu entwickeln begannen. In armen Townships wie Zamtan besuchen die Kinder und Jugendlichen bis zum Alter von vierzehn Jahren oder noch länger die Grundschule. Manchmal war ich der erste Mensch überhaupt, der mit ihnen über die Vögel und die Bienen sprach. Ich ermutigte sie, Nein zu sagen, wenn es so weit war, und wenn ich wusste, dass die Mädchen bereits sexuell aktiv waren, sprach ich behutsam mit ihnen über Schutzmaßnahmen. Ich wollte sie nicht zu sexuellen Handlungen ermutigen, aber ich wollte auch nicht, dass sie sich Risiken aussetzten, indem ich so tat, als sähe ich nichts.

Wir gründeten auch an weiterführenden Schulen Aids-Clubs, doch in Zamtan gab es keine solche Schule, deshalb waren unsere Maßnahmen dort auf ältere Grundschüler und informelle Treffen mit Teenagern und jungen Leuten beschränkt, die überhaupt keine Schule besuchten. Schüler, die sich berufen fühlten, selbst Aids-Aktivisten zu werden, wurden zu Leitern der Aids-Clubs ernannt; ihre Aufgabe war es, vor den anderen Schülern zu sprechen. Wenn sie Teenager trafen, die bereits sexuell aktiv waren, ermutigten sie sie, sogenannte »secondary virgins« zu werden, was bedeutete, dass sie zwar schon Sex gehabt hatten, sich nun aber bereit erklärten, mit weiteren sexuellen Handlungen bis zur Ehe zu warten. Dieses Konzept der »wiederhergestellten Enthaltsamkeit« kam sehr gut an. In Zamtan und auch in anderen Gegenden hat die Flut von Informationsinitiativen zugunsten junger Menschen dazu geführt, dass die Zahl der Jugendlichen, die sich mit Aids infizieren, gesunken ist. Inzwischen besteht wieder Hoffnung für die nächste Generation.

Die Leitung der Aids-Clubs gab den Jugendlichen einen Grund, stolz zu sein. Sie hatten eine Aufgabe. Ich konnte beobachten, wie schüchterne, passive, ungebildete junge Menschen sich in beeindruckende junge Erwachsene verwandelten und Selbstsicherheit, Ausdrucksvermögen und Überzeugungskraft entwickelten. Diese jungen Menschen bewiesen, dass sie nur ein wenig Ausbildung brauchten, einen Menschen, der an sie glaubte, und die Möglichkeit, sich hervorzutun, um dem Virus die Spitze abzubrechen. Unser Erfolg war allein ihnen zu verdanken.

An anderen Tagen sprach ich mit Frauen, die mit ihren Kindern in die Klinik kamen. Wir sprachen über das Risiko, das sie eingingen, wenn sie ihre Kinder stillten, und darüber, wie wichtig es war, seinen HIV-Status zu kennen. Ich ermutigte sie, sich testen zu lassen, auch wenn ich wusste, dass das damals noch eine Ausnahme bleiben würde, denn dazu hätten sie in die Stadt fahren müssen und die Fahrt und die Kosten für den Test waren viel zu teuer. Manche der Frauen waren Opfer häuslicher Gewalt; andere wurden von ihren Männern betrogen. Diese Frauen, die keinerlei Bildung und kein eigenes Einkommen besaßen, waren völlig ohnmächtig; bis heute bedrückt mich der Gedanke, wie groß die Gefahr ist, dass sie sich infizieren.

Mein Arbeitspensum war erdrückend, doch die Arbeit selbst war zutiefst befriedigend und lohnend. Am liebsten sprach ich vor bereits mit dem Virus Infizierten. Sie wiesen schon deutliche Krankheitssymptome auf und wurden hauptsächlich im Rahmen eines von der katholischen Kirche gegründeten Hilfsprogramms betreut. Mein Einführungssatz lautete meist: »Ich bin eine von Ihnen.« Aber ich musste vorsichtig sein, um nicht gönnerhaft zu wirken, denn ich hatte einen guten Job und ein schönes Zuhause und hatte bis vor Kurzem auch einen Ehemann gehabt, der mich finanziell unterstützen konnte. Nur wenige der Menschen, die da vor mir saßen, hatten eine Schule besucht und noch viel weniger hatten je eine bezahlte Anstellung gehabt. Man konnte sehen, dass ihr Leben nicht leicht gewesen war.

Die Gruppe bestand aus Angehörigen aller Altersklassen, die sich allwöchentlich in einem großen Schiffscontainer trafen, der als Versammlungsraum diente. Manche von ihnen gaben lediglich zu, an Tuberkulose zu leiden, was ohnehin nicht zu verbergen war, da sie die ganze Zeit über husteten. Andere waren bereits vom Tod gezeichnet, doch ihre Situation schien ihnen noch immer nicht klar zu sein oder aber sie weigerten sich einfach, ihr ins Auge zu sehen.

Erst Jahre später erfuhr ich, welcher Gefahr ich mich damals aussetzte, indem ich mich mit meinem geschwächten Immunsystem jede Woche in diesen Schiffscontainer begab. Doch ich empfand wirkliche Liebe zu diesen Menschen; ihr ungebrochener Lebensmut und Lebenswille gaben mir Kraft. Es war schön zu sehen, wie ihre Weltsicht sich änderte, je mehr Zeit wir zusammen verbrachten.

Obwohl die Menschen, mit denen ich im Rahmen meiner neuen Aufgabe zu tun hatte, so arm waren und es unmöglich schien, ihr Los zu bessern, schenkte meine Arbeit mir mehr Kraft, als sie mir raubte. Ich war mit Menschen zusammen und die Menschen, die in Zamtan lebten, zeigten die gleiche Lebensfreude wie die Sambier in den Dörfern – eine Lebensfreude, der ich nicht mehr begegnet war, seit ich in der Stadt lebte. Jeden Tag sangen und tanzten wir und waren glücklich, dass wir am Leben waren. Genau das hatte ich vermisst – das Singen und Tanzen inmitten unseres Leids, diese Fähigkeit zur Freude, die mich so stolz darauf macht, Afrikanerin zu sein.

Ich bin unendlich froh, sagen zu können, dass die Menschen in Sambia heute, dank der Beharrlichkeit derer, die dort arbeiten, und dank des Lebensmutes und der Entschlossenheit der Einheimischen, offen über HIV sprechen. Es gibt kaum noch Stigmatisierung und Diskriminierung und die Zahl der HIV-Infizierten sinkt ständig.

Nicht weniger stolz bin ich auf die Entwicklung der Menschen, mit denen ich zusammenarbeitete. In einer Organisation, die sich mit dem HIV-Problem befasst, wird manchmal allzu leicht vorausgesetzt, dass für die Mitarbeiter gesorgt ist, dass sie sich weiterbilden und nicht selbst eine diskriminierende Haltung entwickeln. Mir war es stets ein Anliegen, dass meine Mitarbeiter sich weiterbilden, und ich habe sie auch jederzeit ermutigt, sich über ihren eigenen HIV-Status zu informieren.

Gleichzeitig habe ich versucht, HIV trotz allem auch mit einer gewissen Leichtigkeit zu behandeln, darüber zu sprechen und vor allem auch darüber zu lachen. Wenn wir einen Raum mit Menschen betraten, pflegte ich zu sagen: »Reden Sie über mich, weil ich HIV-positiv bin?« »Princess, das kannst du doch nicht sagen!«, meinten meine Mitarbeiter dann vorwurfsvoll, aber ich wollte, dass sie noch lachen konnten und der Krankheit mit hoch erhobenem Kopf begegneten. Wenn ich einen Fehler machte oder schlechte Laune hatte, scherzte ich: »Das liegt am Virus!« Anfangs waren die Leute verlegen darüber: »Princess, das geht zu weit«, sagten sie dann. Doch schließlich wurde die Wendung »das liegt am Virus« eine Art Mantra für das ganze Büro. Nach einer Weile fanden die anderen ebenfalls den Mut, sich testen zu lassen, und diejenigen, die HIV-positiv waren, fühlten sich sicher genug, ihren Status öffentlich zuzugeben oder zumindest mir anzuvertrauen. Wenn sie mich dann umarmten und wir zusammen lachten, wurde Aids aus einer schamhaft geheim gehaltenen Krankheit zu einem Thema, das frei und offen diskutiert wurde.

Ich liebte meine Arbeit in Zamtan, doch einige Zeit darauf wurde ich gebeten, in die Zentrale in Lusaka überzuwechseln, wo sich mein Zuständigkeitsbereich und mein Horizont noch mehr erweiterten. Meine Kollegen und ich waren jetzt verantwortlich für den Kampf gegen Aids in vielen Teilen Sambias – für circa zwanzig »Area Development Programs«. Ich gehörte mittlerweile zu einer globalen Initiative von *World Vision* namens HOPE, deren Ziel es ist, die Ausbreitung des Virus zu verhindern, den Erkrankten – insbesondere den Kindern – zu helfen und für sie einzutreten. Wir bildeten Pastoren, Gemeindeleiter und Lehrer aus und besuchten die Gemeinden im ganzen Land. Den Menschen, die tagtäglich in diesen Gemeinden arbeiten, gilt meine ganze Bewunderung. Die Straßen und die Infrastruktur sind so erbärmlich und die

Landstriche so dünn besiedelt, dass die Mitarbeiter manchmal drei Stunden in tiefem Sand und in sengender Hitze über Land marschieren müssen, um ein Haus mit Waisen zu besuchen.

In der *World-Vision*-Zentrale lernte ich mehr über groß angelegte Strategien im Kampf gegen die Armut, für den Zugang zu sauberem Trinkwasser und Schulbildung. In dem Versuch, den Menschen zu helfen, sich aus eigener Kraft aus der Armut zu befreien, schenkte *World Vision* den Dorfbewohnern zum Beispiel Schweine, Ziegen und Hühner. Wenn sie die Tiere selbst weiterzüchteten, konnten sie etwaige Überschüsse verkaufen oder verschenken. Die einfachen Strategien, den Menschen eine Einkommensquelle zu verschaffen, machten die Betroffenen zu eigenverantwortlichen, selbstständigen Menschen. Insgesamt war diese Zeit für mich eine Zeit des persönlichen Wachstums, die mich weiter auf das vorbereitete, was die Zukunft für mich bereithielt.

Teil IV

Die amerikanische Flagge
steht still

Ankunft in Amerika

Mein zweiter »Ken-Casey-Moment« kam etwa sechs Monate nach Caseys Besuch bei uns zu Hause. Mr Casey hatte angesprochen, dass ich meine Geschichte auch in Amerika erzählen sollte, und siehe da, jetzt lud er mich in seine Heimat ein. Ich sollte an einem Diskussionsforum über HIV und Aids teilnehmen und dort vor Pastoren und Geldgebern von *World Vision* sprechen. Ich traute meinen Ohren nicht! *Das ist meine Berufung, meine Bestimmung!* Umgehend fing ich an, mich geistig auf die neue Herausforderung einzustellen.

Irgendwann dachte ich auch darüber nach, dass ich im Begriff war, ein Land zu besuchen, in das während der Zeit der Sklaverei Millionen meiner afrikanischen Brüder und Schwestern verschleppt worden waren. Ich hatte von dieser Zeit in der Schule gehört, doch später hatte ich, ehrlich gesagt, nicht mehr viel darüber nachgedacht und nun fühlte ich mich völlig unvorbereitet, in das Land zu reisen, in dem diese Menschen, mit denen ich so viel gemein hatte, heute lebten. Mir blieb zwar nicht mehr viel Zeit vor meiner Abreise nach Amerika, doch ich spürte, dass ich unbedingt noch mehr über dieses Thema herausfinden musste. Deshalb machte ich mich auf die holprige, fünfstündige Busreise nach Kasukwe in Chibombo, um die Eltern meiner Bamaa zu besuchen, Enock und Selina Bulaya.

Die Nachricht, dass ich nach *Amelica* reisen würde, wie die älteren Sambier die Vereinigten Staaten bezeichnen, hatte meine Großeltern bereits erreicht, und dementsprechend groß war die

Aufregung, als wir einander begrüßten. Am Abend saßen wir auf Schilfmatten im warmen, beruhigenden Lichtschein des Feuers und redeten. »Khapa«, sagte ich zu meinem Großvater, »wie du weißt, wurde ich im Rahmen meiner Arbeit eingeladen, das Land namens ›Amerika‹ zu besuchen. Du musst mir alles über die Sklaverei erzählen, woran du dich noch erinnerst.« ›

Ba Khapa und ich hatten im Laufe der Jahre über viele Themen gesprochen, aber nie über die Sklaverei. Ich sah in seinem gütigen, faltenreichen Gesicht, dass die Erwähnung dieses Wortes schmerzhafte Narben aufbrechen ließ, doch er nahm sich zusammen und begann zu sprechen. »Es geschah auf ganz unterschiedliche Weise, meine Liebe. An den Ort, wo ich wohnte, kamen viele Sklavenhändler, manche als Missionare, manche als Händler verkleidet, sodass wir ihnen anfangs natürlich vertrauten.« Daran erinnerte ich mich noch aus der Schule.

Voller Kummer und Scham fuhr er fort: »Unsere Leute wussten Bescheid. Wir sind genauso schuldig wie die Fremden: Unsere Dorfhäuptlinge, Familienmitglieder, arme, einfache Leute, Fremde, die Schwachen und Verzweifelten arbeiteten mit den Weißen zusammen und verkauften ihre eigenen Angehörigen in die Sklaverei. Sie tauschten ihre Brüder und Schwestern ein gegen Schießpulver, Baumwolle, Nahrungsmittel, Baumaterialien, alles.« Diese Tatsache bereitete meinem Großvater noch so viele Jahre später großen Schmerz. Er schien es kaum glauben zu können, dass sein eigenes Volk so verräterisch gewesen war.

Ba Khapa erzählte weiter: »Sie holt jeden Tag um siebzehn Uhr Wasser‹, sagte der Afrikaner zu dem *muzungy* (dem weißen Mann) und nannte ihm damit den Zeitpunkt, an dem er eine Person allein antreffen und kein anderer ihr Schreien hören würde.« Schmerz stand in seinen Augen, während er sich stählte, um weiterzureden.

»Und so ging deine Mutter, deine Tante, deine Cousine wie jeden Tag um siebzehn Uhr Wasser holen, doch diesmal kehrte sie nicht zurück. Ihre Familie machte sich Sorgen – *das sieht ihr gar nicht ähnlich...*! Sie gingen zum Brunnen – *war sie vielleicht hineingefallen?* Sie suchten bei Freunden und Familienangehörigen; sie riefen nach ihr, immer wieder. Ein paar Tage lang saßen sie da und schauten in die Ferne und warteten darauf, dass sie zurückkam, doch dann akzeptierten sie die grausame Wahrheit. Das geschah so oft, so vielen Menschen. Im einen Moment waren sie noch da, im nächsten waren sie fort.«

Ich versuchte, den Schmerz zu begreifen, während Ba Khapa erzählte, dass eine Verwandte von ihm auf diese Weise entführt worden war. Er hatte sie nie wiedergesehen. Die Emotionen meines Großvaters, seine Fähigkeit, sich an eine so andere, schmerzliche Zeit zu erinnern, zogen mich in ihren Bann. Dies war kein Stoff aus Schulbüchern. Es war die Geschichte meines Landes, des Kontinents Afrika. Jetzt wusste ich, dass es auch meine eigene Familie betraf.

Ba Khapa hielt inne und starrte ins Feuer. Seine Gedanken weilten in einer anderen Zeit. Ich sah, wie schwer es für ihn war, doch das Reden schien ihm gleichzeitig Erleichterung zu bringen. »Später«, fuhr er fort, »fiel einem dann auf, dass Leute, die arm gewesen waren, plötzlich Geld hatten und Dinge besaßen, die sie sich vorher nicht hatten leisten können. Und dann wusste man, dass irgendjemand teuer für die schönen neuen Sachen bezahlt hatte. Diese Wunden sind nie verheilt.« Und zum Abschluss sagte er zu mir: »Wenn du nach Amerika gehst, denk daran, dass diese Menschen deine Verwandten sind. Wenn sie älter sind als ich, behandle sie wie deinen Großvater. Wenn sie im Alter deiner Mutter sind, behandle sie wie deine Mutter. Wenn sie jung sind, behandle sie wie deine Kinder.«

Das Gespräch mit meinem Großvater hinterließ einen tiefen Eindruck bei mir. Ich wusste schon, dass diese Reise sehr wichtig für mich werden würde, doch jetzt bekam das Ganze eine völlig neue Bedeutung. Was Ba Khapa mir nicht erzählt hatte und was ich zu meinem Entsetzen später erfahren sollte, war, dass der Sklavenhandel in bestimmten Teilen der Welt über tausend Jahre lang praktiziert wurde. Die Afrikaner wurden nicht nur nach Amerika, sondern auch ins Vereinigte Königreich und in andere Teile Europas verkauft, ja viele wurden auf ihrem eigenen Kontinent versklavt und mussten für fremde Herren arbeiten. In manchen Ländern bezahlte man ihnen zwar absolute Hungerlöhne, doch die Tatsache bleibt bestehen, dass die Menschen gegen ihren Willen dort festgehalten wurden. Über 20 Millionen Afrikaner wurden als Sklaven gehalten.[38]

Nicht wenig aus der Fassung gebracht angesichts dieser grausamen Tatsachen, konzentrierte ich mich von nun an auf die Vorbereitungen für meine Abreise und die Rede, die ich halten sollte. Das Thema der Tagung lautete: »Die verborgenen Gesichter von Aids: Die Witwen und die Waisen« – ein Thema, mit dem ich nur allzu vertraut war. Ich war schrecklich aufgeregt, denn ich sollte bei zwei Anlässen sprechen: bei einem Frühstück für Pastoren und – und das war der wichtigere Termin – vor einer großen Versammlung von Hunderten wichtiger Geldgeber und hochrangiger Kirchenleute.

Ich pflegte zwar in ganz Sambia – und einmal auch in Namibia – Vorträge zu halten, eine Aufgabe, die mir sehr zusagte, doch dies war etwas völlig anderes. Ich sollte an einem Ort namens New York sprechen, vor Menschen, die das Geld und die Macht hatten, etwas zu bewegen. Ich zerbrach mir den Kopf über meine Rede. Sollte ich sie sorgfältig ausarbeiten oder sollte ich, so wie ich es sonst machte, einfach sagen, was ich auf dem Herzen hatte, ohne mir Notizen zu machen?

Mein kluger Mentor, Dr. Mannasseh Phiri, gab mir einen Rat, der mein Gefühl bestätigte: »Machen Sie keinen Fehler, Princess. Ihre Wirkung ist am stärksten, wenn Sie aus Ihrem Gefühl heraus reden. Sie leben mit dem Virus, jeden einzelnen Tag. Die Gelegenheit, die sich Ihnen bietet, macht Sie zu einem der ganz, ganz wenigen Einwohner dieses Kontinents, die den Mut und die Chance haben, direkt zu den Herzen der Menschen auf der anderen Seite der Welt zu sprechen – zu den Menschen, die etwas bewirken können.«

Auch mein Bruder Muyani half, mich zu beruhigen: »Erinnerst du dich nicht an das, was Bataa immer gesagt hat? Sieh dich an, sieh doch, wie du bist. Du bist etwas ganz Besonderes. Amerika wird dich lieben. Sei immer stolz auf dein Land und deinen Stamm, dann wirst du Großes vollbringen.«

Ich wollte gut aussehen bei dem, was mir bevorstand, deshalb flocht ich mein Haar und wählte meine schönsten afrikanischen Kleidungsstücke für unseren Besuch, der zwei Wochen dauern sollte. Ich sage *unseren* Besuch, weil Moffat mit mir zusammen eingeladen worden war. Leider kam es um diese Zeit wieder zu verstärkten Spannungen in unserer Beziehung. Moffat hatte keine Arbeit mehr finden können und war nun finanziell von mir abhängig – und das verletzte seinen Stolz. Sein Selbstwertgefühl litt darunter, dass er nicht einmal die Aufgabe erfüllen konnte, die seiner Ansicht nach zu den grundlegendsten Pflichten eines Mannes gehörte: für seine Familie zu sorgen. Deshalb stand es um unsere Ehe nicht zum Besten und mir war nicht wohl bei dem Gedanken, dass Moffat mich begleitete, doch wir schoben unsere Meinungsverschiedenheiten beiseite und beherzigten Dr. Phiris Rat, diese Reise zu nutzen, um unsere Ehe neu zu beleben. Wir hatten Vorbildfunktion für die Gemeinde und es wäre ein schlechtes Beispiel gewesen, wenn wir uns getrennt hätten.

Als ich zum ersten Mal New York City sah – aus dem Fenster unseres Flugzeugs –, hatte ich ein Déjà-vu-Gefühl, obwohl ich ganz bestimmt noch nie dort gewesen war. Sambias größtes Gebäude, das Findeco House in Lusaka, ist etwa zwanzig Stockwerke hoch, und es gibt im ganzen Land bis heute kaum Häuser, die auch nur annähernd so hoch sind. Und jetzt flog ich Kilometer um Kilometer über unermesslich hohe Bauten, die von oben deutlich zu erkennen waren. Selbst von hier aus der Luft gesehen war der Unterschied gigantisch. Ich war völlig außer mir vor Aufregung und hatte ein Gefühl wie ein Kind, das einen Drachen steigen lässt.

Am Flughafen erwartete uns ein Kollege, der uns in unser Hotel bringen sollte. Ich war sehr dankbar dafür, da sowohl ich als auch Moffat wie betäubt waren. Ich war bezaubert von der geballten Schönheit dieses Ortes. Ich fuhr in einem New Yorker Taxi durch die Straßen der Stadt und versuchte, diese Traumwelt zu begreifen, die mich umgab, und gleichzeitig meine Fassung zu wahren. Ich hatte im wahrsten Sinne des Wortes Schwierigkeiten, meinen Augen zu trauen, und hatte das Gefühl zu schlafwandeln.

Um mich herum toste der Verkehr; auf mich wirkte das, als gäbe es in dieser Stadt mehr Autos und Menschen als in ganz Sambia. Gelbe Taxis wie das, in dem wir fuhren, hupten und schlängelten sich durch den Verkehr. Menschen schrien, Sirenen heulten, Züge pfiffen, alles vor der Kulisse der herrlichen, majestätischen Bauwerke, die bis in den Himmel reichten. Straßen und Gleise liefen nebeneinander her und kreuzten sich. Damals dachte ich, ganz Amerika sei wie New York City.

Wir kamen zum Sheraton Manhattan Hotel am Times Square, wo die Konferenz stattfinden sollte und wo wir wohnten. Als das Taxi hielt und der Fahrer den Kofferraum öffnete, traten Männer in Anzügen und Mützen heran und griffen nach unseren Taschen. Ich wusste nicht, was das sollte. *Das konnten doch wohl keine Diebe sein?* Sie waren gut gekleidet, in Uniformen, aber sie wollten definitiv unsere Taschen. Ich dachte, dass offenbar in New York sogar die Diebe weiter entwickelt waren als in unserem Land, wenn sie so untadelige Uniformen trugen! Entsetzt und Hilfe suchend schaute ich Moffat an und versuchte dabei, meine Tasche zu schützen. *Was sollte ich anziehen, wenn ich meine Rede hielt, wenn die Ta-*

sche mir jetzt gestohlen wurde?, dachte ich in heller Panik. Einer der Männer schien meine Not zu spüren, denn er erklärte: »Das ist schon in Ordnung. Wir sind Portiers. Wir bringen Ihnen das Gepäck auf Ihr Zimmer, damit Sie es nicht selbst tragen müssen. Es ist alles in Ordnung. Wir sind Angestellte des Sheraton Hotels.«

Noch immer etwas nervös, überließen wir ihnen unser Gepäck und gingen zur Tür, doch diese erwies sich als nächstes Hindernis. Sie war eher wie viele Türen auf einmal, die in der Mitte verbunden waren und sich unablässig um sich selbst drehten, als wollten sie mich erschlagen. Erstaunlich! Man muss sein Eintreten genau abpassen, sodass man zwischen zwei dieser glänzenden, sich drehenden Türen tritt, die einen dann ins Innere des Hotels schleusen. Ich war froh, dass ich in der Schule so viel Zeit mit Seilspringen verbracht hatte; das kommt den Fähigkeiten, die man braucht, um durch eine solche Tür zu gehen, am nächsten.

Drinnen warteten weitere Überraschungen. Die erste war der schönste Raum, den ich je gesehen hatte. Der dunkelrote Teppich war so dick und weich, dass ich das Gefühl hatte, tief einzusinken. Ich konnte es nicht fassen, dass ich in diesem Hotel wohnen sollte, das wie ein Märchenpalast aussah – viel, viel größer als die, in denen unsere Dorfhäuptlinge wohnten. Während ich darauf wartete, dass die Eincheck-Formalitäten erledigt wurden, trat ich zögernd an einen Glasschrank, in dem atemberaubender Schmuck ausgelegt war, den man kaufen konnte. Eine der Ketten kostete viertausend Dollar! *Ein Mensch kann viertausend Dollar für eine Kette ausgeben?*, fragte ich mich schockiert. *Wie viel Geld müssen die Menschen hier haben!* In Sambia musste ein Mensch durchschnittlich zehn Jahre arbeiten, um genügend zu verdienen, dass er sich eine Kette kaufen konnte. In meinem Kopf drehte sich alles, als sei ich eine Stunde lang Karussell gefahren.

Wir fuhren mit dem Aufzug zu unserem Zimmer hinauf, wo uns weitere unfassbare Dinge erwarteten. Als wir eintraten, ging automatisch das Licht an und ich erblickte das größte Bett, das ich je gesehen hatte, übersät von mehr Kissen, als man zählen konnte. Vor den Fenstern hingen luxuriöse Vorhänge, und ein weiterer dicker Teppich – den ich unbedingt mit bloßen Füßen fühlen musste – bedeckte den Boden.

Ich war hungrig und müde von der Reise. Man hatte uns gesagt, dass wir uns das Essen aufs Zimmer kommen lassen sollten, weil es unsere erste Nacht war und wir über achtzehn Stunden unterwegs gewesen waren. *Essen aufs Zimmer?* Es bedurfte lediglich eines Telefonanrufs und wenige Minuten später stand ein Kellner mit einem Tisch auf Rädern vor unserer Tür.

Ich hatte Huhn, Moffat hatte Rindfleisch bestellt. Als wir die Deckel von den Schüsseln hoben, erstarrte ich. Sie wussten doch, dass in diesem Zimmer nur Moffat und ich wohnten, und hatten trotzdem genügend zu essen für eine ganze Familie gebracht. Wie konnte es sein, dass es auf der einen Seite der Welt so viel gab und auf der anderen so wenig? Völlig aus der Fassung gebracht, brach ich in Tränen aus und warf mich aufs Bett, doch schließlich gelang es Moffat, mich zu überreden, doch etwas zu essen. »Wir sind hier, damit du dem amerikanischen Volk vom Leid unserer Kinder erzählen kannst«, erinnerte er mich. »Wenn du nicht isst, wirst du schwach und hast keine Kraft zu sprechen. Es bringt nichts, wenn wir hier sind und du bist zu schwach, um zu sprechen.« Das waren die wahrsten Worte, die mein Mann je zu mir gesagt hatte.

Doch noch immer überstürzten sich in meinem Kopf die Fragen. Ich war zornig auf Sambias Politiker und die Politiker ganz Afrikas. *Unsere Politiker waren doch ebenfalls schon hier; sie haben Amerika doch auch gesehen. Wie können sie nachts ruhig schlafen, wenn wir in solcher Armut leben? Wie stark hängt unser Schicksal von ihrer Korruption ab? Wie kann man als Mensch persönliche Vorteile für sich herausschlagen, während das eigene Volk leidet und ein besserer Lebensstandard möglich wäre? Wie kann es sein, dass man nicht mehr für sein Volk tun will?* Afrika ist ein Land mit so vielen natürlichen Ressourcen und noch unerschlossenem Potenzial, und doch liegen wir in unserer Entwicklung so weit zurück. Ich wusste, dass nicht alle Amerikaner sich abends Essen aufs Zimmer kommen ließen, doch das Ganze vermittelte mir eine Vorstellung davon, was möglich war in einem Land, das richtig funktionierte. Ganz bestimmt hätten wir in den vielen Jahren sehr viel größere Fortschritte erzielen können. *Wenn ich Politikerin wäre*, dachte ich, *würde ich nicht ruhen, bis ich alles in meiner Macht Stehende getan hätte, um meinem Volk einen höheren Lebensstandard zu verschaffen.*

Meine Gedanken wanderten von meinem Volk zu den Menschen im Westen. *Ob sie wohl wissen, was auf der anderen Seite der Welt vor sich geht?*, überlegte ich. *Wenn sie wüssten, wie die Menschen jede Minute, jede Sekunde leben, ohne Dach über dem Kopf, ohne Essen, würden sie dann handeln oder würden sie nichts tun? Vielleicht hat es ihnen ja nie jemand gesagt. Oder vielleicht müssen sie es einfach immer wieder hören, bis sie endlich etwas unternehmen.*

In diesem Augenblick wusste ich, dass der Herr mich hierher geholt hatte, damit ich die beiden Welten zusammenbrachte. Und ich wusste, dass ich am nächsten Morgen, bei meiner ersten Rede, meine ganze Seele in das legen würde, was ich zu sagen hatte. *Wir haben alle nur ein einziges Leben*, sagte ich mir. *Aber wir können etwas tun, wir können das Leben eines anderen berühren, bevor wir diese Welt wieder verlassen. Kämpfen wir darum, eine Spur zu hinterlassen, irgendein Zeichen, dass wir hier waren!* Jetzt war ich bereit zu kämpfen. Das Wissen, dass wir in unserem Leben etwas bewirkt haben, verleiht uns große Kraft.

Als ich am nächsten Morgen aufwachte, hatte ich mich von meinem Tränenausbruch erholt. Statt mit der Welt und allen Menschen zu hadern, hatte ich meinen Zorn in Motivation verwandelt. Ich sprach kurz auf der Frühstücksversammlung vor den Pastoren und fieberte dann dem Hauptereignis entgegen.

Es war eine große Sache, das war mir sofort klar. Die Gäste saßen in einem riesigen, prachtvollen Raum. Es waren hauptsächlich Männer, Pastoren und Geldgeber aus Amerika und Kanada.

Ich war froh, dass ich schon am Morgen hatte sprechen können, denn dadurch fühlte ich mich jetzt ganz entspannt.

Canon Gideon Byamugisha aus Uganda, einer der ersten Geistlichen, der zugab, dass er HIV-positiv war, sprach als Erster. Der Reverend mit seiner leisen, gewinnenden Stimme war einer der gütigsten Männer, denen ich je begegnet bin. Seine liebenswürdige Art machte das, was er sagte, um so beeindruckender. Er führte aus, dass viele Menschen seine HIV-Infektion als die Folge eines früheren oder gegenwärtigen sexuellen Fehlverhaltens vor oder innerhalb der Ehe gesehen hatten. Doch Reverend Canon erklärte, dass »nicht alle sexuellen Heiligen HIV-negativ sind ... und nicht alle sexuellen Sünder HIV-positiv«. Er fuhr fort: »Bei dem HI-Virus geht es nicht darum, ob der Sex sündhaft, unerlaubt oder ein Treuebruch war oder ob er im Rahmen der Ehe stattfand und in einem bestimmten religiösen Kontext akzeptabel war. Es geht vielmehr darum, ob er ›sicher‹ oder ›unsicher‹ im Sinne des Risikos einer HIV-Infektion war.« Er gebrauchte eine Analogie: »Wenn man Typhus bekommt, weil man verunreinigtes Wasser getrunken hat, heißt das nicht unbedingt, dass das Wasser gestohlen war!« Alle Menschen hatten stets angenommen, dass man sich aufgrund promiskuitiven Verhaltens mit HIV infiziert, doch nun stand da ein geachtetes Mitglied der Geistlichkeit vor uns, in seinem Ordensgewand mit rotem Kragen, und forderte uns auf: »Hört auf, Aids zu benutzen, um eure Gemeinden zu beherrschen, benutzt vielmehr eure Gemeinden, um Aids zu beherrschen.«

Jetzt war ich an der Reihe. Das Büro in Sambia hatte mich bei der Feldarbeit, während der Radiosendung und im Kreis meiner Familie gefilmt und dieses Filmmaterial wurde als Einführung gezeigt. Als das Video zu Ende war, trat ich aufs Podium und holte tief Luft. Dann erzählte ich in diesem riesigen Raum voller Menschen meine Geschichte. Heute wünschte ich mir, ich hätte mir damals Notizen für meine Rede gemacht, sodass ich jetzt den genauen Wortlaut zitieren könnte. Im Rückblick bin ich vielleicht eloquenter und überzeugender, aber in etwa, soweit ich mich erinnere, habe ich damals Folgendes gesagt:

Ich habe gesagt, dass Frauen in Afrika häufiger von der Virusinfektion betroffen sind, dass wir jedoch trotzdem entschlossen sind, lange zu leben. Ich sprach von meinem eigenen Weg mit meiner Mutter und meinem Vater, davon, wie ich zusehen musste, wie sie starben. Ich sprach von der Not der afrikanischen Waisen – dass sie, wenn ihnen nicht geholfen wird, das Gleiche durchmachen wie ihre Eltern und viel zu jung sterben. Dann sagte ich ihnen, dass ich selbst HIV-positiv sei.

»Die Menschen in Afrika, die HIV-infiziert sind, sind Menschen wie ich«, rief ich ihnen in Erinnerung. »Wir sind keine Statistik. Wir sind Söhne, wir sind Töchter, wir sind Mütter, wir sind Väter, wir sind Lehrer, wir sind Ärzte – und diese Krankheit tötet uns, Tag für Tag. Doch ich werde nicht sterben, bevor ich tot bin, sondern leben und das Wort Gottes verkünden.«

Ein Maßstab für das Fortschreiten von Aids ist die Anzahl der CD4-Zellen, der Helferzellen im Blut. Ein gesunder Mensch hat etwa 1 000 CD4-Zellen pro Milliliter Blut.[39] Ich sagte: »Meine Anzahl CD4-Zellen ist auf 92 gesunken und ich nehme keine Medikamente, aber ich bin trotzdem nicht tot. Ich bin ein wandelndes Wunder. Wie jeder Mensch besitze ich Würde und verdiene Respekt. Mit einer geeigneten Behandlung kann ich noch lange leben, kann für meine Töchter sorgen und darauf achten, dass sie eine Schulbildung bekommen. Wenn ich nicht da wäre, würde meine Töchter höchstwahrscheinlich das gleiche Schicksal erwarten wie mich. Die Situation mag Ihnen hoffnungslos erscheinen, doch es gibt Hoffnung.

Wenn 20 Prozent der Bevölkerung meines Landes HIV-positiv sind,[40] bedeutet das, dass 80 Prozent negativ sind. Das ist die Hoffnung meines Landes. Es gibt sehr viel mehr HIV-negative als HIV-positive Menschen und wir müssen dafür sorgen, dass es so bleibt. Die Gesunden brauchen Ihre Unterstützung genauso wie die Kranken, denn sie müssen für die Kranken da sein und gleichzeitig dafür sorgen, dass nicht das ganze Land zusammenbricht. Ich bin hierher gekommen, um HIV für Sie zu personifizieren. Ich möchte, dass Sie jedes Mal, wenn Sie an HIV und Aids denken, mich selbst und diejenigen vor sich sehen, die sind wie ich. Wir sind wirkliche Menschen mit Träumen und Zielen. HIV ist nicht nur eine Statistik. Werden Sie uns zur Seite stehen, werden Sie mit uns beten, werden Sie die Kinder in ihrer Not unterstützen?«

Zum Abschluss hob ich noch einmal hervor, wie wichtig es war, dass die Kirche endlich aktiv wurde. »Ich wurde einmal aus meiner Kirchengemeinde ausgeschlossen. Jetzt muss die Kirche in Afrika und auf der ganzen Welt aufwachen. Wenn die Kirche kein Mitgefühl mit den Menschen hat, die mit HIV und Aids leben, wer soll es dann haben? Wenn ein Bruder oder eine Schwester krank ist, ganz egal, wer sie sind oder wo sie sind, sind wir alle auf die eine oder andere Weise davon betroffen. Das Virus kennt keine Grenzen. Es kennt kein Ansehen der Person.«

Ich blickte über das Meer von Köpfen und überlegte, ob man sie alle gebeten hatte, mir zu Ehren schwarze und weiße Anzüge anzuziehen. Während ich sprach, war es mir gar nicht aufgefallen, doch als ich meine Rede beendet hatte und sie aufstanden, um mir zu applaudieren, war der Effekt geradezu dramatisch, wie ein riesiger Schwarm Adler, die zum Flug ansetzen. Sie standen alle gleichzeitig auf, in ihren ebenholzschwarzen und elfenbeinweißen Anzügen.

Ich blieb ruhig, doch innerlich war ich zutiefst aufgewühlt! Sie hatten meine Botschaft gut aufgenommen. In diesem Moment wünschte ich mir leidenschaftlich, jemand aus meinem Kontinent wäre hier, um mich zu sehen. Ich hatte schon einmal *standing ovations* erhalten, in Namibia, doch diesen Augenblick werde ich nie vergessen. Am liebsten hätte ich getanzt und gesungen. Ich hatte mein Land vertreten, meine Bamaa und meinen Bataa, meinen ganzen Kontinent. Ich war sicher, dass sich mehr als ein

Mensch in diesem Raum gedrängt fühlen würde, etwas zu tun. Die Menschen standen noch immer, als ich wieder auf meinem Platz saß; sie waren sichtlich bewegt.

Nach meiner Rede sprach Stephen Lewis, der UN-Sonderbeauftragte für Afrika. Er wies darauf hin, dass längst etwas unternommen worden wäre, wenn Aids in der westlichen Welt solche Ausmaße angenommen hätte. Hier ginge es um ein Rassenproblem, meinte er; er sei überzeugt, dass die Hautfarbe eine wichtige Rolle bei der Reaktion der Welt auf das Aids-Problem gespielt habe. Ich staunte über diese radikale Aussage aus dem Mund eines weißen Kanadiers. Lewis sagte, dass die Schreie Afrikas nicht gehört würden. Das Wissen, dass dieser aus einer fremden Kultur stammende Mann auf unserer Seite war, gab mir neue Kraft.

Mit Stephen Lewis, dem ehemaligen UN-Sonderbeauftragten für HIV/Aids in Afrika.

Die Konferenz war ein großer Erfolg. Am Ende verpflichteten sich alle im Raum Anwesenden, mehr Mittel, mehr Energie und mehr Leidenschaft in den Kampf gegen das Virus und die Sorge für die von ihm Betroffenen zu investieren. Die Leute kamen zu mir, um sich vorzustellen und mir zu gratulieren, bevor sie in ihren Alltag zurückkehrten.

Bei dem Essen, das im Anschluss für die Redner und Würdenträger gegeben wurde, sagte Reverend Gideon zu mir: »Meine Schwester, ich bin stolz auf Sie.« Als ich lächelte und ihm dankte, zog Moffat mich beiseite und warf mir vor, dass ich flirtete. Ich war am Boden zerstört. Ich hatte mir so gewünscht, dass er ebenfalls stolz auf mich war. Wie konnte er es fertigbringen, mir diesen Tag zu verderben?

Ich wollte mir nicht anmerken lassen, wie verletzt ich war, und verdrängte, was er zu mir gesagt hatte. *Wenn das Virus mich nicht in die Knie gezwungen hat, wird dieser Mann es auch nicht schaffen*, sagte ich mir. Ich konnte mir sogar erklären, wie es dazu gekommen war: Moffat hatte gedacht, er hätte eine junge, anschmiegsame Frau geheiratet, doch nun hatte sich das Blatt gewendet. Die anschmiegsame Frau war stark geworden und das stellte sein Weltbild auf den Kopf.

Während ich mich mit den Leuten unterhielt und über Moffat ärgerte, entwickelte ein mir unbekannter Mann aus der Zuhörerschaft, den meine Worte tief berührt hatten, einen Plan, der den Verlauf meiner Reise, ja meines ganzen Lebens verändern sollte. Dieser Fremde, ein Geistlicher und Arzt, erzählte gerade den amerikanischen Mitarbeitern von *World Vision*, dass mit einer Helferzellen-Zahl von zweiundneunzig mein Leben in Gefahr sei. So könne ich nicht nach Sambia zurückkehren, meinte er. Er wollte mir die Behandlung in einem Krankenhaus in seiner Heimatstadt Chicago finanzieren. Es war bereits alles arrangiert, wir wussten es nur noch nicht. Die Mitarbeiter aus Chicago würden uns, Moffat und mich, nach Chicago begleiten.

Moffat und ich erfuhren es ein wenig später, als ein uns unbekannter Afroamerikaner, hochgewachsen wie mein Vater, zu uns trat. Er war dunkel, hatte eine sehr gute Figur und sprach energisch und entschieden. »Ihr Gesundheitszustand ist bedenklich«, sagte er. »Ich werde dafür sorgen, dass Sie behandelt werden. Wenn ich zwei weiteren Menschen auf dieser Welt helfen kann, dann werden es Sie und Ihr Mann sein. Meine Frau ist nicht hier, aber ich werde meiner Familie von Ihnen erzählen und wenn wir Ihnen nicht helfen können, wird meine Gemeinde Ihnen helfen. Dazu werden Sie mit mir nach Chicago kommen müssen, dort werden Sie die beste Behandlung erhalten.« Er nannte mir auch seinen Namen: »Ich bin Bischof Horace E. Smith.«

»Bischof Horace E. Smith, sind Sie sicher?« Ich war schlicht und einfach überwältigt. »Ich danke Ihnen, Sir.« Ich wusste, dass die Behandlung in Sambia drei Millionen Kwacha, das sind 1 500 Dollar, im Monat kostete. Hoffentlich wusste Bischof Horace E. Smith, was er sich damit aufbürdete. Ich kannte keinen einzigen Sambier, der sich diese Behandlung leisten konnte.

Aus meiner Arbeit wusste ich, dass man, wenn man die Behandlung einmal begonnen hat, nicht mehr damit aufhören kann, denn dann würde man immun für eine spätere Behandlung. Die Medikamente müssen alle zwölf Stunden genommen werden oder man wird resistent dagegen. Ich hoffte nur, dass Bischof Smith das ebenfalls wusste. Bischof Smith versicherte mir, er würde mich noch über die Einzelheiten unserer Reise informieren. Dann wurde er, bevor ich noch etwas sagen konnte, abgerufen; er musste noch mit anderen Menschen sprechen.

Ich habe immer versucht, eine positive Haltung einzunehmen, was meinen Status betraf, doch als Mutter lebte ich ständig in Angst. Ich wusste, dass ich meine Töchter eines Tages allein und gefährdet zurücklassen musste. Trotzdem versuchte ich, den Mut nicht zu verlieren. Meine Mädchen sind das Wunderbarste, Kostbarste, was mir in meinem ganzen Leben widerfahren ist. Wie jede Mutter auf der ganzen Welt erfüllt der Gedanke, dass sie irgendwann allein sein könnten, mich mit Entsetzen. Jeden Abend, seit ich meinen HIV-Status erfahren habe, habe ich gebetet, dass Gott mich lange genug leben lässt, dass ich meine Mädchen aufwachsen sehen kann, dass ich dafür sorgen kann, dass sie eine gute Schulbildung erhalten, sodass sie eines Tages auf eigenen Füßen stehen können und nicht dasselbe durchmachen müssen wie ich. Und jetzt war da ein Mann, den ich noch nie gesehen hatte, und sagte mir, dass er alles in seiner Macht Stehende tun wollte, um mir das zu ermöglichen. Wieder hatte Gott mir ein unermessliches Geschenk gemacht. Es ist ein mächtiger Gott, dem wir dienen.

Diese unfassbare Nachricht und die Tatsache, dass meine Reden so gut aufgenommen worden waren, ließen mich aufseufzen vor Erleichterung. Gleichzeitig erfüllte mich ein unbeschreibliches Gefühl der Freude und der Freiheit. Den Rest des Tages verbrachte ich wie auf Wolken, während ich mir das magische New York ansah.

An einem Abend wurden Moffat und ich zum Essen in ein Lokal am Broadway eingeladen – und ich kann Ihnen sagen, so etwas hatte ich noch nie gesehen. Überall auf der Straße gab es gigantische Fernsehbildschirme, auch oben an allen hohen Gebäuden, und alle zeigten riesige Bilder in den leuchtendsten Farben. Ich rief: »Fernsehen auf der Straße! Sieh nur! Sieh doch nur! Wer hat die Fernseher dort oben an den Dächern befestigt?« Der Kollege, der uns an diesem Abend begleitete, sagte mir, dass manche der Bildschirme zwanzig Stockwerke hoch seien!

Einige der Bildschirme zeigten Schönheitsprodukte, die den Frauen helfen sollten, jünger auszusehen. Es kam mir so vor, als wollten in Amerika alle Menschen jung aussehen. Auch darin ist Amerika das Gegenteil von Sambia. Hier geben die Menschen viel Geld für Cremes aus, die die Falten in ihren Gesichtern verschwinden lassen sollen, während in meinem Land, wo die durchschnittliche Lebenserwartung um die vierzig und darunter liegt,[41] graues Haar und Falten als schön gelten. Die Menschen sehnen sich nach der Weisheit und dem Respekt, die denen zuteil werden, die das Glück haben, ein hohes Alter zu erreichen, denn sie wissen, dass das nur wenigen vergönnt ist.

An einem anderen Tag gingen wir westliche Kleidung kaufen. Mike Mantel vom Büro in Chicago merkte, dass wir mehr Kleidung brauchen würden, wenn wir lange genug in Chicago bleiben würden, um uns testen und einen Behandlungsplan entwerfen zu lassen, und so nahmen er und Luly vom New Yorker Büro mich mit zu Casual Corner, einem riesigen Geschäft voller brandneuer Kleidung. Moffat war mit einem anderen Kollegen ebenfalls einkaufen. Ich wollte einfach alles, was ich im Casual Corner sah. Die Kleider waren so schön und von so guter Qualität! Mike und Luly halfen mir, ein paar Sachen auszusuchen, und dann veranstaltete ich eine Modenschau. Ich verschwand in einer Umkleidekabine, um die sagenhaften Sachen anzuprobieren und dann als neue Frau wieder aufzutauchen und mich meinen neuen Freunden zu präsentieren. Ich fühlte mich so hübsch dabei; es war einfach wunderbar.

Zum Schluss entschied ich mich für ein rotes Kostüm. Ich wollte die Frau in Rot sein, denn Rot ist ein Symbol für Aids. Außerdem wählte ich noch ein rosa Kostüm und Schuhe. Wenn Mike Mantel heute diese Geschichte erzählt, sagt er, er wüsste aus eigener Erfahrung, dass ich eine talentierte, überzeugende Rednerin sei, denn der Ausflug hätte ihn Hunderte von Dollar mehr gekostet, als er gerechnet hatte! Bei dem Abendessen anlässlich der Konferenz an diesem Abend waren die Leute ganz überrascht, weil ich wie eine richtige Amerikanerin aussah. Das heißt wohl in Amerika ankommen.

Chicago

Nach der Tagung fuhren Moffat und ich nach Chicago. Ich wusste nicht viel über Chicago, nur, dass es die Heimatstadt der Chicago Bulls ist, eines Basketballteams, das bei uns zu Hause jeder kennt. Als ich wieder in Afrika war und den Leuten erzählte, dass ich in Chicago gewesen war, riefen alle begeistert aus: »Ah, die starken Bulls!« Damals bekam ich einen Eindruck von der Macht des Sports, Menschen über alle Grenzen hinweg zu verbinden.

Chicago war die zweite Etappe auf jener Reise, die mein Leben veränderte und mir die Augen öffnete. Es war, als führte meine Reise in die Vereinigten Staaten mich in eine andere Welt, nicht nur auf einen anderen Kontinent, sowohl in Bezug auf die vielen Dinge, die ich zum ersten Mal sah, als auch auf die Erkenntnisse, die ich gewann.

Und dieses Wissen verlieh mir Macht. In Chicago besuchten wir die Leute bei sich zu Hause, deshalb sah ich mehr von ihrem Alltagsleben als in New York. Die Menschen hier hatten wirklich einen unglaublich hohen Lebensstandard, während in meinem Land viele Menschen von weniger als 1,25 Dollar am Tag leben müssen. Ich sah hier, was möglich ist.

Wir wohnten im Haus von Mike Mantel in einem Vorort von Chicago. Später erfuhr ich, dass Mike erst seit Kurzem auf dem Gebiet von HIV arbeitete und dass er wenig über die Krankheit wusste – weder, wie sie sich ausbreitete, noch, wie sie behandelt wurde. Es war also eine ganz außergewöhnliche Geste, dass dieser Mann und seine Familie uns mit offenen Armen aufnahmen, obwohl sie nach allem, was sie bis dahin wussten, damit das Risiko eingingen, sich anzustecken.

Wie versprochen arrangierte Bischof Horace E. Smith für uns einen Termin im Krankenhaus, wo wir untersucht und behandelt werden sollten. Wir gingen ins Northwestern Hospital in Chicago – eine Klinik, wie ich sie noch nie gesehen hatte. Sie ist in einem riesigen, modernen Gebäude untergebracht. Man betritt es durch automatische Türen und wird empfangen von einem sauberen, frischen Geruch. Eine Rezeptionstheke voller Computer, Unmengen von Glas und viel, viel helles Licht lassen keinen Zweifel darüber aufkommen, dass man sich nicht in einem sambischen Krankenhaus befindet.

Das Krankenhaus hatte eine große Abteilung für Patienten mit HIV und Aids. Wir begegneten einer Dame in einem Rollstuhl, die zwar offensichtlich Schmerzen litt, aber auf diese Weise doch wenigstens eine gewisse Unabhängigkeit genoss und sich noch ein wenig Würde bewahren konnte.

Es wäre ein Leichtes gewesen, angesichts all dessen, was ich hier sah, neidisch zu werden. Manchmal, anfallsweise, war ich das auch. Immerhin hätten Bamaa und Bataa in diesem Land überleben können – und das ist natürlich beneidenswert. Doch die Gegensätze zu meinem Land, die ich hier sah, gaben mir auch die Möglichkeit, den Menschen in den entwickelten Ländern erklären zu können, wie reich gesegnet sie sind. Sie genießen unvorstellbare Privilegien und sollten sie in dem Bewusstsein ausschöpfen, dass es eine andere Seite der Welt gibt, auf der die Menschen nichts von alldem haben.

Bischof Smith freute sich, dass wir da waren. Ich wusste, dass es nicht einfach für ihn gewesen war und dass er mit vielen Leuten hatte reden müssen, damit wir tatsächlich hier behandelt wurden. Er brachte uns zu einem Arzt, der eine Reihe von Tests mit Moffat und mir durchführte. Interessanterweise stellte sich heraus, dass meine CD4-Zahl auf einhundertdrei angestiegen war. Vielleicht lag es an dem guten Leben, das wir genossen, seit wir in Amerika waren.

Der Arzt fragte, ob ich mich krank fühle. Ich sagte ihm, das sei nicht der Fall. Er erklärte mir, wie schon Bischof Smith, dass meine Helferzellenzahl gefährlich niedrig sei. Die Zahl der CD4-Zellen ist eines von zwei Maßen, anhand derer die Ärzte beurteilen können, wie weit eine HIV-Infektion fortgeschritten ist und ob der Infizierte eine Behandlung braucht. Das andere Maß ist die Viruslast; hierfür wird die Zahl der Viren im Blut gezählt. Es gibt keinen bestimmten Punkt, an dem aus HIV Aids wird. Der eine Arzt geht von einer bestimmten Helferzellenzahl aus, ein anderer stützt sich auf körperliche Symptome. Auf jeden Fall war es bei einer Helferzellenzahl von einhundertdrei ein Wunder, dass ich keine Symptome zeigte. Ich musste jedoch unverzüglich mit der Behandlung beginnen, um das Virus unter Kontrolle zu bekommen. Moffats Helferzellenzahl war höher als meine, er benötigte noch keine Behandlung. Ich freute mich sehr für ihn.

In diesem Zusammenhang wurde mir auch eine andere Frage beantwortet. Dr. Tembo hatte Moffat und mir gesagt, dass wir noch sechs Monate zu leben hätten, doch jetzt waren es bereits vier Jahre und wir waren noch immer gesund. Ich dachte auch an meine Eltern, die meiner Ansicht nach neun Jahre an dem Virus gelitten hatten. Ich erfuhr, dass das HIV-Virus mehrere »Unterstämme« hat. Wenn man den Unterstamm C hat, der in Schwarzafrika am verbreitetsten ist, braucht es lange, bis die Infektion in das voll ausgebildete Krankheitsbild von Aids übergeht. Das bedeutet, dass ein Mensch das Virus viele Jahre in sich tragen kann, bevor er auch nur den Verdacht hat, dass irgendetwas nicht stimmt. Umso länger hat das Virus natürlich Zeit, sich auszubreiten. Ich konnte kaum fassen, wie viele Faktoren zusammenkamen, um diesem Virus eine möglichst gute Ausgangssituation in unserem Land zu verschaffen. Später hörte ich, dass die Verkettung all dieser Umstände als »das perfekte Einfallstor« für Aids beschrieben wurde, und ich weiß jetzt auch, warum.

Als die Mitarbeiter von *World Vision* in Chicago erfuhren, dass ich in der Stadt war, organisierten sie mehrere Vorträge für mich, bei denen ich Gelegenheit hatte, den Ort richtig kennenzulernen, unter anderem auch die afroamerikanische Gemeinde Chicagos. Und je mehr Menschen in Chicago meine Botschaft hörten – in den Gemeinden, in Schulen und in Privathäusern –, desto mehr fassten den Entschluss, etwas zu unternehmen.

Dabei wurde mir klar, dass das Problem in diesem Land nicht in der mangelnden Bereitschaft der Leute lag, sich zu engagieren – sie hatten schlicht und einfach noch gar nicht die Gelegenheit dazu bekommen. Sie wussten nichts von der Armut, von HIV und Aids, die mein Land zerstörten. Als sie jedoch etwas darüber erfahren hatten, wollten sie auch etwas tun. Für mich war das die wichtigste Erfahrung, die ich auf meiner Reise machte. Je besser ich die Amerikaner kennenlernte, desto deutlicher erkannte ich ihre Freundlichkeit und ihr Mitgefühl. Ich zweifelte nicht daran, dass sie sich, wenn sie erst

In der Apostolic Faith Church in Chicago bei einer Rede über die Aufgabe der Kirche im Kampf gegen HIV und Aids.

einmal Bescheid wussten, solidarisch zeigen und reagieren würden.

Eine der Einladungen zu einem Vortrag kam von Bischof Smith; er bat mich, vor seiner Gemeinde zu sprechen, der mehrere Tausend Gläubige angehörten, größtenteils Afroamerikaner. Als ich vor ihnen stand, in einem Gotteshaus, umgeben von Menschen, die aussahen wie ich, war ich zutiefst dankbar, dass ich mit meinem Großvater über die Sklaverei gesprochen hatte. Ich hatte noch Ba Khapas Worte im Ohr: *Wenn du nach Amerika gehst, denk daran, dass diese Menschen deine Verwandten sind. Wenn sie älter sind als ich, behandle sie wie deinen Großvater. Wenn sie im Alter deiner Mutter sind, behandle sie wie deine Mutter. Wenn sie jung sind, behandle sie wie deine Kinder.*

Während ich vor der Gemeinde sprach, stand mir die ganze Zeit eine der biblischen Geschichten vor Augen: die Geschichte von Josef. In diesem Moment waren diese meine Brüder und Schwestern für mich der Josef von heute. Einst in die Sklaverei verkauft, waren manche von ihnen viele Generationen später zu Wohlstand gelangt und jetzt hatten sie die Gelegenheit, ihren Brüdern in Afrika zu helfen. Erst später erkannte ich, dass das nicht für alle galt. Nach meiner Rede erhoben sich die Menschen, die aussahen wie ich, und applaudierten mir und ich wusste, dass ich eine von ihnen war. Ich wusste, dass ich unter meinesgleichen, unter meinem Volk war. Es war ein sehr bewegender Moment für mich, eine Wiedervereinigung, die ich mit Worten nicht beschreiben kann.

Ich hatte damals die Möglichkeit, diesen Menschen, die die gleichen Wurzeln hatten wie ich, etwas zu sagen, das ich an dieser Stelle wiederholen möchte. Wenn Sie als Afroamerikaner die Chance haben, nach Afrika zu reisen, dann kommen Sie. Kommen Sie wenigstens ein einziges Mal nach Hause, bevor Sie sterben. Ihre Schwestern warten, Ihre Mütter und Großmütter warten, sie möchten Sie willkommen heißen, sich mit Ihnen versöhnen, Sie umarmen und in ihre Gemeinschaft aufnehmen. Sie sollen wissen, dass Afrika Ihre Heimat ist, und dass wir uns auf Sie freuen.

Hin und wieder begegnete ich auch Afroamerikanern, die Ressentiments gegen Afrika hegten, weil es ihre Vorfahren in die Sklaverei verkauft hatte, doch die meisten freuten sich, eine Tochter Afrikas kennenzulernen. Sie sehnten sich danach, Afrika zu besuchen und seine Schönheit zu sehen, die Flüsse und Seen, die Tiere, die Sonne, die niemals untergeht. Sie fragten mich nach den Sprachen, die wir sprechen, und baten mich, ihnen das Leben dort zu beschreiben. »Inmitten aller Armut und aller Herausforderungen«, sagte ich zu ihnen, »ist Afrika ein Ort unvorstellbarer Freude und Schönheit. Es ist ein Kontinent, auf dem jeder Mensch auf der ganzen Welt sich zu Hause fühlen kann.« Immer wieder wollten sie meine Geschichte hören; sie nahmen mich auf in ihre Häuser und in ihre Herzen. Als ich zu ihnen sprach, zu meinen Brüdern und Schwestern, fingen manche von ihnen an zu weinen, weil sie sich Afrika so nahe fühlten. Trotz aller Unterschiede zwischen uns zeigte sich, dass unsere Herzen für das Gleiche schlugen. Wenn ich die Möglichkeit hatte, mit Afroamerikanern zu singen und zu tanzen, dann wurde deutlich, dass wir die gleiche Heimat hatten.

Bischof Smiths Gemeinde, die Apostolic Faith Church, hat seither immer wieder ihre Vorreiterrolle im Kampf gegen Armut, HIV und Aids unter Beweis gestellt. In Sambia und in der Demokratischen Republik Kongo wurden auf ihre Initiative hin Tausende von Kindern unterstützt, Brunnen wurden gebohrt, damit die Dorfbewohner sauberes Trinkwasser haben – das alles hat die Gemeinde des Bischofs möglich gemacht. Bischof Smith, der zugleich auch Arzt ist, und seine Frau Susan nehmen das Aids-Problem sehr ernst; sie reisen zweimal im Jahr nach Afrika, um sich selbst ein Bild von den Zuständen dort und von den Herausforderungen zu machen, die es noch zu bewältigen gilt, und erstatten dann ihrer Gemeinde Bericht. Manchmal werden sie dabei von ihren Kindern begleitet. Wenn sie in Afrika sind, sind sie bei ihrem Volk.

Bischof Smiths Wirken ist umso bemerkenswerter angesichts eines wahrhaft vernichtenden Berichts über die Haltung der Kirche zu Aids, der damals vorgelegt wurde. Im Jahr 2002 wurde im Rahmen einer Konferenz über Aids und Afrika an der Vanderbilt University ein bahnbrechendes Buch mit dem Titel *The aWAKE Project* vorgelegt. Einer darin zitierten Umfrage zufolge sind die »evangelikalen Christen diejenige religiöse Gruppierung, die den Aids-Opfern in Afrika am wenigsten hilft – weniger als drei Prozent sind bereit, ein christliches Hilfsprogramm für Aids-Waisen zu unterstützen«.[42] Muss eine solche Aussage Gott nicht das Herz brechen? *Meine Brüder und Schwestern, sind wir denn nicht die Hände und Füße, auf die Jesus zählt?*

Wie die Gemeinde von Bischof Smith vertraten auch die Schüler, vor denen ich in Chicago sprach, keineswegs die Haltung der oben zitierten Umfrage, sondern wollten unbedingt etwas unternehmen. Die Begegnung mit diesen jungen Leuten war eine große Freude für mich. Mein erster Besuch in einer Grundschule hat mir die Augen dafür geöffnet, dass mein Name in Amerika zu einiger Verwirrung führen kann. Die Lehrerin erzählte mir, dass die Schüler schon erwartungsvoll aus dem Fenster des Klassenzimmers geschaut hätten, in Erwartung einer Luxuslimousine mit Chauffeur und eines Bodyguards. Als ich dann das Klassenzimmer betrat, suchten mich ihre Augen von oben bis unten nach kostbaren Juwelen ab. Die Kinder wirkten sehr enttäuscht, als sie hörten, dass ich ein einfaches Dorfmädchen bin, in dessen Adern lediglich das Blut einer Häuptlingsfamilie fließt, und dass ich so gut wie keine materiellen Besitztümer habe. Dennoch waren sie sofort bereit zu handeln. Manche brachten mir das Geld aus ihren Sparschweinen, damit ich eine Ziege oder eine Decke für ein Kind in Afrika kaufen konnte. Diese Kinder konnten die Schrecken von Aids sicher nicht in ihrem vollen Ausmaß verstehen, aber sie haben etwas dagegen unternommen.

Schüler und Studenten inspirieren mich am stärksten, vor allem, weil ich selbst immer davon geträumt habe, in Harvard zu studieren. Ich wünschte, ich könnte Ihnen alle Campus-Geschichten erzählen, die ich erlebt habe, doch das ist im Rahmen dieses Buches nicht möglich. Eine Geschichte aber muss ich Ihnen erzählen; es geht um das unglaubliche Engagement einer Highschool, die ich seither von ganzem Herzen liebe, der Wheaton Academy in West Chicago. »Neben Ihren im Lehrplan vorgeschriebenen Studien«, begann ich meine Rede vor den Schülern von Wheaton, »liegt eine Aufgabe vor Ihnen, die sofortiges Handeln erfordert.« Und dann erzählte ich ihnen von Zamtan, von der Barackensiedlung Kakolo Village, wo viele Schüler ums Leben kommen, weil sie auf dem Schulweg eine stark befahrene Straße überqueren müssen. Nur allzu oft höre ich junge Leute sagen, sie könnten ja doch nichts tun, deshalb schloss ich meine Ansprache mit den Worten: »Sie sind die Führungspersönlichkeiten – nicht erst von morgen, sondern bereits von heute. Wie wollen Sie die Zeit, die Sie in der Schule verbringen, nutzen? Ich hoffe, dass Sie Ihre Zeit und Kraft nicht nur dafür einsetzen, gute Noten zu bekommen und sich durch Ihren Abschluss einen guten Job zu sichern, sondern dass Sie den Mut und die Überzeugung aufbringen zu sagen: ›Nicht mit uns!‹, und aktiv werden.«

Damit riss ich meine Zuhörer förmlich von den Stühlen. Die Geschichte, die ich ihnen erzählt hatte, ging ihnen so zu Herzen, dass sie und der Leiter ihrer Fakultät, Chip Huber, eine ganz große Aufgabe in Angriff nahmen: Sie wollten eine neue Schule in Zamtan bauen. Sie ließen es zu, dass Gott durch ihre Hände wirken konnte, organisierten Absolvententreffen und Volksläufe, wuschen Autos – kurz, sie brachten auf die unterschiedlichste Art und Weise Geld für das Schulprojekt auf.

Manche reisten sogar nach Sambia, um das Dorf und die Kinder dort kennenzulernen. Dabei sahen sie, dass die Kinder in Sambia das gleiche Potenzial in sich trugen wie sie selbst, ohne jedoch die Möglichkeit zu haben, es zur Entfaltung zu bringen. Dank dieser jungen Menschen wurde in Kakolo Village tatsächlich eine neue Schule gebaut.

Als sie sich erst einmal emotional und gedanklich für die Herausforderungen von Zamtan geöffnet hatten, konnten die Schüler von Wheaton nicht mehr ruhen. Als Nächstes brachten sie die Mittel für die Einrichtung eines wissenschaftlichen Labors auf. All dies geschah nur, weil eine kleine Schar von Menschen sich für fähig hielt, die Welt zu verändern. Diese Schüler waren privilegiert und sie wussten es. Sie wussten, welch ein Segen es war, in einem Land geboren zu sein, das ihnen so viel bot, und sie waren glücklich, ihre Privilegien nutzen zu dürfen, um anderen zu helfen.

Die zweite Person, die unseren Besuch in Chicago zu etwas ganz Besonderem machte, war die Frau, die meine Vorträge organisierte, Vanessa Church. Gleich, als wir uns das erste Mal sahen, hatte ich das Gefühl, eine lang verlorene Schwester wiedergefunden zu haben. Sie war Afroamerikanerin, etwa im Alter meiner Bamaa und ein ganz einzigartiger Mensch, voller Lebenslust und jugendlicher Energie und gleichzeitig nachdenklich und lebensklug. Wir lernten einander während meines Aufenthalts in Chicago sehr gut kennen, da sie mich immer zu meinen Vorträgen fuhr. Unsere Beziehung wurde mit der Zeit sehr eng, mal war sie meine Freundin, mal meine Schwester, manchmal war sie mir eine Mutter und bezeichnete mich als die Tochter, die sie nie hatte.

Von Vanessa erfuhr ich viel über das Leben in Amerika und ich wiederum erzählte ihr vom Leben in ihrem Mutterland. Vor allem mein Name und meine Abstammung von einer Häuptlingsfamilie gefielen ihr. Ich fand es lustig, dass mein Name, Princess Kasune Zulu, eine so große Sache auf dieser Reise wurde. So pflegten zum Beispiel die Journalisten, die mich interviewten, regelmäßig nach meinem Namen zu fragen. »Sind Sie eine echte Prinzessin?«, hörte ich immer wieder. In ihren Artikeln betonten sie dann stets: »Princess ist nur ihr Name, kein Titel.« Ich fand das seltsam. Zu Hause in Sambia bringen wir jemandem, der irgendeine Position innehat, wie bedeutend oder unbedeutend sie auch sei, großen Respekt entgegen, und meine Familie stammt ja auch wirklich aus königlichem Geblüt. Doch so etwas hätte es in Sambia nie gegeben. Hier dagegen fragten die Leute nach meiner Herkunft und machten einen Riesenwirbel darum. Vanessa war eine der wenigen, die das nie taten; dennoch war sie fasziniert und beeindruckt von mir. »Du bist wirklich eine Prinzessin. Du bist eine Prinzessin für die Menschen«, sagte sie immer. Für sie spielte es keine Rolle, dass ich arm war; für sie war ich die lebendig gewordene Geschichte ihrer Ahnen.

Vanessa war jedoch nicht nur von den Geschichten über das Leben in Afrika fasziniert, sie war vor allem auch entsetzt über die Not der Waisen und bemühte sich unermüdlich, mir weitere Gelegenheiten für Reden und Vorträge zu vermitteln. Gemeinsam versuchten wir, so vielen Kindern wie möglich zu helfen, und immer, wenn wir Erfolg hatten, lachten wir miteinander vor Freude. Mein Herz schlug jedes Mal heftig, wenn ich sah, wie viele Menschen es gab, die anderen helfen wollten, wenn sie erst einmal wussten, wie sie es anfangen konnten.

Ich hatte Vanessa gesagt, dass die Afroamerikaner für mich so etwas wie ein moderner Josef seien. Erst da wurde ihr bewusst, wie begrenzt meine Einsicht in das amerikanische Leben war. Ich hatte nur die eine Seite der Medaille kennengelernt, die, auf der es allen gut geht, auf der die Menschen genügend Geld haben, auf der Frieden und Verständnis herrschen. Um mein Bild zu korrigieren, nahm sie mich mit an einen Ort namens Cabrini-Green. Ich sah sofort, warum sie mich hierher gebracht hatte. Auf dieser Seite von Chicago sah es völlig anders aus. Überall standen Autowracks herum, die hohen Häuser waren reparaturbedürftig und wirkten verlassen. Es gab kein Gras, keine Bäume – nur Beton, Graffiti und zerbrochene Lampen. Das Glas in den Fenstern war eingeschlagen, als hätte sie jemand mit Steinen eingeworfen. In meiner Naivität fragte ich Vanessa, warum die Leute Steine in die Fenster warfen. »Steine?« Sie seufzte. »Das sind Einschusslöcher, meine Liebe.«

»Und was ist mit den Kindern, die hier spielen?«, fragte ich. Das waren also die Kinder, die im armen Chicago wohnten. In dem Moment, in dem ich es sah, hatte ich eine Erkenntnis: Nicht alle Menschen in Amerika lebten ein Leben, wie ich es mir vorgestellt hatte. Natürlich ging es vielen sehr gut, aber viele andere – vor allem Angehörige von Minderheiten – waren in großer Not und brauchten Hilfe.

Vanessa erklärte mir, dass Cabrini-Green ein berüchtigtes Wohngebiet in Chicago war. Zu diesem Zeitpunkt lebten dort hauptsächlich Afroamerikaner.[43] Ironischerweise war der Komplex nach Frances Cabrini benannt, der ersten Amerikanerin, die von der katholischen Kirche heiliggesprochen wurde.[44] Er war jedoch längst verwahrlost, wie man sofort sah. In Cabrini-Green, einem Schlupfwinkel von Gangs und Gewaltverbrechern, herrschten die wohl härtesten Lebensbedingungen von ganz Chicago. In den Jahren nach meinem Besuch wurden die Gebäude abgerissen.

Moffat kehrte schon bald nach Sambia zurück. Aus irgendeinem Grund hatte man ihm ein kürzeres Visum ausgestellt als mir. Die Reise war kein Erfolg für unsere Ehe gewesen, die, offen gestanden, sogar von Tag zu Tag schlechter wurde. Meiner Arbeit für *World Vision* wegen lebten wir jetzt in Lusaka und er fuhr nach Hause, um bei den Mädchen zu sein. Ich war froh, dass sie ihren Vater wiederbekommen sollten und, ehrlich gesagt, erleichtert, als er abflog. Im Grunde meines Herzens überlegte ich bereits, ob unsere Beziehung wohl von Dauer sein würde. Ich hatte Tag und Nacht gebetet, doch Moffats Zorn und Feindseligkeit nahmen ständig zu. Wenn Moffat dabei war, musste ich ständig auf der Hut sein und konnte mich nicht so geben, wie ich wirklich war. Aber ich war fest entschlossen, meine Mission trotz aller Widerstände zu erfüllen.

Als für mich selbst der letzte Tag meines Amerika-Aufenthaltes gekommen war, fuhr Vanessa mit mir zum Schwimmen an den Michigan-See. In Sambia gab es viele Seen, aber ich war noch nie schwimmen gegangen. Und hier, so weit weg von zu Hause, schwamm ich nun zum ersten Mal. Ich fand es herrlich, zu planschen und im Wasser herumzuhüpfen und fühlte mich einfach nur frei. Als ich über die Skyline von Chicago blickte, hielt ich inne und dachte nach. Die Begegnung mit Vanessa bedeutete für mich, das Mädchen aus dem Dorf, in vieler Hinsicht den Beginn eines neuen Lebens. Ich hatte einen Entwicklungssprung gemacht.

Doch mein Herz sehnte sich nach Sambia. Als das Flugzeug zum Landeanflug über einer völlig anderen Skyline ansetzte, war ich aufs Neue fasziniert von der natürlichen Schönheit Afrikas: dem Sonnenschein und den weiten Ebenen, dem langsameren Gang des Lebens. Ich war wieder zu Hause.

Vom Dorf ins Weiße Haus

Von da an änderte sich mein Leben geradezu dramatisch. Mein Aufenthalt in den Staaten öffnete mir viele Türen. Ich wurde nach Australien, Spanien und Kanada eingeladen. Immer wieder flog ich nach Amerika und zurück und dazwischen versuchte ich, meiner Arbeit in Sambia nachzukommen.

Inzwischen war klar, dass sich in meiner Beziehung zu Moffat etwas ändern musste. Manchmal sagte ich mir, dass ich seine bissigen Bemerkungen einfach hinnehmen müsste. Doch als ich dann erfuhr, dass er an meinen Arbeitgeber geschrieben und ihm empfohlen hatte, mich zu entlassen, war es mit meiner Geduld endgültig vorbei. Ich war entsetzt, dass er mir so etwas antat, gerade jetzt, wo ich die alleinige Ernährerin der Familie war. Er stellte seine Eifersucht und Verunsicherung über das Wohlergehen unserer Familie.

Die anstehende Entscheidung über unsere Ehe bekümmerte mich sehr. Ich hatte um ein Zeichen gebetet und der Brief, den Moffat geschrieben hatte, schien mir dieses Zeichen zu sein. Eine Scheidung widersprach allem, wofür ich stand, nicht zuletzt meinem Glauben.

Außerdem war da noch das Stigma, das eine Scheidung mit sich brachte. Ich wusste nur zu gut, was scharfe Zungen anrichten konnten, doch der Schmerz, den unser Verhältnis mir inzwischen bereitete, war noch größer.

Ich wusste, dass ich einen Entschluss fassen musste, und ich wusste auch, dass ich es allein schaffen konnte. Ende 2002 trafen wir die schmerzliche Entscheidung, uns zu trennen, und im November 2003 wurden wir geschieden.

Da ich schon längere Zeit mit dem Schlimmsten rechnete, hatte ich ein bisschen Geld gespart, sodass die acht auf mich angewiesenen Kinder und ich in eine winzige Mietwohnung ziehen konnten. Wir besaßen zwar kein Bett, aber zumindest hatten Rhoda, Saliya, Dale, Deophister, Elvis, Brian, Joy, Faith, Armstrong und ich ein sicheres Dach über dem Kopf und ein harmonisches Zuhause. Wir hatten genug zu essen und die Kinder konnten zur Schule gehen. Wir waren glücklich.

Unsere kleine Wohnung lag in Kabulonga, einer wohlhabenden Vorstadt von Lusaka. Hier wohnten auch der Staatspräsident und mehrere ausländische Botschafter. Ich hatte eine winzige Woh-

Princess, Faith (links) und Joy unter einem Mangobaum auf der Rückseite des Mietshauses Kabulonga Lusaka. Wir lebten meist etwa zu zehnt in der kleinen Wohnung, die ich dort gemietet hatte – ich, Joy und Faith, meine Adoptivkinder Laika, Brian, Deophister, Rhoda und Armstrong sowie die beiden anderen Kinder, für die ich sorgte: Elvis und Saliya.

257

nung in einem teuren Wohngebiet gewählt, um nahe bei der Stadt zu sein und vor allem, um die Kinder in Sicherheit zu wissen, wenn ich auf Reisen war. Ich glaube, wir hatten die winzigste Wohnung in ganz Kabulonga. Es war ein kleines Apartment in den Zesco Flats, einer Ansammlung von etwa sieben Mietshäusern, die hufeisenförmig um einen großen, offenen Platz gebaut waren, wo die Kinder Rad fahren und spielen konnten.

Da lag ich also, auf dem Fußboden, umgeben von schlafenden Kindern, die sich an mich schmiegten, als wieder einmal Ken Casey in mein Leben trat. Eines Abends – es war beinahe Mitternacht, doch ich lag noch wach –, klingelte mein Handy.

Ich weiß noch, dass die Kinder aufwachten und murrten, weil nachts das Telefon klingelte. Ich wusste nicht, wer der Anrufer war, denn die Nummer war unterdrückt. Als ich mich meldete, klang die Stimme jedoch sehr weit entfernt, deshalb dachte ich gleich, dass es ein Anruf aus dem Ausland war.

Wegen der schlechten Verbindung brauchte ich etwa eine Minute, bis mir klar wurde, dass es Ken Casey war. Er war vor zwei Wochen in Sambia gewesen, inzwischen aber wieder zurück in den Staaten. Meine Gedanken überschlugen sich förmlich: *Warum rief er mich an? Wollte er zurückkommen? Brauchte er Hilfe?* Bevor ich versuchte, den Grund des Anrufs herauszufinden, gab ich ihm erst einmal die Telefonnummer meiner Nachbarin, denn die Verbindung war zu schlecht, um ein – wie ich vermutete wichtiges – Gespräch zu führen. Meine Nachbarin hatte einen Festnetzanschluss; bei ihr würde die Verbindung besser sein. Ich weckte die ganze Familie auf, als ich an die Tür hämmerte und darum bat, ihr Telefon benutzen zu dürfen.

»Ken, ist alles in Ordnung?«, fragte ich, als wir endlich wieder verbunden waren.

Ken sagte mir, dass es ihm gut ginge, aber dass er eine Überraschung für mich hätte. »Princess, du wirst am Dienstag, dem neunundzwanzigsten April, im Weißen Haus gebraucht, wo du mit dem Präsidenten der Vereinigten Staaten zusammentreffen sollst. Schaffst du das?«

Es war schon Freitagnacht. Ich musste spätestens Montag in den Staaten sein, wenn ich am Dienstag beim Präsidenten sein sollte. »Ken, du weißt doch, ich werde dort sein.«

Ich wusste nicht so genau, worauf ich mich da einließ, doch ich hatte das Gefühl, dass es eine Chance war, wie man sie nur ein einziges Mal im Leben bekommt, und ich wusste, dass ich dort sein musste. Inzwischen war ich hellwach. Meine Kindheit fiel mir ein, wie Bataa mich auf dem Schoß hielt und sagte: »Mein Mädchen, du wirst eine Prinzessin unter Prinzessinnen sein und du wirst mit den bedeutendsten Männern der ganzen Welt zusammenkommen.« Ich schob die Erinnerung beiseite und konzentrierte mich wieder auf Ken.

Er erklärte mir, dass Präsident George W. Bush 15 Milliarden Dollar in den Kampf gegen HIV und Aids in Afrika und in einigen Ländern in der Karibik, darunter auch Haiti, investieren wollte. Aus diesem Grund hatte er eine Delegation ins Oval Office eingeladen, wo sie gemeinsam mit den Leuten aus den USA über die Verteilung der Mittel beraten sollte. Irgendwie war mein Name auf die Liste der Delegierten geraten. Es war solch ein unglaubliches Erlebnis und eine große, große Ehre für mich, eingeladen zu sein.

Später erfuhr ich, dass die Mitarbeiter von *World Vision* in Chicago, als das Weiße Haus anrief, um mich einzuladen, das Ganze für einen schlechten Scherz hielten und einfach auflegten – und das nicht ein, sondern gleich zwei Mal! Eine herrliche Vorstellung, wie meine neuen Freunde bei dem Anruf aus dem Weißen Haus einfach den Telefonhörer auflegten!

Die Zeit war sehr knapp, doch mein Glück war, dass Amerika, obwohl es Afrika in vielem weit voraus ist, uns in einem Punkt hinterherhinkt: in der Zeit! Zwischen Washington D.C. und Lusaka besteht ein Zeitunterschied von sechs Stunden, und das verschaffte mir einen kleinen Vorsprung. Am Morgen rief ich als Erstes British Airways an und bekam tatsächlich noch einen Flug. Das Visum war kein Problem, da meine regelmäßigen Besuche in den Staaten mir zu einem Mehrfach-Visum verholfen hatten. Nun war ich also tatsächlich auf dem Weg ins Weiße Haus!

Unterwegs wurde mein knapper Zeitplan noch knapper, da ich den Anschlussflug von London nach Washington verpasste. Ich musste in London übernachten, während die Flughafenangestellten Schwerstarbeit leisteten, um mich noch rechtzeitig ins Weiße Haus zu verfrachten. Doch ich blieb guten Mutes, denn ich wusste ja, dass dies meine Bestimmung war. Ich würde es rechtzeitig schaffen. (Ich selbst blieb zwar gelassen, aber ich bin sicher, dass meine Kollegen mittlerweile in heller Aufregung waren und zahllose verzweifelte Ferngespräche führten. Sie sind zwar alle gläubige Christen, aber sie haben nicht das geringste Vertrauen in die »afrikanische Zeitrechnung«!)

Kurz gesagt, ich traf wie geplant am Montagnachmittag, dem Tag bevor ich mit Präsident Bush zusammentreffen sollte, in Washington ein. Am Flughafen erfuhr ich, dass ich zuerst noch ein Telefongespräch mit Caroline Thompson, der Sprecherin des Weißen Hauses, führen musste, bevor ich zu Präsident Bush vorgelassen wurde. Das Weiße Haus wollte mich kennenlernen, bevor es meine Einladung offiziell bestätigte – das bedeutete, dass noch nicht sicher war, ob ich wirklich ins Oval Office kommen durfte. *Gott, du hast mich doch bestimmt nicht nach Amerika gebracht, damit ich am Telefon mit Caroline Thompson spreche, dachte ich, denn in diesem Moment wurde sogar mein Mut auf die Probe gestellt.*

Als Nächstes erhielt ich einen Brief von meinem Freund Ken Casey, in dem er mich daran erinnerte, dass auch Präsident Bush ein Mensch wie alle anderen war, von Gott an den Platz gestellt, an dem er stand. Ken versprach mir außerdem, dass der Herr mir die richtigen Worte eingeben würde, wenn es so weit war. Sein Brief gab mir meine Zuversicht zurück. Beim Lesen blickte ich auf meine Hände und dachte an Vanessa Church. Sie hatte mich während meines Aufenthalts in Chicago zur ersten Maniküre meines Lebens geschleppt und dabei gesagt: »Mädchen, du bist jetzt in Amerika. Du brauchst dringend eine Maniküre!« Und sie hatte recht; die Maniküre hatte mir Selbstvertrauen gegeben, wenn ich mit anderen Menschen zu tun hatte. Wenn es je einen Zeitpunkt gab, an dem das Dorfmädchen so gut wie möglich aussehen und sein Bestes geben musste, dann jetzt. Ich beschloss, einen Schönheitssalon aufzusuchen.

Mit frisch im French Look manikürten Finger- und Zehennägeln kehrte ich gerade rechtzeitig in mein Hotelzimmer zurück, um das Telefon klingeln zu hören. Ich lief hin und hob ab und wurde von Caroline Thompson aus dem Weißen Haus begrüßt. Sie dankte mir, dass ich in die Vereinigten Staaten gekommen war, und fragte mich, was ich Präsident Bush sagen wollte.

Auf dem Flug hatte ich viel darüber nachgedacht, was ich dem Präsidenten sagen wollte. Im Moment ging es den internationalen Hilfsorganisationen vor allem um die Frage, ob sie Gelder in die HIV-Prävention oder in die Behandlung der bereits Infizierten investieren sollten. Nicht immer wurden die richtigen Entscheidungen getroffen. Oft standen Religion, Verdrängung, Unwissenheit, Stigmatisierung und mangelndes Mitgefühl einem vernünftigen Entschluss im Wege. Die internationale Gemeinschaft spendete nicht genügend Geld für den Kampf gegen Armut, HIV und Aids, und ein Großteil dessen, was gespendet wurde, floss in Ausbildungs- und Präventionsprogramme, nicht in die Behandlung.

Die damals populärste Strategie im Kampf gegen Aids bestand in dem sogenannten ABC. Dieses Akronym war die Abkürzung für drei Verhaltensweisen gegen die Ausbreitung des Virus: als Erstes *Abstain*, Enthaltsamkeit, dann – wenn man verheiratet war oder in einer festen Beziehung lebte – *Be faithful*, Treue, und schließlich, als letzte Möglichkeit, ein *Condom*.

Religiöse Gruppierungen und konservative Regierungen befürworteten diese Strategie. Ich bin mit ihnen einig darin, dass es wichtig ist, die Menschen auf die Bedeutung von *safe sex* und Abstinenz hinzuweisen, doch die Statistik vermittelt uns ein klares Bild von den furchtbaren Folgen, wenn man sich zu sehr auf diese Strategie verlässt: dreiunddreißig Millionen Infizierte, achtundzwanzig Millionen Tote. Es ist überall dasselbe: Wenn die Erwachsenen nicht mehr da sind, bleiben die Kinder allein zurück. Es war höchste Zeit, die Strategie zu ändern.

Ich bin fest davon überzeugt, dass die Aufklärung Hand in Hand mit der Möglichkeit der Behandlung gehen muss. In den Vereinigten Staaten gibt es über eine Million Infizierte, doch da die meisten behandelt werden, leben sie dort sehr viel länger. In den entwickelten Ländern wird die Behandlung von HIV inzwischen gleichgesetzt mit der Behandlung von Diabetes oder anderen chronischen Krankheiten. Mit Medikamenten und einer gesunden Lebensweise haben die Patienten trotz HIV-Infektion ein langes Leben vor sich, doch in Sambia ging die Lebenserwartung ständig zurück.

Es gab viele Argumente, die dagegen sprachen, den Infizierten eine Behandlung zu ermöglichen: die hohen Kosten der patentierten Medikamente, die fehlenden medizinischen Einrichtungen für Diagnose und Behandlung und seltsamerweise die Überzeugung der Geber, dass wir nicht imstande seien, den strengen, auf einem zwölfstündigen Rhythmus beruhenden Behandlungsplan einzuhalten, weil wir keine Uhren tragen.[45]

Diese Argumentation ist vielschichtig. Nehmen wir zum Beispiel die patentierten Medikamente. Wenn die Patente ignoriert und Generika zugelassen werden, was hätten die Pharmafirmen dann noch für einen Anreiz, Milliarden in die Forschung und Entwicklung zu stecken? Andererseits bin ich der Meinung, dass Profite nicht auf Kosten von Menschenleben erzielt werden dürfen. Es darf nicht sein, dass Aids in einem Land eine behandelbare Krankheit ist und in einem anderen ein Killer. Damals dachte ich, *wir dürfen nicht ruhen, bis wir diese Schwierigkeiten überwunden haben.* Heute danke ich Gott dafür, dass das Problem der Generika weitgehend gelöst ist und inzwischen sehr viel mehr Menschen Zugang zu einer Behandlung haben.

Ich musste Caroline Thompson davon überzeugen, mich am nächsten Tag ins Weiße Haus zu lassen. Es standen einfach zu viele Menschenleben auf dem Spiel. Ich dankte ihr für die Chance, die ich bekommen sollte, und erzählte ihr dann meine Geschichte und erläuterte ihr meine Ansichten. Ich sagte ihr, dass Millionen von Kindern allein zurückbleiben und als Straßenkinder leben und dass es kaum eine Möglichkeit gibt, zu verhindern, dass sie zu Terroristen oder Kriminellen werden. Davon sind wir alle betroffen und dafür sind wir alle verantwortlich. Wenn die amerikanische Regierung helfen kann, den Infizierten Zugang zu einer Behandlung zu verschaffen, können Millionen von Kindern länger von ihren Eltern unterstützt und aufgezogen werden. Dann besteht Hoffnung, dass sie zu produktiven Mitgliedern der globalen Gemeinschaft werden.

Ich sagte Caroline auch, dass man Aufklärung und Behandlung nicht trennen kann; sie müssen Hand in Hand gehen. Wir müssen die jungen Menschen nicht nur über HIV und Aids in Kenntnis setzen; wir müssen ihnen ganz allgemein Kenntnisse – eine grundlegende Schulbildung – vermitteln, Punkt.

»Princess, das müssen Sie Präsident Bush erläutern«, meinte Caroline, als ich geendet hatte. »Wir freuen uns darauf, Sie morgen persönlich kennenzulernen.«

Ich legte den Hörer auf, sank auf mein Bett und sagte: »Danke, Gott.« Ein Vertreter des Weißen Hauses rief das Büro von *World Vision* an und sagte, sie seien sehr interessiert an dem, was ich zu sagen hätte, und so wurde ich offiziell zu einem Treffen mit dem damaligen amerikanischen Präsidenten George W. Bush und Außenminister Colin Powell eingeladen. Außerdem war ich dazu eingeladen worden, nach dem Meeting an einer Pressekonferenz teilzunehmen. Ja! Ich hatte es immer gewusst: Gott hatte mir Türen geöffnet, die kein Mensch je hätte öffnen können. Ich wusste, dass er mich nicht umsonst so weit hatte kommen lassen.

Als die Sonne aufging, stellten ein telefonischer Weckruf und zwei Wecker sicher, dass ich rechtzeitig aufstand und fertig war. Ich sah auf meine frisch manikürten Fingernägel und sagte mir: »Los, Mädchen! Das ist dein Tag.« Immer, wenn ich diese Geschichte erzähle, erwarten die Hörer oder Leser, ich sei vor Nervosität völlig außer mir gewesen. Immerhin sollte ich nicht nur einen der mächtigsten Männer der freien Welt treffen, sondern diese Person zusätzlich dazu bewegen, 15 Milliarden Dollar in den Kampf gegen die Krankheit zu stecken, die 15 Millionen Kinder zu Waisen gemacht hat. Es stand viel auf dem Spiel und selbstverständlich war ich aufgeregt und nervös, aber zugleich spürte ich eine Ruhe, die aus dem Wissen kam, dass Gott mir diese Möglichkeit gegeben hatte und dass er mich mit allem ausstatten würde, was ich heute brauchte.

Gegen acht Uhr zog ich mein afrikanisches Lieblingskleidungsstück an: ein tiefblaues Gewand mit weißem Muster und weißem Seidenbesatz und ein dazu passendes Tuch um den Kopf. Ich tat mein Bestes, um für das Weiße Haus gut auszusehen.

Ich wurde von zwei Kollegen vom *World-Vision*-Büro in Washington abgeholt, die im Hintergrund hart dafür gearbeitet hatten, dass diese Begegnung möglich wurde; einer der beiden war ein leitender Angestellter namens Bruce Wilkinson, der langfristig eine wichtige Rolle spielen sollte. Auf dem Weg ins Weiße Haus mussten wir an einem Wachhäuschen neben einem riesigen Tor mit vergoldeten Spitzen halten. Drei Wachen in schwarzen Hosen mit messerscharfer Bügelfalte und frisch gestärkten weißen Hemden baten uns auszusteigen und unsere Pässe vorzuzeigen. Ich dachte, so ähnlich wird es wohl sein, wenn man den Buckingham-Palast besucht. Da Sambia eine ehemalige britische Kolonie ist, kannte ich natürlich vor allem dieses Regierungssystem. Als wir den Sicherheitsdienst zufriedengestellt hatten, öffnete sich das Tor und man zeigte uns den Weg zum Westflügel. Ich empfand noch immer nichts Besonderes, sondern behielt die Füße fest auf dem Boden und bewunderte die Schönheit der Gärten rund um das Weiße Haus.

Im Haus wurden drei von uns in ein Zimmer geführt und man bot uns Tee an. Dieser Raum war voller Würdenträger; ich wusste damals nicht, wer die einzelnen Personen waren, aber sie sahen alle sehr bedeutend aus. Und da war ich, eine ganz normale junge Frau aus Kabwe, Sambia, im Weißen Haus mit all diesen beeindruckenden Menschen, die ich heute als hohe Tiere bezeichnen würde! Ich holte tief Luft, berührte Bamaas Elfenbeinarmreifen und stellte mir vor, wie Bataa zu Bamaa sagte: »Siehst du, Joyce? Ich habe es dir ja gesagt. Jetzt sieh dir unser Mädchen an.«

Wir mussten eine Weile warten; dabei gingen wir im Raum herum und redeten miteinander. Dann war es soweit. Die fünfzehn von uns, die mit dem Präsidenten zusammentreffen sollten, wurden ins Oval Office geführt. Die übrigen Gäste, darunter meine Freunde von *World Vision*, mussten zurückbleiben. Sie warfen mir einen letzten ermunternden Blick zu.

Von denen, die ins Oval Office eintraten, war ich die Einzige, die aus Afrika gekommen war, und bei Weitem die Jüngste. Im Büro des Präsidenten stand ein großer Holztisch mit Platzkarten. Wir wurden aufgefordert, unsere Plätze zu suchen und uns zu setzen. Mir direkt gegenüber war ein Platz ohne Namen. Ich fragte mich noch, wer dort wohl sitzen mochte, und dachte, dass der Platz wahrscheinlich absichtlich frei gelassen worden war, da so viele bedeutende Würdenträger am Tisch saßen und ich nur ein schlichtes Dorfmädchen war. Gegenüber von mir, ein Stückchen links, saß Außenminister Colin Powell und neben ihm ein wichtig aussehender deutscher Geschäftsmann, der sehr nett zu mir gewesen war, als wir uns in dem Vorzimmer unterhalten hatten. Rechts gegenüber saßen der Gesundheitsminister, Tommy Thompson, und ein katholischer Kardinal. Ich weiß nicht mehr genau, wer sonst wo saß, doch insgesamt waren wir fünfzehn und jeder saß auf dem Platz, auf dem sein Name stand, nur der Platz direkt mir gegenüber war leer.

Außenminister Colin Powell begrüßte uns und erklärte, dass HIV und Aids – die Massenvernichtungswaffe unserer Zeit, wie er sie nannte – ein wichtiges Thema für die Vereinigten Staaten von Amerika und das Weiße Haus seien. Und nicht nur das, sie seien dem Präsidenten selbst ein Anliegen, denn dieser sei sehr besorgt über das Virus und seine Auswirkungen. Dann sagte er, dass der Präsident in Kürze kommen werde.

Daraufhin wurden wir aufgefordert, uns selbst vorzustellen. Der erste Redner bat die US-Regierung um Mittel für Vorsorgeprojekte, statt Geld für Kondome auszugeben, da Letztere nur die Promiskuität förderten. Andere waren der Ansicht, man solle mit den gegenwärtigen Strategien fortfahren. Unter den Rednern waren ein Vertreter der Bill & Melinda Gates Foundation, ein Vertreter von CARE International und die ugandische Botschafterin in Amerika. Ich selbst vertrat *World Vision*. Die Ansichten über Aids, eine Krankheit, bei der es immer auch um moralische Fragen geht, waren so unterschiedlich wie die Vertreter der anwesenden Organisationen.

Als ich an der Reihe war, sagte ich einfach: »Hallo, ich bin Princess Kasune Zulu. Ich freue mich sehr, hier zu sein. Als junge Afrikanerin, die HIV-positiv ist, danke ich Ihnen, dass ich meinen Kontinent und die Menschen, die an HIV und Aids leiden, vertreten darf.« Mehr sagte ich nicht, da ich es so verstanden hatte, dass wir uns einfach nur vorstellen sollten.

In diesem Augenblick kam Präsident George W. Bush herein und begrüßte uns. Da war er, der Präsident der Vereinigten Staaten, im Oval Office, und ich saß an seinem Tisch! Mir gefiel sehr, wie er den Raum betrat. Plötzlich schien das Zimmer von Ruhe und Frieden erfüllt zu sein.

Ungeachtet dessen, ob man mit der Politik eines Amtsträgers einverstanden ist – und auf dieses Thema möchte ich hier nicht eingehen –, kann man sich manchmal der Ausstrahlung und dem Stil eines bestimmten Menschen nicht entziehen. Bill Clinton und Barack Obama, die ich bei verschiedenen Anlässen gesehen habe, sind ähnlich beeindruckend, und seit jenem Tag im Weißen Haus bin ich anderen führenden Politikern begegnet, auf die das ebenfalls zutrifft. Das Besondere an Präsident Bush war, dass er die Menschen beruhigte. Er hatte eine freundliche Art, die einen vergessen ließ, dass er der Präsident war.

Als ich ihn ansah, während er auf mich zukam, hätte ich beinahe losgekichert. Ich glaube allerdings nicht, dass ich es wirklich getan habe – oder wenn, dann nur innerlich. Wir standen alle auf, Präsident Bush begrüßte uns freundlich und forderte uns auf, uns wieder zu setzen. Inzwischen fühlte ich mich schon richtig heimisch, doch diese Geste – der Präsident meiner zweiten Heimat, der Vereinigten Staaten, der uns aufforderte, es uns im Weißen Haus bequem zu machen – nahm mir auch noch den Rest Nervosität, der vielleicht noch geblieben war.

Wir setzten uns wieder – und Sie werden niemals raten, wo Präsident George W. Bush saß: direkt mir gegenüber. Der leere Platz war der Platz des Präsidenten der Vereinigten Staaten von Amerika. Plötzlich saß das Dorfmädchen dem Präsidenten Auge in Auge gegenüber! In Augenblicken wie diesen danke ich Gott dafür, dass meine Haut schwarz ist und niemand sieht, wenn ich rot werde!

»Was ist bis jetzt passiert?«, fragte er. Tommy Thompson referierte kurz, was jeder gesagt hatte. Sein letzter Satz war: »Dann hat Princess Kasune Zulu sich vorgestellt.« Präsident Bush drehte sich um und sprach mich an. Er dankte mir für meine Arbeit und dafür, dass ich gekommen war. Dann forderte er mich auf, meine Geschichte zu erzählen.

Dass er meine Arbeit anerkannte, war eine unglaubliche Ermutigung. Das Leben mit HIV und der ständige Einsatz für andere Menschen bringen große Belastungen und viel Einsamkeit mit sich. Präsident Bush gab mir das Gefühl, dass ich das alles nicht vergeblich auf mich nahm. Er wollte, dass ich weitermachte. Ich habe keine Titel und bin kein Würdenträger. Ich bin ein Kind eines der ärmsten Völker der Erde und doch nahm Präsident Bush sich die Zeit zu sagen: »Erzählen Sie mir Ihre Geschichte.« Es war ein bewegender Augenblick.

Ich riss mich zusammen und erklärte, dass die Krankheit meiner Eltern uns gezwungen hatte, in einem Dorf zu leben, dass ich jeden Tag viele Kilometer gehen musste, um Wasser zu holen, dass ich deshalb in der Schule ständig müde gewesen sei und dass meine Eltern den Kampf gegen Aids verloren hatten. Ich sagte ihm, dass ich die Schule verlassen und einen älteren Mann heiraten musste, der für mich und für meine Brüder und Schwestern sorgen konnte. Und ich sagte Präsident George W. Bush auch, dass Aids nicht nur das Leben meiner Eltern, meiner Schwester und meines Bruders gefordert hatte, sondern auch meines – meine Unschuld, meine Zukunft. Aber ich war nicht gekommen, um ihm mein Schicksal vorzutragen, sondern um ihm zu sagen, dass es Millionen anderer wie mich gab, ihn zu bitten, das Weinen der Frauen und Kinder zu hören und an den Kummer der Väter zu denken, die nicht mehr die Kraft haben, ihre Familien zu beschützen und zu ernähren.

Dann bat ich Präsident Bush zu bedenken, dass Bildung und Behandlung nicht getrennt werden dürfen; sie müssen Hand in Hand gehen. Nur wenn junge Menschen eine gute Schulbildung haben, bekommen sie bessere Jobs und können lernen, sich selbst zu schützen. Eine bessere Schulbildung ist der einzige Weg, den Teufelskreis der Armut zu durchbrechen.

Meine Worte schienen gut aufgenommen zu werden, der Präsident sah interessiert aus, deshalb fuhr ich fort und erklärte, dass die Behandlung von HIV und Aids dafür sorgt, dass Eltern länger leben und ihre Kinder eine richtige Kindheit haben, zur Schule gehen und gesund und stark aufwachsen können, statt Waisen zu werden und viel zu früh für eine ganze Familie sorgen zu müssen. Wenn meine Eltern behandelt worden wären, hätte auch mein Schicksal anders ausgesehen. Ich sagte ihm, dass mein Leben nur eines von Millionen afrikanischer Leben sei und dass es meinen Töchtern möglicherweise genauso ergangen wäre wie mir. »Bevor jemand für meine Behandlung aufgekommen ist, war meine Helferzellenzahl so niedrig, dass ich gestorben wäre. Wer hätte dann für meine Mädchen gesorgt?«, fragte ich ihn. Das ist der Teufelskreis von Aids; er hält Generation um Generation im Würgegriff der Armut.

Ich dankte ihm, weil er tatsächlich einer der ersten führenden Politiker auf der Welt war, der diese Zusammenhänge erkannte und wichtig nahm. Er hatte eine Afrikanerin, eine HIV-Kranke, an seinen Tisch geladen. Die Leute meinen manchmal, dass ich als junge Frau aus Afrika naiv sei, wenn es um Politik gehe, und dass Präsident Bush nur gesagt habe, was ich seiner Ansicht nach hören wollte und wozu seine Ratgeber ihm rieten. Diesen Kritikern möchte ich entgegenhalten, dass ich keineswegs naiv bin. Meine Augen waren offen. Tatsache ist, dass Präsident Bush der Erste war, der wenigstens aussprach, dass diese Seuche ihm Sorge bereitete. Später wurde sein Vorgehen in dieser Sache zum Teil heftig kritisiert, doch wir müssen anerkennen, dass er eine führende Rolle im Kampf gegen die Krankheit spielte. Das ist in jedem Fall anerkennenswert, denn die größten Feinde im Kampf gegen die Armut und das Virus sind das Gefühl der Lähmung und der fehlende politische Wille zur Veränderung. Künftige Generationen werden uns unsere Untätigkeit vorwerfen. Ich hätte noch stundenlang weiterreden können, doch jetzt waren die anderen dran.

Es war noch eine weitere Vertreterin Afrikas unter uns, die in den Vereinigten Staaten lebte: die ugandische Botschafterin Judith Sekepala. Botschafterin Sekepala berichtete, wie Uganda seine HIV-

Infektionsrate von zwanzig Prozent in den Neunzigerjahren des zwanzigsten Jahrhunderts auf unter sieben Prozent gesenkt hatte.[46] Dieser Erfolg war auf ein frühzeitiges und entschlossenes Eingreifen, auf die Hilfe von privaten Hilfsorganisationen, Kirchen, Häuptlingen und Politikern zurückzuführen. Sie hatten Enthaltsamkeit gepredigt, Betroffene aller Altersklassen zu offenen Diskussionen ermutigt, gegen Stigmatisierung und Diskriminierung gekämpft, für eine bessere Behandlung der sexuell übertragbaren Infektionen gesorgt, Anreize für den Gebrauch von Kondomen gegeben und dafür gesorgt, dass diese leichter erhältlich waren, freiwillige Tests eingeführt, bei denen man das Ergebnis noch am gleichen Tag erhielt, und den Zugang zur Behandlung von HIV verbessert. Die Resultate waren eindeutig: Durch entsprechende Information und ein gemeinsames Vorgehen ist es möglich, die Ausbreitung von HIV zu verhindern.

Man konnte sehen, dass Präsident Bush beeindruckt war. Ugandas Erfolg schien ihm Hoffnung zu machen, dass die Welt Aids tatsächlich bekämpfen konnte. Seine Augen leuchteten angesichts der Möglichkeit, dass das Problem lösbar war.

Plötzlich sagte er: »Stellen Sie sich vor, wie Ugandas Strategie Princess geholfen hätte!« So kam das Gespräch wieder zurück auf mich und bevor ich mich versah, waren der Präsident und ich in ein persönliches Gespräch verwickelt. Ich bin eine Frau und ich erzählte ihm, dass die Frauen in Sambia zur Quelle der Hoffnung geworden sind; wir geben nicht so leicht auf. Selbst in den ärmsten Gebieten sind die Frauen die Gebenden, sie kämpfen für das Leben, für ihre Familien und Gemeinden. Im Moment liegt die Last von HIV und Aids noch am stärksten auf den Frauen, weil wir durch unsere biologische Verfassung anfälliger für das Virus sind und weil wir als diejenigen Mitglieder der Gesellschaft, die traditionell die Kranken pflegen, sehr viel Zeit damit verbringen, den durch das Virus Geschwächten zu helfen: wir geben ihnen zu essen, versorgen ihren Haushalt, sorgen für ihre Familien. Diese Zeit könnten wir normalerweise produktiver verbringen. Es sind immer die Kinder, die leiden.

Bald nachdem ich zu Ende gesprochen hatte, war auch das Treffen zu Ende. Ich wusste, dass ich Glück gehabt hatte, so lange mit dem Präsidenten reden zu dürfen, zumal ein paar der Anwesenden kein einziges Wort mit ihm gewechselt hatten. Er dankte uns, dass wir ihm unsere Zeit geopfert hatten, und bat uns um unsere Unterstützung, weil er als Nächstes den Kongress und den Senat überzeugen musste, 15 Milliarden Dollar in den Kampf gegen HIV und Aids zu investieren.

Dann verabschiedete er sich. Zu mir gewandt, sagte er noch: »Bitte grüßen Sie Joy und Faith von mir.« Das war zu viel für mich – er erinnerte sich sogar an die Namen meiner Kinder! »Danke, Mr President, das werde ich tun«, antwortete ich.

Da ich noch einmal seine Aufmerksamkeit besaß, erwachte plötzlich die stolze, patriotische Sambierin in mir.

Ich ergriff die Gelegenheit, Präsident George W. Bush zu informieren, dass die frühere sambische Regierung den Kampf gegen HIV und Aids leider nicht auf ihre Prioritätenliste gesetzt hatte, dass der gegenwärtige Präsident, Levy Patrick Mwanawasa, und seine Frau Maureen Mwanawasa jedoch alles daransetzten, Sambia mit der Unterstützung privater Hilfsorganisationen auch auf diesem Gebiet zum Durchbruch zu verhelfen.

»Wie in Uganda ist auch bei uns die Zahl der HIV-Neuinfektionen im Sinken begriffen«, sagte ich. Präsident Bush sollte wissen, dass auch mein Land selbst tat, was es konnte, um die Gefahr zu besiegen.

Nach unserem Treffen wollte der Präsident sich noch an die größere Gruppe wenden. Dazu hatten wir uns eigentlich in den Rosengarten begeben sollen, doch ein heftiger Regenguss zwang uns, in den Presseraum – den East Room – auszuweichen, mit den üppigen blauen Vorhängen und dem Rednerpult, die wir so oft im Fernsehen bewundern können.

Es gab viele Plätze in diesem Raum, da unsere Gruppe ja inzwischen viel größer war. Ich wollte mich eigentlich ganz hinten hinsetzen, das ich wahrlich genügend Aufmerksamkeit bekommen hatte, doch eine Dame – sie war von der Gates Foundation oder von CARE International – bat mich, mich zu ihr zu setzen, in die dritte oder vierte Reihe. Auch jetzt befanden sich wieder viele Würdenträger im Raum und die meisten Anwesenden schienen einander zu kennen. Sie wirkten völlig entspannt in dieser Umgebung, im Gegensatz zu mir – ich hätte mich am liebsten in einer Ecke versteckt. Doch da die Frau mich angesprochen hatte, tat ich ihr den Gefallen.

Präsident Bush stand vorn. Er wandte sich an die Versammlung aus amerikanischen Abgeordneten und Senatoren, Medienvertretern, hohen Würdenträgern und uns fünfzehn aus dem Oval Office und nannte uns die Gründe, warum er fünfzehn Milliarden Dollar in die Vorsorge und Behandlung von HIV und Aids in Afrika und der Karibik stecken wollte.

Während er sprach, sah er mir direkt in die Augen und suchte meinen Blick. Es war ein gutes Gefühl, aber gleichzeitig fühlte ich mich schrecklich schüchtern und verlegen. Wieder dankte ich Gott für meine dunkle Hautfarbe, der man die Röte, die mich überzogen hatte, nicht ansah. Um meine Verlegenheit zu kaschieren, senkte ich den Blick, als sei mir etwas heruntergefallen, oder sah hoch zur Decke. Doch dann riss ich mich zusammen, holte tief Luft und erwiderte Präsident Bushs Blick.

Als der Präsident geendet hatte, standen wir auf und applaudierten, während er den roten Teppich heruntergeschritten kam. Diejenigen, die ihn kannten – oder kennenlernen wollten – gingen auf ihn zu, um mit ihm zu sprechen. Ich, das Dorfmädchen, war bereits an der Reihe gewesen und machte ihnen Platz. Doch offenbar war die mir zugemessene Zeit noch nicht um. Plötzlich machte Präsident Bush eine scharfe Wendung, kam direkt auf mich zu und küsste mich auf beide Wangen! Ich war völlig verblüfft und wusste nicht, wo ich hinsehen sollte. Damals merkte ich es gar nicht, aber die Kameras nahmen alles auf. Dann war er fort.

Als der Regen aufhörte, gingen diejenigen von uns, die noch mit den Medienvertretern sprechen sollten, hinaus in den Rosengarten. Wieder musste ich vor ein Mikrofon treten. Ich wurde gefragt, ob das heutige Treffen und die fünfzehn Milliarden Dollar, die unserem Kampf eventuell zur Verfügung gestellt würden, uns Hoffnung machten. »Ja. Unbedingt.« Ich erzählte den Journalisten, dass die Krise in Afrika sofortiges Handeln erforderte und dass wir das Geld so schnell wie möglich brauchten, da jede Verzögerung Menschenleben kosten konnte. Die Hilfsorganisationen taten zwar, was in ihrer Macht stand, doch um das Problem zu lösen, bedurfte es der Zusammenarbeit von Regierungen, privaten Hilfsorganisationen, Kirchen und Privatpersonen. »Bessere Behandlung bedeutet, dass die Kinder bei ihren Eltern leben können, bis sie erwachsen sind, statt schon in jungen Jahren zu Waisen zu werden.« Danach wurden weitere Fragen beantwortet.

Nach dem Treffen im Weißen Haus wurde der Vorschlag des Präsidenten angenommen und die 15 Milliarden Steuergelder für den Kampf gegen HIV und andere vermeidbare Krankheiten wurden bewilligt. Das Projekt bekam den Namen President's Emergency Plan for AIDS Relief, PEPFAR.[47] Dieses Projekt war eine großzügige und wichtige Hilfe einer Regierung für andere Völker und hat viele Tausend Leben gerettet. Als Vertreterin der Afrikaner danke ich dem amerikanischen Volk und den anderen entwickelten Ländern, die seither diesem Vorbild gefolgt sind.

Natürlich bleibt noch viel zu tun. Die Analyse der Aufteilung der Geldmittel von PEPFAR zeigte, dass es nach wie vor viele Herausforderungen gibt, vor allem auf dem komplexen Gebiet der Generika und der Verteilung von Kondomen. Ich war enttäuscht zu hören, dass diejenigen, die in den Genuss der finanziellen Hilfe kamen, eine Erklärung unterzeichnen mussten, in der sie Prostitution verurteilten und sich verpflichteten, keine Prostituierten zu unterstützen, sodass dieser überaus wichtige Verbreitungsweg von HIV völlig außer Acht gelassen wurde.[48] Das ist sehr bedauerlich, da wir ohne Geldmittel nicht imstande sind, diesen Mädchen eine Möglichkeit zu bieten, sich ihren Lebensunterhalt auf andere Weise zu verdienen. Doch im Großen und Ganzen war es ein vielversprechender Anfang. Initiativen wie diese werden eine Wende herbeiführen und wir werden merken, dass wir gewinnen können.

Als ich das Weiße Haus verließ, fühlte ich mich großartig. Zusammen mit meinen Kollegen ging ich zu unserem Auto und wir beschlossen, zur Feier des Tages essen zu gehen – in ein Meeresfrüchte-Restaurant. Seltsam, was einem manchmal in Erinnerung bleibt! Ich weiß noch genau, dass ich an diesem Tag zum ersten Mal in meinem Leben Muscheln aß.

An diesem Abend war ich zutiefst befriedigt und glücklich, nicht nur meinetwegen, sondern im Blick auf das, was die Genehmigung des Projekts für Millionen von Menschenleben bewirken würde. Noch selten hatte ich eine solche Freude empfunden. Es war ein Gefühl, als würden die Tränen von Millionen von Menschen getrocknet und ihre Gebete erhört. Plötzlich fiel mir Jeremia 1,4-10 ein: »Ich kannte dich schon, bevor ich dich im Leib deiner Mutter geformt habe. Schon vor deiner Geburt habe ich dich dazu bestimmt, dass du den Völkern meine Botschaften überbringst« – und dazu die Worte des Propheten Simba: »Die amerikanische Flagge steht still.« Wieder wusste ich mit unverrückbarer Gewissheit, dass dies meine Bestimmung war.

Als ich am nächsten Morgen im Hilton Hotel neben dem Weißen Haus aufwachte, fühlte ich mich herrlich stark und frei. Ich hüpfte im Bett auf und ab, tanzte im Pyjama durch das Zimmer und rief mir in Erinnerung, was ich zum Präsidenten gesagt hatte: »Ja, Mr President.« – »Künftige Generationen werden uns unsere Untätigkeit vorwerfen.« Dann blickte ich aus dem Hotelfenster und alles sah wunderschön aus. Das Leben war wundervoll. Ich beschloss, ausnahmsweise den Zimmerservice zu bestellen, zur

Feier des Tages und, um den Komfort meines wunderschönen Hotelzimmers zu genießen. Während ich auf das Frühstück wartete, sah ich, wie die Morgenzeitung unter der Tür durchgeschoben wurde. Ich holte sie und ging wieder ins Bett, um sie in Ruhe zu lesen. Plötzlich erstarrte ich und ein lautes »Waaaaaas?« kaum aus meinem Mund, als ich in *USA Today* ein Foto von mir erblickte, wie mich der Präsident der Vereinigten Staaten auf die Wange küsste – der Präsident, wie er eine HIV-positive Schwarze küsst – das war eine wichtige Botschaft für die ganze Welt! Es war ein wilder Ansturm von Gefühlen, der mich angesichts dieses Fotos überwältigte. Dass Präsident Bush mich küsste, zeigte den Menschen, dass man sich nicht durch eine Umarmung oder einen Kuss mit Aids infizieren kann. Ich glaube, dass das Foto Mitgefühl weckte, dass es die Stigmatisierung durchbrach, die durch das graus-

Mit George W. Bush (April 2003).

ame, willkürlich wütende Virus ausgelöst wird, und dass es andere Politiker zum Handeln animierte. Ich musste unbedingt Vanessa anrufen. »Mädchen, weißt du, was? Geh sofort los und kauf dir *USA Today* und dann sag mir, was du siehst.«

Das Foto fand den Weg nach England, Australien, Kenia, Nigeria, Südafrika, Botswana, Singapur und in viele andere Länder. Endlich wurde der internationalen Gemeinschaft die Not Afrikas und der anderen Länder überall auf der Welt, die in verzweifelter Armut leben, bewusst. Wieder einmal hatte sich das Wirken Gottes manifestiert. Ich triumphierte für jeden einzelnen Menschen, der mit HIV infiziert war, triumphierte für mein Land, für jeden einzelnen Sambier, für jeden Afrikaner. Seit der Veröffentlichung dieses Fotos, das unter meinen Freunden und Kollegen als »der Bush-Kuss« bekannt ist, habe ich einiges über die Macht gelernt, die eine solche Begegnung mit dem amerikanischen Präsidenten haben kann. Ich reise weiterhin im Rahmen meiner Tätigkeit durch die ganze Welt und bei der Einreise in ein fremdes Land fragen mich die Zollbeamten jedes Mal: »Was ist der Zweck Ihres Aufenthalts?« Wenn ich in den afrikanischen Ländern und in den anderen Entwicklungsländern dann antworte: »Ich arbeite für *World Vision*«, ist alles in Ordnung. Die meisten Menschen kennen *World Vision* und die Beamten wissen, dass ich aus gutem Grund in ihr Land komme. Ein Großteil der sambischen Bevölkerung wird von *World Vision* unterstützt, mit Nahrungsmitteln oder anderen Hilfsprojekten. In den Vereinigten Staaten ist *World Vision* jedoch weniger bekannt, deshalb ziehen sich die Zollformalitäten manchmal etwas länger hin – bis ich einen Weg fand, dieses Problem zu lösen. Heute habe ich immer eine Kopie des »Bush-Kusses« dabei. Ein Blick auf das Foto – das ich im FBI-Stil zücke – und der Zollbeamte salutiert: »Bitte sehr, Madam.«

Gemeinsam können wir es schaffen

Als ich von meinem Besuch im Weißen Haus zurückkehrte, hatte ich das Gefühl, dass diese Reise der Höhepunkt meiner Arbeit gewesen war, die Krönung meines Werkes, der Schlusspunkt meiner Berufung. Ich konnte mir einfach nicht vorstellen, dass meine Lebensreise mich noch weiter bringen würde. Doch das war ein Irrtum. Mein Besuch im Weißen Haus sorgte dafür, dass das Interesse der Weltöffentlichkeit an meiner Geschichte sehr viel größer wurde und dass ich noch öfter unterwegs war als zuvor. Und er war die Bestätigung, dass man Träume und hohe Ziele haben muss, weil tatsächlich alles möglich ist.

In den folgenden Jahren war ich ständig auf Reisen, in den Vereinigten Staaten, Australien, Kanada (was interessant ist, wenn man sich an die Worte des Propheten Simba erinnert), Deutschland, England, ja sogar Spanien, Rumänien, Thailand, Neuseeland, Irland und weiteren Ländern. Jede meiner Reisen verfolgt den Zweck, ein Bewusstsein dafür zu wecken, welche Folgen HIV und Aids für die Kinder dieser Welt hat, und Mittel für den Kampf gegen die Krankheit zu mobilisieren. Das erreichte ich durch Reden vor Publikum, zu dem nicht selten die führenden Politiker und Entscheidungsträger der betreffenden Staaten gehörten.

Häufig hatte ich auch die Gelegenheit, mit dem inzwischen verstorbenen Präsidenten unseres Landes und der sambischen First Lady Maureen Mwanawansa zusammenzutreffen, mit Mrs Graca Machel Mandela, mit UN-Generalsekretär Ban Ki-moon, Senatorin Hillary Clinton, mit dem UN-Sonderbeauftragten Stephen Lewis, dem englischen Minister für internationale Entwicklung Hilary Benn und anderen englischen Abgeordneten, mit der ehe-

maligen amerikanischen First Lady Mrs Laura Bush und mit Mrs Cindy McCain. Die Treffen mit dem damaligen Premierminister Tony Blair und mit Paul Martin, dem damaligen kanadischen Premierminister, wurden aufgrund zwingender Umstände in letzter Minute abgesagt. Ja, ich habe sogar Präsident Barack Obama gesehen, wenn auch unter ganz anderen Umständen. Wir saßen einmal zufällig auf derselben Kirchenbank in der Apostolic Faith Church in Chicago, als er für sein Amt kandidierte – ich wünschte nur, ich hätte damals eine Kamera dabeigehabt! Bei all diesen Begegnungen und Hunderten anderer in Kirchen und Schulen, an Colleges und in Firmen, in Stadthal-

Als Sprecherin auf der interaktiven Ausstellung Step into Africa Experience von World Vision über HIV/Aids im Bahnhofsgebäude des Grand Central Terminal in New York (2003).

len und Privathäusern wurde mir immer wieder die gleiche Frage gestellt: »Nun, da wir die Probleme in Afrika kennen – was können wir tun?«

Mit Senatorin Hillary Clinton.

Meine Antwort darauf ist klar, ich werde sie Ihnen sagen. Allerdings möchte ich vorausschicken, dass ich kein Arzt, Wissenschaftler, Ökonom oder Gesundheitsexperte bin. Auf all diesen Gebieten bin ich Laie. Ich bin schlicht und einfach eine Frau, die tief betroffen ist von den unvorstellbaren Schrecken von HIV und Aids, extremer Armut und anderen behandelbaren oder vermeidbaren Krankheiten wie Tuberkulose und Malaria. Und ich möchte den Menschen die Augen dafür öffnen, dass wir diese Krankheiten nicht zurückdrängen können, ohne etwas gegen die Armut zu unternehmen, denn Krankheit und Armut bilden einen tödlichen Teufelskreis.

Es ist schreckliche Realität, dass alle sechs Sekunden ein Kind stirbt, weil es nicht genug zu essen hat.[49] Alle vierzehn Sekunden verliert ein Kind seine Eltern durch Aids[50] und alle dreißig Sekunden stirbt eines an Malaria[51]. So sieht die Welt aus, in der Sie und ich leben. Das sind die Fakten, die Gott das Herz brechen.

Ich verstehe, dass man sich wie gelähmt fühlt, wenn man über diese Zahlen nachdenkt. Sie sind einfach zu schrecklich, zu entsetzlich, um sie in ihrem vollen Ausmaß zu begreifen. Wir fragen uns, wo wir anfangen sollen, ob ein einzelner Mensch überhaupt etwas bewirken kann. Woher nehme ich angesichts dieser Situation den Mut, mich vor Sie hinzustellen und im Brustton der Überzeugung zu behaupten, dass wir noch innerhalb dieser Generation die extreme Armut und die vermeidbaren Krankheiten für immer beseitigen werden?

Das ist mein größtes Anliegen und ich möchte auch Sie dafür gewinnen – das Problem der extremen Armut kann gelöst werden, nicht in hundert Jahren, sondern innerhalb unserer überschaubaren Lebensspanne. Und nicht nur ich bin davon überzeugt, sondern auch die Vereinten Nationen, die Regierungen der ganzen Welt, die Ökonomen, die globale ONE-Kampagne und die Gemeinschaft der internationalen Hilfsorganisationen. Wir, die wir heute auf dem Planeten Erde leben, haben die Macht, extreme Armut und vermeidbare Krankheiten auszurotten. Wir können beschließen, Schmerz und Zerstörung nicht mehr einfach hinzunehmen, sondern ihnen ein Ende zu machen, und zwar in dem Zeitraum, in dem wir zu Hütern unseres Planeten berufen sind. Das ist eine der faszinierendsten und schönsten Aufgaben für die Menschen, die heute leben. Können Sie sich vorstellen, welch eine Freude es ist, Teil der weltweiten Bewegung zu sein, die dem Tod und dem Leid, die aus den krassen Ungleichheiten in unserer Welt resultieren, ein Ende setzen will?

Mit diesem hohen, aber durchaus realistischen, Ziel vor Augen möchte ich meine persönliche Geschichte einen Augenblick hintanstellen und eine Frage beantworten, die mir so oft gestellt wird: »Was können wir tun, um die Schmerzen zu beenden?« Meine Antwort lautet: Wissen ist Macht, deshalb erlauben Sie mir, Sie mit dem Wissen und dem Werkzeug auszurüsten, das Sie brauchen, um den Menschen eine Zukunft zu schenken, um Vorreiter der Veränderung zu werden, die Afrika und andere Entwicklungsländer von der ungerechten Last aus Armut und Krankheit befreit. Machen Sie mit?

. Wir können den Kampf gewinnen, weil heute immerhin ein geringerer Prozentsatz der Weltbevölkerung von extremer Armut betroffen ist als zu jedem anderen Zeitpunkt in der Geschichte. Bis vor etwa zweihundert Jahren lebte der größte Teil der Weltbevölkerung in entsetzlicher Armut,[52] doch heute gibt es »nur« noch 1,4 Milliarden Menschen, die in extremer Armut, und weitere 1,6 Milliarden, die in gemäßigter Armut leben; der Großteil der Weltbevölkerung aber ist reicher als je. Die erste wichtige Tatsache, die mir Hoffnung gibt, ist also, dass die Zahl der Menschen, die Hilfe brauchen, so klein ist, dass wir tatsächlich etwas tun können. Und gleichzeitig gibt es genügend Menschen und Regierungen, die etwas für diese Armen tun können, weil sie die Mittel dazu haben.

Die Zahl der Menschen, die in extremer Armut leben, ist nicht nur eine statistische Größe. Mit einer Kombination aus unserer Unterstützung, eigener harter Arbeit der Betroffenen, Entschlossenheit und günstigen Ausgangsbedingungen können diese Familien ein besseres Leben führen. Doch genauso, wie sie den gefahrvollen Weg auf der ökonomischen Leiter nach oben klettern können, können sie auch wieder herunterfallen, wenn die Bedingungen sich verschlechtern. Wir müssen wachsam bleiben und unser Tun den Gegebenheiten anpassen. Nach einer Mitteilung der Weltbank wird die Weltwirtschaftskrise etwa 89 Millionen Menschen in extreme Armut stürzen.[53] Eine kürzlich von Plan International durchgeführte Studie sagt voraus, dass dies vor allem junge Mädchen treffen wird.[54] Auch die jüngste Nahrungsmittelknappheit und die Preiserhöhungen auf Lebensmittel, die größtenteils auf die globale Erwärmung zurückzuführen sind, haben viele Menschen in extreme Armut zurückgeworfen. Deshalb ist der

Kampf gegen die extreme Armut eine der größten Herausforderungen der Welt; die anderen sind der Kampf gegen die Klimaveränderung und der Einsatz dafür, dass alle Menschen eine Zukunft haben, vor allem die Menschen in den Entwicklungsländern, die am schwersten betroffen sind.

Die modernen Wirtschaftstheorien und neueren internationalen Erfahrungen besagen, dass es unser vorrangiges Ziel sein muss, die Menschen aus der extremen Armut zu befreien – einer Armut, die tötet und die massiv mit HIV und Aids und anderen vermeidbaren Krankheiten verflochten ist. Deshalb gilt diesem Anliegen auch mein Hauptinteresse. Ich sehe eine hellere Zukunft für diese 1,4 Milliarden Menschen, weil wir heute Wege kennen, ihnen ein besseres Leben zu ermöglichen. Wir wissen genau, wie wir das erreichen können; alles, was wir tun müssen, ist, Hand in Hand über die höchsten Berge und durch die dunkelsten Täler zu gehen, dann werden wir unser Ziel erreichen.

Es gibt mehrere wichtige und wirkungsvolle Strategien, doch der entscheidende Entwicklungsplan zur Linderung extremer Armut, der Plan, den wirklich jeder kennen sollte, ist die UN-Millenniumskampagne »Millennium Development Goals« (MDG). Sie benennt acht Ziele, die auf die größten Herausforderungen der weltweiten Entwicklung zugeschnitten sind und bis zum Jahr 2015 erreicht sein sollen. Sie wurden während des UN-Millennium-Gipfels im September 2000 von einhundertneunundachtzig Nationen gebilligt und von einhundertsiebenundvierzig Staatsoberhäuptern und Regierungen unterzeichnet.[55]

Die acht Millenniumsziele sind unterteilt in 21 quantifizierbare Ziele, die mit Hilfe von 60 Indikatoren gemessen werden.[56] Wenn es Ihnen ernst damit ist, sich dem Kampf gegen die extreme Armut anzuschließen, möchte ich Sie bitten, sich zuallererst mit den Millenniumszielen vertraut zu machen. Sie lauten wie folgt:

Bekämpfung von extremer Armut und Hunger
Grundschulbildung für alle
Gleichstellung der Geschlechter und Stärkung der Rolle der Frauen
Senkung der Kindersterblichkeit
Verbesserung der Gesundheitsversorgung der Mütter
Bekämpfung von HIV/Aids, Malaria und anderen schweren
Krankheiten
Ökologische Nachhaltigkeit
Aufbau einer globalen Partnerschaft für Entwicklung

Das siebte Ziel, ökologische Nachhaltigkeit, schließt unter anderem die Reduzierung der Zahl der Menschen, die keinen Zugang zu sauberem Trinkwasser haben, auf die Hälfte ein. Durch die einfache Maßnahme, eine Gemeinschaft mit sauberem Trinkwasser zu versorgen, können wir die Säuglingssterblichkeit halbieren.

Bei alldem bleibt jedoch zu berücksichtigen, dass die Ursache für die extreme Armut in einem Land wie dem meinen vielfältig ist. Dazu gehören unsere Geographie – wir sind ein Binnenstaat –, die Folgen unserer Kolonialvergangenheit, die Korruption und Unfähigkeit unserer früheren Regierungen, die hohe Staatsverschuldung, die sinkenden Kupferpreise, die mangelnden Hilfsprogramme vonseiten der entwickelten Welt und die unfairen Bedingungen im Blick auf den internationalen Handel. Es ist schlicht und einfach eine Illusion zu glauben, mit den oben erwähnten acht Zielen könne man all diese Missstände beseitigen, aber dennoch werden diese Ziele viel dazu beitragen, das Leben der Allerärmsten in meinem Land zu verbessern.

Im Parlamentsgebäude von Sambia mit Präsident Levy Mwanawasa (2005). Im Hintergrund der Präsident von *World Vision* USA, Mr Richard Stearns (Foto: Jon Warren).

Das Jahr 2015 ist nicht mehr allzu fern, deshalb ist die Frage berechtigt, wie weit wir bis jetzt mit unseren Aufgaben gekommen sind. Eine umfassende Analyse unserer Fortschritte im Blick auf die Millenniumsziele ist mir an dieser Stelle nicht möglich, aber ein paar Punkte möchte ich doch ansprechen. Als eine Maßnahme gegen eine unserer tödlichsten vermeidbaren Krankheiten – die Malaria – wurden im Jahr 2007 achtundachtzig Millionen Moskitonetze in den Hochrisikoländern verteilt.[57] Der jüngste Fortschrittsbericht von ONE, einer Organisation, die mit Bonos Organisation DATA (Debt, Aids, Trade in Afrika – Schulden, Aids und Handel in Afrika) zusammenarbeitet, zeigt, dass »zum ersten Mal seit Jahrzehnten das Ziel, die Malaria in Afrika auszurotten, wieder zum Diskussionsgegenstand geworden ist. Damit geriet die Krankheit zunehmend ins Blickfeld und es gelang, Geldmittel für ihre Bekämpfung aufzutreiben«.[58] *Ausrottung der Malaria?* Das schien noch vor zehn Jahren kaum vorstellbar. Da sehen Sie, was wir erreichen können, wenn wir Hand in Hand zusammenarbeiten. *Es ist wirklich unglaublich.*

Ein weiteres ermutigendes Ergebnis ist die Senkung der Kindersterblichkeit. Nach einem Bericht von UNICEF aus dem Jahr 2009 ist die Zahl der verstorbenen Kinder im Jahr 2008 auf 8,8 Millionen gesunken, gegenüber 12,5 Millionen im Jahr 1990, dem Jahr der Formulierung der Millenniumsziele. Verglichen mit 1990 sterben heute jeden Tag 10 000 Kinder weniger.[59] Nun sind 8,8 Millionen Kinder, die jedes Jahr sterben, zwar immer noch viel zu viel, aber durch harte Arbeit und Entschlossenheit sind wir unterwegs in die richtige Richtung.

Und wie geht es meiner von Land umgebenen Heimat Sambia? Es macht mich froh, sagen zu können, dass wir sieben der acht Millenniumsziele höchstwahrscheinlich erreichen werden: Die Abschaffung des Hungers, die Grundschulbildung, die Geschlechtergleichstellung, die bessere Gesundheitsversorgung für Mütter und die Bekämpfung von HIV und Aids werden wir bis 2015 vermutlich umgesetzt haben. Darüber hinaus ist es möglich, dass wir mit vereinten Kräften auch die extreme Armut, die Kindersterblichkeit, die Malaria und andere schwere Krankheiten sowie das Problem des sauberen Trinkwassers in den Griff bekommen. Unwahrscheinlich bleibt nur, dass wir alle Unterpunkte des siebten Ziels verwirklichen können.[60]

Durch die Anstrengungen der Regierung hat Sambia aber noch weitere Erfolge zu verzeichnen. Wir sind das erste Land, das einen Millenniumsziel-Vertrag mit der Europäischen Union unterschrieben hat. Dieser Vertrag ist eine neue Initiative, die die MDG-Hilfe berechenbarer und langfristiger macht. Mein Land wurde ausgewählt, weil es die Millenniumsziele ernsthaft verfolgt hat und weil unsere Regierung versucht hat, die betreffenden Maßnahmen transparenter zu machen und Rechenschaft darüber abzulegen.[61]

Darüber hinaus wurden uns großzügige Zusagen über die Erlassung unserer Auslandsschulden gemacht, was zum Teil auf die harte Arbeit unserer Regierung, zum Teil auf die Zugeständnisse der internationalen Geldgeber und zum Teil auf das Eintreten der internationalen Gemeinschaft für uns zurückzuführen ist. Die Senkung unserer internationalen Schulden hat Gelder für die Gesundheitsversorgung freigesetzt – nun können auch Menschen behandelt werden, die früher nie genügend Geld dafür gehabt hätten. All das sind unglaubliche Errungenschaften. Schritt für Schritt kommen wir unserem Ziel näher. Wir haben noch einen langen Weg vor uns, aber ich hoffe, dass auch Sie inzwischen daran glauben, dass wir es schaffen können.

Es ist zwar sehr wichtig, dass wir die Armut und die Flut vermeidbarer Krankheiten mit einem ganzheitlichen Ansatz bekämpfen, doch dabei dürfen wir auf keinen Fall HIV und Aids aus den Augen verlieren – worüber sich im Übrigen alle einig sind. Neben dem Abkommen über die Millenniumsziele hatte die Weltgemeinschaft das Ziel formuliert, dass bis zum Jahr 2010 alle Menschen, die es nötig haben, gegen Aids behandelt werden können. Dazu hat die UN den Global Fund to Fight Aids, Tuberculosis and Malaria (GFATM, den globalen Fonds für den Kampf gegen Aids, Tuberkulose und Malaria) geschaffen. Schätzungsweise 4,2 Millionen Menschen in Ländern mit niedrigen und mittleren Einkommen erhalten im Moment HIV/Aids-Medikamente – 2002 waren es nur 50 000.[62]

Früher hatte Sambia nur armselige drei Zentren, in denen die Menschen sich testen lassen konnten; Ende 2005 waren es bereits 84.[63] Auf diese Weise mussten Millionen Menschen keinen verfrühten Tod sterben und sehr viel mehr Kinder können abends einschlafen in dem Wissen, dass ihre Eltern auf sie aufpassen.

Angesichts des »perfekten Einfallstors« aufgrund der Verkettung von wirtschaftlichen, historischen, geographischen und kulturellen Umständen, die zusammentrafen und zum Todesmarsch von

Aids durch Afrika führten, ist die Tatsache, dass wir diesen Trend langsam umkehren, ein beachtlicher Erfolg und gibt uns Anlass, neuen Mut zu fassen – aber sie ist natürlich kein Grund, sich zur Ruhe zu setzen. Wir haben noch nicht die 80 Prozent erreicht, ab denen man von einer allgemein zugänglichen Behandlung sprechen kann; noch immer werden fünf Millionen Erkrankte nicht behandelt.[64] Auf dieses große Ziel arbeiten wir hin. Im Moment sieht es nicht so aus, da dem Global Fund Milliarden Dollar fehlen. Es ist jedoch unerlässlich, dass wir uns vor allem auf das HIV-Problem konzentrieren, da die HIV-Infektionsraten immer noch sehr viel höher sind als die Zahl der Erkrankten, die behandelt werden. Berichten von UNAIDS zufolge, kamen trotz der Fortschritte von 2008 auf jeweils zwei Kranke, die mit einer Behandlung begannen, fünf neu Infizierte. »Wenn wir nicht schnellstmöglich Schritte zur Intensivierung der HIV-Prävention einleiten, werden wir die Errun-

Mit UN-Generalsekretär Ban Ki-moon und Ishmael Beah, Autor von *Rückkehr ins Leben: Ich war Kindersoldat.*

genschaften der letzten Jahre wieder verlieren und der allgemeine Zugang zur Behandlung wird lediglich ein hehres Ziel bleiben«, heißt es in dem Bericht.[65]

UN-Generalsekretär Ban Ki-moon sagt über unsere Chance, die Millenniumsziele zu erreichen: »Wenn wir auf 2015 und darüber hinaus blicken, besteht kein Zweifel, dass wir das Leit-Ziel erreichen können: Wir können der Armut ein Ende setzen. In fast allen Fällen hat die Erfahrung gezeigt, dass frühere Zielsetzungen von Erfolg gekrönt waren. Mit anderen Worten: Wir wissen, was wir zu tun haben. Doch die Voraussetzung dafür ist eine beharrliche, gemeinsame, langfristige Anstrengung.«[66]

Wir müssen uns also folgende Frage stellen: Besitzen wir das Engagement und die unbeirrbare Entschlossenheit, die nötig sind, um bei der Stange zu bleiben? Haben wir den festen Willen, die Ziele, die wir formuliert haben, zu erreichen? Lassen Sie mich an dieser Stelle ein wenig ins Detail gehen und Ihnen zeigen, wie wir auf dem Weg dorthin vorankommen können.

Die Kosten spielen offensichtlich eine große Rolle bei der Erreichung der Millenniumsziele. Ein bekannter Ökonom, UN-Berater und Autor eines Buches mit dem Titel *Das Ende der Armut. Ein ökonomisches Programm für eine gerechtere Welt*, Professor Jeffrey Sachs, ist Vorsitzender der mit diesem Thema befassten UN-Arbeitsgruppe. Der Arbeitskreis hat ausgerechnet, was es kosten würde, die Millenniumsziele zu realisieren und die extreme Armut bis zum Jahr 2015 zu halbieren. Die Summe, die nötig ist, betrug 2006 etwa 121 Milliarden Dollar im Jahr; diese Summe wird bis 2015 auf 189 Milliarden Dollar im Jahr anwachsen, da die Kosten für ein solches Projekt natürlich ständig steigen.[67] Das klingt nach einer Riesensumme, vor allem angesichts der jüngsten ökonomischen Krisen. Doch wenn wir uns ansehen, wie viel die Weltregierungen schon jetzt in die Auslandshilfe investieren, dann haben im Jahr 2006 nur 48 Milliarden Dollar gefehlt und im Jahr 2015 würden lediglich 74 Milliarden Dollar fehlen, die die entwickelten Länder gemeinsam aufbringen müssten.[68]

Vor dem US-Senatsausschuss für Gesundheit, Erziehung, Arbeit und Pensionen bei einem Plädoyer für die Aufstockung des Notfallplanes des Präsidenten zur Bekämpfung von Aids (PEPFAR) von 15 Milliarden $ auf 50 Milliarden $ (Dezember 2007).

Woher soll dieses Geld kommen? Und was kann jeder Einzelne von uns tun, damit wir die Millenniumsziele erreichen? Auf jeden Fall spielen die Regierungen, sowohl der entwickelten Welt als auch der Entwicklungsländer, eine wichtige Rolle und ich bin voller Hoffnung, dass sie uns einen großen Schritt in Richtung auf unsere Ziele voranbringen. Meine Hoffnung gründet sich auf die Tatsache, dass 189 führende Persönlichkeiten der UN-Mitgliedsstaaten sich auf diese Ziele verpflichtet haben. Zwar wurde noch nicht die gesamte Summe aufgebracht, die dazu nötig ist, doch im Jahr 2008 kamen immerhin 119,8 Milliarden Dollar für Hilfsprojekte zusammen – mehr Geld als je zuvor.[69]

Die Pessimisten unter uns meinen, das sei nur ein Bruchteil dessen, was versprochen wurde, doch Professor Sachs ist zuversichtlich, weil eine klare Mehrheit für höhere Investitionen in die Entwicklungshilfe votiert. Gefragt, welcher Prozentsatz des Staatshaushalts ihrer Ansicht nach momentan in die Entwicklungshilfe fließt, gehen die Amerikaner durchschnittlich von 25 Prozent aus, das sind mehr als 25-mal so viel, wie tatsächlich zur Verfügung gestellt wird. Auf die Frage hin, welcher Prozentsatz ihrer Ansicht nach in die Entwicklungshilfe fließen sollte, werden in der Regel 10 Prozent vorgeschlagen.[70] Kritiker weisen darauf hin, dass die entwickelten Länder seit den Siebzigerjahren versprochen haben, 0,7 Prozent ihres Bruttosozialprodukts in die Entwicklungshilfe zu investieren – doch das geschieht bis heute nicht. Durchschnittlich investiert jedes Mitglied der Organisation for Economic Co-operation and Development (OECD) etwa 0,3 Prozent des jeweiligen Bruttosozialprodukts.[71] Ich muss zugeben, dass sie damit recht weit hinter den versprochenen 0,7 Prozent hinterherhinken. Zu den Ländern, die tatsächlich 0,7 Prozent oder mehr spenden, gehören Dänemark, Luxemburg, die Niederlande, Norwegen und Schweden.[72] Sie verdienen unsere Hochachtung. Nun steht es mir nicht zu, den Regierungen vorzuschreiben, wie viel sie zu geben haben; ich kann nur darum bitten, im Namen der Kinder Afrikas, dass die Politiker die Versprechen, die sie gegeben haben, erfüllen.

Wenn wir die Millenniumsziele erreichen wollen und wenn es uns ernst damit ist, bis zum Jahr 2015 die extreme Armut halbieren zu wollen, dürfen wir uns nicht zurücklehnen und die Arbeit unseren Regierungen überlassen. Jeder Einzelne von uns spielt eine wichtige Rolle bei der Verwirklichung dieser Ziele. Wenn es unsere erste Aufgabe sein muss, uns umfassend zu informieren, dann besteht die zweite darin, Druck auf die Regierungen auszuüben und ihnen klarzumachen, dass wir keine Ruhe geben werden, weil uns diese Sache am Herzen liegt. Wenn Sie das Privileg genießen, in einem demokratischen Land zu leben, und die Freiheit und das Recht haben, zur Wahl gehen zu dürfen, dann hat Ihre Regierung, die ja den Willen des Volkes vertritt, die Macht und die Pflicht, *Ihre Anliegen zu vertreten.*

Die Agenda unserer Politiker richtet sich an dem aus, was wir, ihre Wähler, für wichtig halten – was wir wieder und wieder und wieder einfordern. Das heißt andererseits, wenn wir in einer bestimmten Sache schweigen, dann gehen die Volksvertreter davon aus, dass diese Sache ihrem Volk gleichgültig ist. Wenn wir nicht ständig Lärm schlagen, was die Entwicklungshilfe betrifft, setzen die Politiker voraus, dass sie uns nicht wichtig ist, und haben kein Interesse daran zu handeln. Wenn wir schweigen, glauben unsere Politiker, uns interessiere nur das, was vor unserer eigenen Tür geschieht. Eventuell denken sie sogar, es koste sie Wählerstimmen, wenn sie Gelder für die Entwicklungshilfe bereitstellen. Sagen Sie ihnen, dass dem nicht so ist. Sagen Sie ihnen, dass die Zukunft von Afrikas Kindern davon abhängt, dass sie ihre Versprechen halten.

Als Afrikanerin war ich tief berührt von der großzügigen und von Herzen kommenden Unterstützung, die die entwickelte Welt den Entwicklungsländern durch Kampagnen wie die Jubelee Campaign, ONE und die »Make Poverty History«-Rockkonzerte im Jahr 2005 zuteilwerden ließ. Aber ich bitte Sie inständig, verfallen Sie nicht in den Irrtum zu denken: *Das wäre geschafft, jetzt wissen sie ja, dass uns an ihnen liegt.* Ich habe einmal gehört, wie ein Regierungsbeamter sagte: »Natürlich gehen die Menschen zu einem Benefiz-Rockkonzert, aber liegt ihnen dabei tatsächlich etwas daran, der Armut ein Ende zu setzen?« Wir dürfen nicht aufhören, unsere Regierungen unter Druck zu setzen; wir müssen unseren Politikern zeigen, dass unsere Brüder und Schwestern uns weiterhin am Herzen liegen, und wir müssen die Entscheidungsträger in die Verantwortung nehmen.

Ich bin gespannt, wie Präsident Barack Obama auf Herausforderungen wie extreme Armut, HIV und Aids und andere vermeidbare Krankheiten reagiert, aber ich hege schon jetzt große Hoffnungen. Ich war tief beeindruckt, als der Präsident am Global Testing Day 2009 ein Video vorführen ließ, auf dem zu sehen war, wie er und seine Frau Michelle in Kenia einen HIV-Test machen ließen, denn damit machte er allen Menschen in Amerika und in den Entwicklungsländern Mut, sich ebenfalls testen zu lassen.[73]

Ich bin die Erste, die an dieser Stelle einräumt, dass es stets eine wahre Flut von Gründen gibt, warum ein Volk seine Versprechen nicht wahr macht, und es stimmt natürlich auch, dass uns außer den Erklärungen zu den Millenniumszielen und den 0,7 Prozent des Bruttosozialprodukts noch eine Vielzahl weiterer Versprechen gegeben wurden. Doch in diesem Zusammenhang muss ebenfalls eingeräumt werden, dass manche afrikanischen Regierungen zu Recht mit kritischen Augen betrachtet werden. Immerhin sind laut dem Transparency International's Corruption Perceptions Index aus dem Jahr 2008 zehn der zwanzig korruptesten Länder der Welt afrikanische Länder.[74] Dieser Tatsache ist allerdings entgegenzusetzen, dass einige der überzeugendsten, gerechtesten und visionärsten Politiker ebenfalls Afrikaner sind. Länder wie Botswana, Südafrika und Ghana zeigen, was in Afrika machbar ist.

Während die Menschen in den entwickelten Ländern nicht aufhören dürfen, Druck auf ihre Regierungen auszuüben, damit diese ihr Versprechen halten, durch Hilfsprojekte, Schuldenerlass und faire Handelsbedingungen die Armut in der Dritten Welt zu lindern, müssen die Bewohner der Entwicklungsländer ihre Regierungen ständig an ihre Verpflichtung erinnern, dass sie ihre Maßnahmen transparent machen müssen und dass sie ihrem Volk gegenüber rechenschaftspflichtig sind; dass sie dafür sorgen müssen, dass ausländische Hilfen auch wirklich die Gemeinden und Familien erreichen, für die sie bestimmt sind, und dass sie Bildung und Gesundheit zu einem ihrer Hauptziele machen müssen. Wir haben so viele Hürden überwunden und werden auch die, die uns jetzt noch im Weg stehen, überwinden. Unser Volk verdient und verlangt es. Unser Kontinent hat enorme natürliche Ressourcen und ist bewohnt von begeisterungsfähigen, hart arbeitenden Menschen. All das müssen wir uns zunutze machen. Und wir machen ständig Fortschritte darin.

Es ist eine umfassende Wende im Gang und wir werden gewinnen, aber wenn wir das Datum 2015 einhalten wollen, müssen unsere Regierungen wissen, dass wir unsere Ziele mit Leidenschaft verfolgen. Bitte wenden Sie sich gemeinsam mit mir an Ihre Politiker und sagen Sie ihnen, dass die Welt sie nicht nach den Versprechen beurteilen wird, die sie geben, sondern nach denen, die sie halten. Die Zeit läuft uns davon. Lassen Sie nicht zu, dass Ungerechtigkeit und Ungleichheit den Sieg davontragen. Wir zählen auf Sie. Ich bin zuversichtlich, dass die Politiker von heute ein bedeutendes Vermächtnis hinterlassen werden und dass ihre Nachfolger ein afrikanisches Erbe antreten werden, auf das sie stolz sein und auf dem sie aufbauen können.

Aber es wird nicht einfach werden. Jeder Einzelne von uns kann und muss mehr tun, als Petitionen bei seiner Regierung einzureichen. Was das Geld betrifft, das nötig ist, um die Millenniumsziele zu erreichen, so zählt jede noch so kleine Summe. Es ist eine ganz einfache Rechnung: Wenn jeder der 855 Millionen Menschen, die in der »reichen« Welt leben, 200 Dollar im Jahr spendet,[75] hätten wir die Summe beisammen, die wir nach Jeffrey Sachs brauchen, um der extremen Armut ein Ende zu machen. So einfach ist das. Es steht mir nicht zu, den Menschen zu sagen, was sie geben sollen; jedermanns Lebensumstände und Mittel sind unterschiedlich und manche entscheiden sich auch, für andere Zwecke zu spenden. Ich hoffe nur, dass meine Geschichte, die auch die

Geschichte von Millionen anderer Menschen ist, Sie bewegt, sich dem Kampf gegen Armut, HIV und Aids und vermeidbare Krankheiten anzuschließen. Und damit Sie Ihren eigenen, ganz persönlichen Weg finden, an diesem Kampf teilzunehmen, möchte ich Ihnen folgende Geschichte erzählen.

Im Jahr 2007 stand ich wieder auf dem Kapitol. Der Beschluss über die PEPFAR-Geldmittel musste erneuert werden und zu diesem Zweck war eine Anhörung angesetzt worden. Wieder einmal genoss ich das Privileg, mich für den positiven Ausgang des Beschlusses einsetzen zu dürfen.

Vorsitzender der Anhörung war Senator Edward Kennedy, ein warmherziger und gütiger Mann, dessen Tod mich tief betrübt hat und dessen Eröffnungsrede von damals mir immer wieder ein Ansporn ist.

Senator Kennedys Rede bezog sich ganz konkret auf HIV und Aids, aber seine Worte galten auch für die gesamte Aufgabe, die wir vor uns haben: unseren Kampf gegen extreme Armut und vermeidbare, behandelbare Krankheiten, die meinen Kontinent heimsuchen. Er sagte wörtlich:

»Zu bestimmten Zeiten hat diese Krankheit die schlechtesten Seiten im Menschen hervorgebracht. Aidswaisen wurden ihrer Rechte beraubt. Mädchen und Frauen wurden schamlos ausgebeutet. Millionen von Menschen, die mit HIV/Aids leben, wurden stigmatisiert, eingeschüchtert und diskriminiert.

Doch zugleich haben wir auch die besten Seiten der Menschen gesehen. Eine Nation nach der anderen hat sich verpflichtet zu helfen. Wissenschaftler haben ihr Leben der Suche nach Präventions- und Behandlungsmöglichkeiten von Aids gewidmet.

Ärzte, Krankenschwestern und andere auf dem Gebiet der Gesundheitsfürsorge Tätige in den Dörfern und Städten auf der ganzen Welt haben unermüdlich daran gearbeitet, den Menschen, die mit HIV und Aids leben, Hoffnung und Hilfe zu geben.

Ich kann das, was Senator Kennedy gesagt hat, nur bestätigen, denn ich habe selbst erlebt, wie der Kampf gegen extreme Armut, HIV und Aids und andere vermeidbare Krankheiten tatsächlich auch die besten Seiten der Menschen zutage gefördert hat.

Ein Ehepaar, mit dem ich Freundschaft geschlossen habe, Tedde und Jim Reid aus Chicago, sind mit mir nach Zamtan gereist. Sie waren so betroffen von der Not der Barackenbewohner und der Tatsache, dass es dort nicht die geringste medizinische Versorgung gab, dass sie gemeinsam mit ihren Freunden Darryl und Cindy Link, David und Claudia Jackson und anderen 1,2 Millionen Dollar aufbrachten, die für den Bau eines kleinen Krankenhauses in Zamtan verwendet wurden, in dem nun Tausende von Menschen medizinisch versorgt werden können. Das Krankenhaus konzentriert sich unter anderem auf die Prävention der Übertragung von HIV-Infektionen von Müttern auf ihre Kinder und behandelt daneben opportunistische Infektionen, an denen die Bewohner von Zamtan nur allzu oft schon in jungen Jahren sterben.

Die Reids und ihre Freunde besaßen die Mittel, ihr Projekt in weiten Teilen selbst zu realisieren, doch das kann nicht jeder. Bedeutet das, dass wir dann untätig zusehen sollen? Nein. Wenn wir Gottes Ruf folgen, dann sind die Ergebnisse unseres Tuns immer beeindruckend, wie gering unsere Mittel auch sein mögen. Für manche bedeutet das vielleicht, dass sie zu Hause oder im Ausland freiwillige Arbeit tun. Für andere bedeutet es, Fair-Trade-Produkte zu kaufen, die garantieren, dass die Menschen, die Kaffee, Schokolade oder Blumen anbauen, einen fairen Preis für ihre Ernten bekommen. Wieder andere organisieren vielleicht in ihrer Gemeinde eine Sammlung für die Armen.

Sie können auch einfach die Summe für den Kauf eines Moskitonetzes spenden, das ein Kind, während es schläft, vor Malaria schützt. Ein Moskitonetz kostet zehn Dollar, einschließlich der Unterweisung, wie es in Gebrauch genommen und richtig benutzt wird.[76] Das scheint nur eine kleine Sache zu sein, aber Sie retten dadurch ein Leben! Sprechen Sie mit Ihrer Familie und Ihren Freunden darüber, dass Sie, wenn ein entsprechendes Ereignis ansteht, nicht Geschenke kaufen, die niemand braucht, sondern stattdessen ein Geschenk machen, das Leben rettet. Es gibt viele Hilfsorganisationen, über die Sie Geschenke, wie ein Schaf für eine Familie in Kenia kaufen, ein Schulspeise-Projekt für ein Kind in Malawi fördern oder etwas noch Größeres wie den Bau einer Schule unterstützen können. Oder Sie beschließen, einen Monat lang nur Leitungswasser zu trinken – keine Limonade oder Mineralwasser in Flaschen –, und spenden das Geld, das Sie dadurch sparen, einem Hilfsprojekt für die Ausrottung extremer Armut und Krankheit. Sie können auch direkt dem Global Fund für den Kampf gegen Aids, Tuberkulose oder Malaria spenden. Jeder Einzelne von uns kann die Welt einen Schritt näher an die Ausrottung extremer Armut und Krankheit heranführen oder einen Schritt weiter davon fort – einfach durch die Entscheidungen, die er tagtäglich trifft. Wofür werden Sie sich entscheiden? Jeder Einzelne von uns mit seinen ganz eigenen Überzeugungen, seiner Geschichte, seiner Lebenserfahrung und seinen Ressourcen bildet ein bestimmtes Teil des Puzzles. Die Geschichte des neunjährigen Austin Gutwein ist ein Beispiel dafür. Im Frühjahr 2004 schaute Austin sich ein Video über Aidswaisen an. Er sah, dass diese Kinder nicht anders waren als er und dass sie litten. Ungeachtet seines Alters unternahm er etwas. Aus dem, was er sagte, können wir alle nur lernen: »Ich bin ein Kind, mir ist es egal, wie man Aids kriegt. Ich helfe einfach.«

Er verbrachte den Weltaidstag auf dem Basketballfeld seiner Schule und warf 2057 Körbe als Symbol für die 2057 Kinder, die an diesem Tag Waisen wurden. Gemeinsam mit der Unterstützung anderer brachte er an diesem Tag 3 000 Dollar auf. Danach hat er ein Hilfsprojekt mit dem Titel Hoops of Hope gegründet, das Sponsoren für ähnliche sportliche Ereignisse sucht. Bis heute haben Austin und seine 15 000 Hoops-of-Hope-Helfer in 17 Ländern über eine Million Dollar aufgebracht, die in den Bau zweier Kliniken in Sinazongwe in Sambia, in denen die Leute sich auf eine HIV-Infektion testen lassen können, und in den Bau einer Schule investiert wurden.[77] Ich bin sehr froh und erleichtert, dass auch die westliche Kirche inzwischen umgeschwenkt hat und sich ihrer Aufgabe, Aids, Armut und Ungerechtigkeit zu bekämpfen, stellt. Anfangs hat sie den Kopf in den Sand gesteckt, doch inzwischen wacht der schlafende Riese auf und das gibt mir neuen Mut.

Zwei Beispiele dafür sind die Saddleback Church in Kalifornien und die Willow Creek Community Church in Chicago, die beide intensiv tätig geworden sind. Meine Freunde Rick und Kay Warren beschreiben die Kirche als eine Armee von zwei Milliarden Freiwilligen; ich liebe dieses Bild! Sie sagen, ganz gleich, wie ländlich und abgelegen Sie leben, selbst im kleinsten Dorf – in dem es kein Krankenhaus gibt, kein sauberes Wasser, keinen Lebensmittelladen und keine Schule – gibt es eine Gemeinde und die ist 24 Stunden am Tag, sieben Tage die Woche für Sie da. Andere Gemeinden, wie Cornerstone, Menlo Park Presbyterian, Hillside Covenant, Potter's House, die Apostolic Faith Church und Westminster sind ebenfalls aktiv geworden. Wenn es gelingt, die Herzen der Menschen anzurühren, ist Gott am Werk. In der Bibel ist über 3 000 Mal von Armut die Rede. Jesus fordert uns auf, zu handeln; wir müssen seinem Ruf folgen. Mut gemacht haben mir auch die Studenten an westlichen Universitäten, die wahrlich Führungsqualitäten bewiesen haben. An der wunderschönen Pepperdine University in Malibu in Kalifornien habe ich zu meiner Freude entdeckt, dass die dortigen Studenten sich bemühen, dass Aids in den Lehrplan aufgenommen wird. Mehr noch, sie konnten es nicht abwarten, etwas zu tun, und veranstalteten einen »Do you see Orange?«-Tag, eine Aids-Initiative, bei der jeweils einer von zwanzig Studenten ein orangefarbenes T-Shirt mit dem Aufdruck »Orphan«, Waise, trug – ein Symbol für die Tatsache, dass eines von zwanzig Kindern in Schwarzafrika durch Aids zur Waise wird.[78] In meinem Land ist es sogar jedes dritte Kind.[79]

Die Tatsache, dass so viele ihrer Freunde »verwaist« waren, war eine Herausforderung für die Studenten, und viele von ihnen werden sich in Zukunft im Kampf gegen Aids engagieren. Es muss ein gutes Gefühl sein, zu denjenigen zu gehören, die sich mit einem Thema befassen, das ihre gesamte Altersgruppe so unmittelbar betrifft. Auch Firmen und Betriebe spielen eine wichtige Rolle in diesem Kampf, wobei sie alle ihre ganz eigenen Talente und Mittel einsetzen können. Ich war zu Tränen gerührt, als ich McKesson and Pacific Medical besuchte, die die Ausstattung für »Caregiver Kits« kauften und diese Erste-Hilfe-Pakete von ihren Mitarbeitern zusammenstellen ließen; diese Pakete wurden dann unter den HIV-Helfern in Afrika verteilt. Sie enthalten eine Grundausrüstung, die es den Helfern ermöglicht, das Leben der an HIV und Aids Erkrankten in ihrer Heimat zu verlängern, darunter auch Miconazol, das Medikament, das Beatrice und ich für meine Bamaa holen sollten. Weil dieses Medikament im Jahr 1993 in Afrika noch so gut wie nirgends erhältlich war, konnte ich nicht bei meiner Bamaa sein, als sie starb – und wenn sie das Medikament gehabt hätte, wäre sie vielleicht noch gar nicht gestorben.

Alle diese Menschen haben sich Gedanken gemacht, wie sie am besten helfen können; sie ließen sich weder durch Geldknappheit noch durch bürokratische Hürden entmutigen. Ich bitte jede(n) Einzelne(n) zu beten, wie er (oder sie) ganz konkret helfen kann. Es gibt unzählige Möglichkeiten, etwas zu bewirken. Und wenn Sie das Bedürfnis haben zu helfen, dann erzählen Sie Ihrer Familie, Ihren Freunden, Kollegen, Gemeindemitgliedern, Mitschülern – jedem, der Ihnen zuhört – von der gewaltigen Aufgabe, die vor uns liegt. Leihen Sie Ihre Stimme der Veränderung, werden Sie zu einem Botschafter der Hoffnung. Es geht uns alle an, es braucht die Hilfe aller. Wir alle sind Teil der Lösung.

Wenn Sie sich erst einmal zur Hilfe entschlossen haben, ist es nicht schwer, sich einer Bewegung anzuschließen, die sich den Kampf gegen die Armut auf die Fahnen geschrieben hat. Bitte – träumen Sie mit mir. Glauben Sie mit mir. Ich weiß, dass wir sogar noch mehr erreichen können als die Millenniumsziele und die Garantie, dass alle an Aids Erkrankten behandelt werden. Mein Glaube an Gott und die Menschen ist so unerschütterlich, ich weiß ganz einfach, dass wir alles tun werden, damit das wahr wird.

Bitte, werfen Sie mit mir einen Blick in die Zukunft, in das Jahr 2030, und sehen Sie eine Welt, in der wir alle zusammengehören, in der das Leben aller Menschen gleich viel wert ist, eine Welt, in der die Millenniumsziele verwirklicht sind, ja übertroffen wurden und das Ergebnis als ein Triumph des Zusammenwirkens aller Menschen auf der Welt gesehen wird. Die Kinder künftiger Generationen werden in den Schulen von unserer Arbeit hören. Ihre Lehrer werden sagen: »Seht nur, was sie geschafft haben.« Der kollektive Erfolg wird uns so sehr beflügelt haben, dass wir beschließen werden, noch einen Schritt weiter zu gehen; wir werden es nicht beim Erreichen der Millenniumsziele belassen. 2030 wird Afrika ein wohlhabender Kontinent geworden sein, frei von Schulden, und keine Auslandshilfe mehr benötigen. Unsere Regierungen werden stabil und ihre Maßnahmen transparent sein und sie werden das Beste für ihr jeweiliges Volk im Auge haben.

Ich möchte, dass Sie mit mir an diesen Ort in der Zukunft kommen. Stellen Sie sich mit mir zusammen das Dorf meiner Kindheit vor, aber ohne Leid. Wenn ich von diesem Ort träume, sehe ich Kinder, die Kinder sein dürfen, beschützt von ihren Eltern, lachend und spielend. Ich sehe sauberere, sichere Häuser, in denen es sauberes Wasser gibt. Es wird ausreichende Ernten aus nachhaltiger Landwirtschaft geben, ohne giftige Pestizide, die den Boden ruinieren. Ich sehe gesunde Kinder, die lernen; sie sitzen an Tischen in Schulen und haben die Möglichkeit, ihr Potenzial voll auszuschöpfen. Und wenn sie älter werden, entscheiden sich die Klügsten und Besten von ihnen, im Dorf zu bleiben, weil das Leben hier ein erfülltes Leben ist und ihnen allen eine sinnvolle, dem einundzwanzigsten Jahrhundert entsprechende Existenzmöglichkeit bietet. Die Beziehung zur Familie, zu Freunden und zur Gemeinschaft sind heilig in dem Land, in dem die Sonne niemals untergeht. Menschen, die unterschiedlichen Glaubensrichtungen angehören, respektieren einander und leben in Frieden zusammen.

In meinem Heimatdorf. Ich bin die Vierte von links; Belinda Collins die Zweite von links.

Das ist mein Traum für Afrika. Das ist mein Traum für die Kinder. Bitte, helfen Sie mir, damit er Wirklichkeit werden kann. Träumen und beten und kämpfen Sie mit mir, um den Traum Realität werden zu lassen.

Alles hat seine Zeit

Nachdem ich Ihnen meinen Traum vom Dorf der Zukunft erzählt habe, ist es Zeit, meine eigene Geschichte zu Ende zu bringen. Es war wie ein Wunder, dass ich so viel von der Welt sehen durfte. Als Mensch, der andere Menschen von Herzen liebt, ist es für mich einfach großartig, so viele Leute zu treffen, die ein offenes Herz für meine Botschaft haben und bereit sind, die Welt zu verändern. Ich werde immer wieder daran erinnert, dass ich ein außergewöhnliches Leben habe. Es wäre für jeden Menschen außergewöhnlich – wie viel mehr für ein einfaches Mädchen aus einem afrikanischen Dorf. Damit bin ich der lebende Beweis dafür, dass Gott auf wunderbare Weise in der Welt am Werk ist – dass er Türen öffnet, die kein Mensch öffnen kann, und dass er durch ganz gewöhnliche Menschen Außergewöhnliches bewirkt.

Das Virus und stärker noch die Art und Weise, wie ich durch das Wirken Gottes damit umgehen konnte, hat mir Möglichkeiten eröffnet, die ich mir in meinen wildesten Fantasien nicht hätte träumen lassen. Und so lange sich die Menschen meine Geschichte anhören und von ihr inspirieren lassen, mache ich weiter. Es ist das Gleiche, wie wenn man einen Kiesel in einen großen See wirft und zusieht, wie er Kreise zieht – um die ganze Welt: Jemand hört meine Geschichte und macht sich selbst auf, um die Welt zu verändern, und gewinnt wieder andere dafür, das Gleiche zu tun.

Als ich meiner Berufung zum Kampf gegen Armut, HIV und Aids folgte, sprach ich natürlich auch mit Joy und Faith über meine Reisen und fragte sie, ob ich lieber bei ihnen zu Hause bleiben sollte. Sie sind meine Kinder und ihr Wohlergehen hat absolute Priorität für mich. Doch mein Herz weitet sich vor Stolz, wenn ich an ihre Antwort denke: »Wir lieben dich und vermissen dich, Mummy, aber die Kinder der Welt brauchen dich, für sie musst du weitermachen. Von uns aus ist es in Ordnung.« Wenn ich je meine persönlichen Heldinnen und Helden benennen müsste, würden meine Töchter einen der vordersten Plätze einnehmen.

Einer der Gründe, warum ich weitermache, ist, dass ich Geld für ihre Ausbildung brauche. Da ich medikamentös behandelt werde, ist mein Gesundheitszustand akzeptabel, aber es sind jetzt über zehn Jahre her seit meiner HIV-Diagnose. So Gott will, werde ich meinen 92. Geburtstag erleben, aber nur Gott weiß, wie viel Zeit ich noch habe. Ich muss dafür sorgen, dass meine Töchter eine gute Ausbildung bekommen – dass ihre Zukunft bessere Wahlmöglichkeiten für sie bereithält und dass sie die Chance bekommen, ihr Potenzial auszuschöpfen. Eine gute Bildung nach westlichem Standard ist jedoch teuer, deshalb waren meine Arbeit und das Reisen der einzige Weg für mich, die Mittel dafür aufzubringen. Ich hoffe und bete, dass die beiden, wenn sie älter sind, erkennen, dass die Opfer, die wir gebracht haben, sich gelohnt haben.

Und so verkünde ich meine Botschaft also mit ihrem Segen, wo immer ich kann, wo immer ich gehört werde. Lange Zeit lebten Joy und Faith in unserer Großfamilie, unserem »Dorf«, das für sie sorgte. Zuletzt verbrachten sie einige Zeit in England bei Tunji – einem überaus gütigen Mann, der anfangs nur ein gut aussehender Fremder für mich war und später zu einem allseits geliebten Freund unserer Familie wurde. Wenn ich daran denke, wie wir uns kennenlernten, muss ich noch immer lächeln.

Jedes Mal, wenn ich von Sambia in die Vereinigten Staaten oder nach Australien fliege, führt mein Flug über London. Bei einem dieser Flüge, Anfang des Jahres 2003, saßen Tunji und ich in derselben Reihe, getrennt lediglich durch einige leere Sitze. Als unsere

Blicke sich trafen – noch bevor wir auch nur ein einziges Wort wechselten –, wusste ich, dass er sich in mich verliebt hatte. Um ihn loszuwerden, legte ich ein Exemplar meines in der australischen Cosmopolitan erschienenen Artikels, *Ich bin eine von 28 Millionen Afrikanerinnen, die HIV haben und denen verboten wurde, darüber zu sprechen*, der ein großes Foto von mir zeigte, auf die leeren Sitze neben mich. Dann bedeckte ich meinen Kopf mit meinem Chitenge und schlief ein. Als ich aufwachte, spähte ich durch die Falten in meinem Chitenge und sah noch immer nichts als Liebe in den Augen des Mannes. Es war das erste Mal, dass der Artikel seine Wirkung verfehlte.

Tunji, von Geburt Nigerianer, besaß die englische Staatsbürgerschaft und lebte in England. Er war ein begnadeter und allseits geachteter Psychiater. Allmählich wurde er zu einem Teil meines Lebens. Tunji war ein wunderbarer Mann, der mich wieder lehrte zu lieben. Als unsere Beziehung enger wurde, erzählte ich ihm von Joy und Faith und wie ich

Von links nach rechts: Faith (mit Hund), Moffat (Vater), Joy, Princess und Moffat (Stiefbruder), im Juli 2006 in Ndola, Sambia. Dies war das letzte Mal, dass die Mädchen ihren Vater sahen, bevor er starb.

zu kämpfen hatte, um alle Kinder, die von mir abhängig waren, zur Schule schicken zu können. Ich wusste nicht, was ich tun sollte. Moffat war ihnen zwar weiterhin ein liebevoller Vater, doch sie konnten nicht bei ihm leben.

Da ich so viel unterwegs war und mir kein Internat für die Mädchen leisten konnte, bot Tunji an, dass Joy und Faith bei ihm in

Kent in England leben könnten. Obwohl wir uns sehr nahegekommen waren, lag mir meine Unabhängigkeit doch sehr am Herzen, sodass sein Angebot mich in einen großen Zwiespalt stürzte. Ich wollte nicht wieder von einem Mann abhängig werden. Über ein Jahr lang lehnte ich das großzügige Angebot ab, doch wenn ich ehrlich war, war es in vieler Hinsicht einfach nur vernünftig. Joy und Faith würden natürlich von einem Schulbesuch in England profitieren, zumal sie gleichzeitig in einem stabilen, afrikanischen Zuhause leben konnten, und ich hatte die Möglichkeit, sie oft zu sehen, da ich regelmäßig durch England kam. Tunji ließ nicht locker und schließlich gab ich nach. Die beiden nächsten Jahre lebten die Mädchen in seinem Haus in Kent und ich telefonierte jeden Tag mit ihnen.

Der Entschluss, meine Töchter bei Tunji zu lassen, mag manchen meiner Leser seltsam vorkommen, aber Tunji war gleichsam ein Mitglied meiner Großfamilie, meines »Dorfes«, geworden. Es war vielleicht nicht gerade eine typische Situation, aber sie war auch nicht völlig außergewöhnlich. Außerdem dachten wir damals noch, dass wir eines Tages heiraten würden, und ich glaubte mich für die Lösung entscheiden zu müssen, die ich damals langfristig gesehen für die beste für meine Mädchen hielt. Es war ein schmerzlicher Entschluss, aber wenn ich diese Welt vielleicht verfrüht verlassen musste, so wusste ich doch, dass ein fester Glaube und eine gute Ausbildung meinen Mädchen in dieser Welt den Weg ebnen würden.

Tunji und ich merkten irgendwann, dass wir doch nicht füreinander geschaffen waren. Manchmal schickt Gott dir einen Menschen für eine bestimmte Zeit und für einen ganz bestimmten Zweck, wie er es in diesem Fall bei mir tat, und ich bin ihm noch heute dankbar, dass er mir Tunji geschickt hat. Ich werde Tunji nie genug danken können für alles, was er in dieser Zeit für mich getan hat. Auch als wir beide uns trennten, bestand er darauf, dass die Mädchen bei ihm blieben, bis ich einen ständigen Wohnort gefunden hatte, an dem sie eine gute Schule besuchen konnten. Was für ein unglaublicher Mann! »Wenn ich nicht der größte Baum im Wald sein kann, dann will ich mir doch Mühe geben, der schönste Grashalm im Tal zu werden«, pflegte er zu sagen.

Schließlich verbrachte ich mehr Zeit in den Staaten oder in der Luft als zu Hause, und das ewige Unterwegssein begann, seinen Tribut von meiner Gesundheit zu fordern, deshalb beschloss ich, in meine Adoptivheimat Chicago zu ziehen. Die amerikanische Flagge war tatsächlich zum Stillstand gekommen; ich hatte nicht nur das Weiße Haus besucht, ich kam her, um zu bleiben.

Anfangs wohnte ich im Seneca Hotel in der Nähe des John Hancock Building in der Chicagoer Innenstadt, später zog ich nach Oak Park. Oak Park selbst ist zwar eine ausnehmend hübsche Vorstadt, doch ich wohnte im fünften Stock eines lauten alten Hauses. Es war geradezu anheimelnd für mich, dass – obwohl ich jetzt in Amerika lebte – nur selten warmes Wasser aus der Dusche kam, ja, manchmal lief im Badezimmer überhaupt kein Wasser. So kam es, dass ich, um ein Bad zu nehmen, meist die gleichen umständlichen Vorkehrungen treffen musste wie in Sambia: Ich machte mir auf dem Herd Wasser heiß und füllte die Badewanne damit.

Eine Zeit lang lebte ich ganz allein in Chicago, da ich immer noch zu oft unterwegs war, als dass Joy und Faith hätten zu mir ziehen können. Ich verliebte mich in die Stadt, aber es war dennoch eine Zeit schrecklicher Einsamkeit für mich. Am Tag war ich durch meine Arbeit und die Gesellschaft der Menschen abgelenkt; sie gaben mir Kraft.

Doch nachts war ich zum ersten Mal in meinem Leben allein. Nachdem ich während meines ganzen bisherigen Lebens stets mit so vielen Menschen zusammengelebt hatte, war diese Einsamkeit für mich kaum zu ertragen. Oft weinte ich mich in den Schlaf. Ich war müde, meine Beine schmerzten und mein Schmerz ließ mich ständig daran denken, wann ich wohl wieder mit meinen Mädchen zusammen in meine Heimat zurückkehren konnte. Ich sagte jedoch niemandem, wie einsam ich mich fühlte, sondern betete jeden Tag um Kraft und Mut.

In manchen Nächten wurde meine Einsamkeit überraschenderweise durch die besonderen Eigenheiten des alten Gebäudes und meiner exzentrischen Nachbarn gelindert, die regelmäßig in den frühen Morgenstunden Feueralarm auslösten. Dann riss uns die Sirene aus dem Tiefschlaf und alle polterten die Treppe hinunter, in unterschiedlichen Stadien des Bekleidetseins. Draußen warteten wir, bis die Feuerwehrautos kamen, nur um irgendwann zu hören, dass es wieder einmal falscher Alarm gewesen war. Diese neue Lebensweise forderte zwar einiges an Anpassung von mir, aber wenigstens erinnerten mich die ereignisreichen Nächte daran, dass ich nicht allein war.

Es ist nun einmal so, dass wir alle eine Schulter zum Ausweinen brauchen, einen Menschen, der in den dunkelsten Stunden unsere Einsamkeit durchbricht. Eine solche Gemeinschaft oder ein solcher Freund sind manchmal schwer zu finden, wenn man so fern von zu Hause lebt – vor allem in den westlichen Ländern, wo, wie ich feststellen musste, das Leben sehr viel individualistischer ist. Dennoch sehnt sich jeder Mensch, vom Reichsten bis zum Ärmsten, nach dieser Gemeinschaft, und wenn wir sie finden, schöpfen wir Kraft aus ihr. Wir sind nicht dafür geschaffen, allein zu sein.

Lange Zeit wurde meine Einsamkeit in Chicago gelindert durch Freunde wie Vanessa Church, Bischof Horace E. Smith und seine Familie, die mir zu einer zweiten Heimat wurden, und durch Mike Mantel, meinen Lehrer, Freund und Mentor, ein großer Bruder im besten afrikanischen Sinn.

Ich nenne ihn Ba Mike; damit sage ich ihm auf sambische Weise: »Du bist wirklich ein großer Bruder für mich.« Auch die Freundlichkeit von Ernest und Carrie Magazine werde ich nie vergessen, einer Familie, die ich durch *World Vision* kennenlernte und die viele Kinder unterstützten. Ernest erinnerte mich sehr an Bataa und Carrie an Bamaa.

Alles hat seine Zeit und ich bin überglücklich, dass die Zeit meiner Einsamkeit jetzt vorüber ist. Meine Töchter leben inzwischen bei mir in den Staaten; sie sprechen eine Mischung aus Amerikanisch, Englisch und Sambisch. Ich kann Ihnen gar nicht sagen, wie froh ich bin, dass wir wieder zusammen sind. Die beiden Mädchen vermissen allerdings ihren Bataa, der seinen persönlichen Kampf im Jahr 2007 verlor. Joy und Faith sind zu mitfühlenden, freundlichen und großzügigen Mädchen herangewachsen, stolz auf ihr Erbe und ihr Land. Ich bin sehr stolz auf sie. Jeden Tag sehe ich mit Freuden, wie Gott sie zu schönen jungen Frauen heranwachsen lässt.

Joy ist eine gute Schülerin; sie liebt vor allem den Sport-, den Kunst- und den Schauspielunterricht. Still und freundlich, mit einem großen Herzen, ist sie eine echte Friedensstifterin, die sich liebevoll um ihre kleine Schwester kümmert. Die beiden stehen einander sehr nahe, ja eigentlich sind sie unzertrennlich. Außerdem ist Joy eine richtige Leseratte; sie möchte Ärztin werden, um den Menschen in Sambia zu helfen.

Faith ist willensstark und energisch und hat ebenfalls ein großes Herz. Als die Lehrerin an der Mittelschule im Unterricht fragte, was Schüler wohl tun könnten, um mehr über die Ungleichheit der Lebensbedingungen in der Welt zu erfahren, meldete sich Faith und sagte: »Meine Mum könnte kommen und ihre Geschichte erzählen.« Ich konnte es kaum glauben, dass meine eigene Tochter nun ihrerseits etwas tun wollte, um die Welt zu verändern. Außerdem liebt Faith – wie viele Sambier – die Chicago Bulls und versucht ständig, ihre Mutter für ihre Leidenschaft zu gewinnen.

Es ist schwer, alle Segnungen eines Lebens aufzuzählen, doch eine der größten Segnungen in meinem Leben ist es, dass ich meinen Töchtern eine gute Ausbildung ermöglichen kann. Die Schüler der Wheaton Academy wollten mehr tun, als einfach nur Mittel für Afrika aufzubringen, deshalb beschlossen sie, ein Stipendienprogramm für Schüler aus anderen Ländern, vor allem aus den Entwicklungsländern, ins Leben zu rufen. Ich denke, Sie ahnen, wer unter den zehn ersten Schülern war, die für ein Stipendium ausgewählt wurden? Sie haben recht: Joy und Faith Zulu.

Joy und Faith mussten hart arbeiten, um mit ihren Klassenkameraden mithalten zu können, denn ihre Schulausbildung hatte immerhin sehr unkonventionell begonnen. Doch sie lachten nur darüber und meinten: »Mum, wenn du noch ein Kind bekommst, dann tu ihm einen Gefallen und unterrichte es nicht selbst.«

Fountain of Life existiert weiterhin als gemeinnützige Einrichtung in Chibombo Village. Die Schule wurde von den Vereinten Nationen unterstützt und erhielt hin und wieder auch Zuschüsse von anderen Organisationen, doch insgesamt war es schwierig, sie aus der Ferne zu leiten und Geldmittel für sie aufzubringen. Inzwischen unterstützen wir eine andere Schule, Shampanole Primary, mit fast vierhundert Schülern, meist Waisen. Ein Teil des Erlöses dieses Buches geht an diese Schule, ein Teil auch ans Liteta Hospital, in dem meine Mutter gestorben ist.

Was den Rest meiner Familie angeht – meine Brüder und Schwestern sind inzwischen alle erwachsen und leben in den Vereinigten Staaten, England und Sambia. Ich habe vier Kinder adoptiert, darunter Armstrong, den Sohn meines Bruders Kelvin. Die anderen sind Liaka, Brian, Deophister und Rhoda; sie alle wohnen in Sambia, in meinem Haus in Kabulonga. Es ist in meiner Heimat nichts Ungewöhnliches, dass so viele Menschen von einem abhängig sind – heutzutage findet man kaum eine Familie in Sambia, in der nicht ein paar Waisen aufwachsen. Kelvins Sohn Armstrong kam zu uns, als er erst zwei oder drei Jahre alt war. Ich habe vor Kurzem die freudige Nachricht erhalten, dass er an der medizinischen Fakultät der Universität Sambia angenommen wurde, einer der beiden einzigen Universitäten im Land. Seine Schwester Rhoda hat gerade die zwölfte Klasse abgeschlossen. Ich bin glücklich und stolz auf alles, was sie erreichen durften.

Mein Leben ist wieder erfüllt. Meine Gesundheit ist so gut, wie man nur erwarten kann. Alle drei Monate suche ich einen Spezialisten auf; meine Helferzellenzahl ist ständig gestiegen und beträgt jetzt über vierhundert. Die Mädchen liegen mir laufend in den Ohren, ich solle mehr Sport treiben, deshalb besuche ich jetzt regelmäßig ein Fitnessstudio.

Ich habe eine neue geistliche Heimat gefunden in der River City Church in der Nähe des Humboldt Park. Ein junger Pastor namens Daniel Hill hat sie gegründet. Die Gemeinde legt besonderen Wert auf das friedliche Miteinander von Angehörigen unterschiedlicher Rassen, das Engagement in kommunalen Angelegenheiten und intensive Lobpreiszeiten im Gottesdienst. Mit diesen Zielen kann ich mich selbst 100%ig identifizieren, darum habe ich

Mit meiner Kinderschar in Lusaka: hinten (von links nach rechts) Rhoda, Brian, Princess, Deophister, Saliya; vorn (v.l.n.r.) Faith, Armstrong, Joy.

mich dort sofort zugehörig gefühlt. Mir gefällt, wie die Menschen – völlig unterschiedliche Personen – dort aufgenommen werden. Mein Glaube hat mir in den langen, kalten Winternächten in Chicago Kraft geschenkt und er gibt mir auch jetzt Hoffnung. Außerdem hat sich meine Großfamilie durch diese Gemeinde weiter vergrößert, denn Pastor Daniel und seine Frau Liz haben uns mit offenen Armen aufgenommen; ihre Zuneigung zu Joy und Faith ist unschätzbar wertvoll für mich. In letzter Zeit habe ich mehrfach in River City gepredigt und die Gemeinde wiederum setzt sich für die Probleme Sambias ein. Es dauerte nicht lange, bis die kleine, aber stetig wachsende Gemeinde ausgewählte Gemeindeglieder mit mir auf kurze Reisen nach Sambia schickte; seither unterstützt sie dort eine christliche Gemeinde und ein Gefängnis.

Dass ich wirklich in Chicago integriert war, wurde mir durch eine Frau namens Clare bewusst, die ich durch *World Vision* kennengelernt hatte. Clare hatte ein Herz für die Waisen und meine Geschichte berührte sie sehr. Ohne mein Wissen suchte sie die Stadtväter von Chicago auf und erzählte ihnen von mir. Zu meiner Überraschung und großen Ehre ernannte der Chicagoer Bürgermeister Richard M. Daley daraufhin den 24. April 2004 zum Princess-Kasune-Zulu-Tag. Es wurden T-Shirts in Orange und Blau gedruckt, auf denen mein Name zu lesen war, und überall in der Stadt fanden Empfänge und dergleichen statt, auf denen ich sprach, um in den Menschen ein Bewusstsein für HIV und Aids zu wecken. Ich werde den Einwohnern Chicagos ewig dankbar sein, dass sie ein schlichtes Dorfmädchen so freundlich aufgenommen haben.

Doch im September 2005 hatte Chicago noch eine weitere Überraschung für mich bereit. Natürlich wusste ich inzwischen, dass es eine der wunderbarsten Städte der Welt ist, aber ich wusste noch nicht, dass ich dort auch die Liebe finden sollte. Es geschah, wie so oft, wenn es um die Liebe geht, völlig unerwartet. Pastor Daniel hatte für mich und die anderen Prediger von River City ein Treffen am Moody Bible Institute organisiert. Ich musste noch ein paar Unterlagen dafür ausdrucken und ging in die Bibliothek, um einen Drucker zu suchen. An dem Computer daneben stand ein gut aussehender junger Mann mit blondem Haar und blauen Augen. Plötzlich klingelte mein Handy. Ich sah, dass es sich um einen Auslandsanruf handelte, entschuldigte mich bei dem jungen

Mann und versuchte, den Anruf so leise wie möglich entgegenzunehmen. »Das ist schon in Ordnung, sprechen Sie ruhig«, meinte er. Ich dankte ihm, leicht verlegen, dass mein Telefon ausgerechnet an diesem Ort der Ruhe geklingelt hatte, und widmete mich dann meinem Anrufer.

Später merkte ich, dass meine Unterlagen nicht richtig ausgedruckt waren, und ging noch einmal in die Bibliothek. »Ach, da sind Sie ja wieder«, sagte er mit dem weichen Akzent des geborenen Chicagoers. »Ich heiße David. Und wer sind Sie?« Ich sagte ihm meinen Namen.

»Gehören Sie zu unserer Gemeinde? Ich habe Sie noch nie hier gesehen«, sagte David.

»Ich gehe in die River City oder in die Apostolic Faith Church«, antwortete ich, »aber ich würde dieses Jahr zum Weihnachtssingen am Moody Institute eingeladen.«

David gab mir seine Handynummer und sagte, ich solle ihn anrufen, wenn ich weitere Weihnachtssingen besuchen wollte.

An diesem Tag hatte ich eine Pause in meinem Tagesablauf – was sehr, sehr selten vorkommt – und da mir nach Gesellschaft zumute war, beschloss ich, David anzurufen. Ich fragte, ob er Lust hätte, eine Tasse Tee mit mir zu trinken, und er sprang förmlich in die Luft vor Freude bei dieser Vorstellung. Wir verbrachten einen vergnügten Tag zusammen und er fragte mich, ob er mich wiedersehen dürfe.

Zwei Tage später führte er mich wieder aus. Diesmal überreichte er mir, als er mich abholte, eine Rose. Da mir die Symbolik dieser Blumengabe unbekannt war, bedankte ich mich nur und warf sie dann nachlässig auf das Armaturenbrett. Nach unserem Ausflug fuhr David mich zu Vanessas Haus. Sie fragte sofort: »Wer ist dieser weiße Typ, mit dem du da rumziehst?«

»Er ist mein Freund. Er hat mich spazieren gefahren, ist mit mir Tee trinken gegangen und hat mir eine Rose geschenkt.«

»Wo ist sie?«

»Ich habe sie auf das Armaturenbrett gelegt.«

Vanessa lachte. »Mädchen, weißt du denn nicht, was das bedeutet? Ich habe ganz vergessen, dass du ein Dorfmädchen bist. Eine Rose bedeutet, dass er dich mag.«

Sechs Tage nach unserer ersten Begegnung kaufte Dave, der gemerkt hatte, dass seine einzelne Rose ihre Wirkung verfehlt hatte, mir einen wunderschönen Strauß, bestehend aus zwölf langstieligen roten Rosen. Jetzt endlich merkte ich, dass dieser Junge mir etwas sagen wollte!

Doch ich ließ mir Zeit mit der Antwort. Es ging alles so schnell und es gab so vieles, das David nicht wusste. Mir war klar, dass ich ihm nicht erklären konnte, wie genau mein Leben aussah, deshalb stellte ich ein paar Zeitschriften- und Zeitungsartikel zusammen, die ich ihm zeigen wollte, darunter den Artikel in der australischen *Cosmopolitan*, der schon vor einigen Jahren seine Wirkung auf Tunji verfehlt hatte. Das nächste Mal, als er mich abholen wollte, lud ich ihn in meine Wohnung ein, gab ihm die Artikel und ließ ihn allein, damit er sie in Ruhe lesen konnte.

Während ich in meinem Schlafzimmer saß und wartete, glaubte ich, jemand weinen zu hören, deshalb ging ich nachsehen, ob alles in Ordnung war. »Was ist denn los? Bitte, David, hör auf zu weinen«, sagte ich.

Als ich in Davids blaue Augen sah, die in Tränen schwammen, sagte er: »Lass mich doch weinen! Das muss einem ja das Herz brechen.« Ich tat, worum er mich bat, und er weinte fast eine Stunde lang. Ich war ganz sicher, dass das das Ende seiner Zuneigung zu mir bedeutete, und dachte, er würde mir vielleicht noch ein »bis später mal« zuwerfen und damit aus meinem Leben verschwinden.

Doch er reagierte völlig anders. »Princess, das ändert nichts an meinen Gefühlen für dich«, sagte er. »Ich hab' mich in dich sehr verliebt.« Als David das sagte, hätte man mich mit einer Feder umwerfen können.

Er fuhr fort: »Wenn du mich vor zwei Wochen gefragt hättest, ob ich für jemanden, der HIV-positiv ist, solche Gefühle entwickeln kann, hätte ich nein gesagt. Aber jetzt muss ich dich in meinem Leben haben.«

Hier saß ein Mann, nur ein Jahr älter als ich, der noch nie verheiratet gewesen war, der HIV-negativ und ein frommer Christ war, der wusste, dass ich zwei Töchter hatte, und sagte mir, dass er mich in seinem Leben haben wolle. Ich hatte solche Geschichten zwar schon gehört, aber konnte das wirklich mir passieren? Ich dachte, ich müsste ihn ein bisschen auf die Probe stellen.

»Ich habe noch viele andere Kinder außer meinen Töchtern«, fing ich an.

»Wenn wir zusammen sein könnten, wären deine Kinder ein Segen für mich.«

»Und, David, wenn dein Herz für mich schlägt, muss es auch für Sambia schlagen. Dann musst du auch mein Land lieben.«

»Großartig! Ich würde liebend gerne mit dir nach Sambia gehen.« Dieser Mann war wirklich verliebt! Er ließ nicht locker.

Innerhalb von zwei Wochen hatte David ein Ticket nach Sambia gekauft, doch wir konnten erst im Juli des folgenden Jahres reisen. Er fühlte sich sofort heimisch in Sambia. Die Kommentare, die wir dort zu hören bekamen – wie der meines Großvaters –, bestärkten ihn in seiner Überzeugung, dass wir heiraten sollten.

»Das ist mein neuer Freund, Ba Khapa«, sagte ich, als ich ihm David vorstellte.

»Princess, du weißt, dass es so etwas in unserer Kultur nicht gibt«, antwortete mein Großvater. »Hier wärt ihr beiden verheiratet.«

Damals hatte David Joy und Faith schon mehrmals getroffen, allerdings hatte ich den beiden noch nicht gesagt, dass er mein

Mit David Schoefernacker, kurz nachdem wir uns im Dezember 2005 kennengelernt hatten, beim Besuch der Feierlichkeiten zum Unabhängigkeitstag von Kenia und Tansania.

Freund war. Sie fanden es jedoch sehr schnell selbst heraus und in Sambia lernten sie ihn lieben.

So sehr ich David auch mochte, es fiel mir nicht leicht, mich auf eine neue Beziehung einzulassen. Manchmal stieß ich ihn so sehr vor den Kopf, dass ich mich wirklich fragte, ob er das durchstehen würde – was ich natürlich nie zu hoffen aufhörte –, doch ich wollte, dass er sich sicher war, die richtige Entscheidung getroffen zu haben, wenn er sein Leben mit mir verbringen wollte. Und ich wollte mir selbst sicher sein, dass meine Gefühle für David nicht aus Notwendigkeit oder Dankbarkeit geboren waren. Ich hatte bewiesen, dass ich mich allein durchschlagen konnte; dieses Mal wollte ich aus Liebe heiraten und sicher sein, dass es von Dauer war.

Mein Widerstand war endgültig besiegt, als David sagte: »Wenn du jemals krank wirst, wird es mir eine Ehre sein, für dich zu sorgen, und für deine Töchter werde ich sorgen, als wären es meine eigenen.« Diese Worte bewiesen mir, dass er mich wirklich liebte, gegen alle Widerstände, die dieser Liebe entgegenstanden, und ich empfand das Gleiche für ihn. Und so war am 19. Juli 2008 Davids Warten vorüber. Wir heirateten im Kreis unserer Familie und Freunde.

Aids hat mir viel genommen, aber es hat mir auch eine wahrhaft riesige Großfamilie geschenkt, und alle wollten dabei sein, als ich heiratete. Drei meiner vier »Mütter«, die mich aufgenommen haben, nahmen an der Feier teil: Susan Smith (die Frau des Bischofs), Carrie Magazine und Dr. Phiris Frau, Chilufya Mwaba; leider konnte der Doktor selbst nicht kommen und auch meine kalifornische »Mum« nicht, Pastorin Mary Williams Jackson. Die drei Frauen standen neben mir und beteten für mich und so fühlte ich mich wahrhaft gesegnet, als ich in diese neue Phase meines Lebens eintrat. *Es ist ein mächtiger Gott, dem wir dienen.*

Mein zweiter »Vater«, Ernest Magazine, führte mich durch das Seitenschiff, und als wir die Kirche betraten, flüsterte er mir ins Ohr: »Ja, Tochter, wir haben es geschafft.« Als ich meinen Blick während der Trauungszeremonie über die Anwesenden schweifen ließ, sah ich so viele Gesichter, die ich liebe – Freunde und Familienangehörige aus allen Lebensbereichen: Mike Mantel und seine Familie, meine Freunde von *World Vision*, Jim und Tedde Reid, David und Claudia Jackson, Darryl und Cindy Link, Chip Huber, meinen Bruder Muyani und seine Tochter Diara, Pastor Daniel Hill, der den ersten Segen sprach, und natürlich Vanessa Church. Ich musste mich beherrschen, um nicht laut zu lachen vor Freude, während ich auf dem Weg durch das Kirchenschiff einen Fuß vor den anderen setzte.

Doch es fehlte noch eine weitere wichtige Person, von der bisher noch nicht die Rede gewesen ist: meine Schwester Belinda Collins, die so viel geopfert hat, um diese Geschichte für mich aufzuschreiben. Sie lebt in Australien und war im achten Monat schwanger mit meinem Patenkind Samuel, deshalb konnte sie nicht kommen. Tränen traten mir in die Augen, als Bischof Smiths Tochter einen Brief von Belinda vorlas.

Und auch Linda Schoefernacker war da und verfolgte mit Tränen in den Augen, wie ihr Erstgeborener heiratete. Sie ist das einzige Elternteil, das David und ich noch haben. Neben ihr stand der einzige noch lebende Bruder ihres verstorbenen Mannes, Onkel Dennis. Linda hatte bereits die Rolle der liebevollen Großmutter von Joy und Faith übernommen und hat sich seither als ein einziger Segen für mich und die Mädchen erwiesen.

Und als wir vor dem Altar standen – was glauben Sie, wer da neben mir und meinem künftigen Ehemann stand? Wir sollten unser Eheversprechen nicht nur in der Gegenwart Gottes machen – Bischof Horace E. Smith war gekommen, um Princess Kasune Zulu und David Schoefernacker in den heiligen Bund der Ehe zu geben. Ich dachte darüber nach, was für eine erstaunliche Reise Gott mit mir unternommen, wie er mich an genau diesen Punkt geführt hatte – vor den Altar, an dem ich stand und darauf wartete, den Mann zu heiraten, den ich liebte, umgeben von den Menschen, die mich liebten.

Eines Tages, der hoffentlich nicht zu weit in der Zukunft liegt, wenn Joy und Faith ihre Ausbildung abgeschlossen haben und die HIV-Infektionsrate in meinem Land wirklich gesunken ist, wollen David und ich in Sambia leben. David liebt Afrika und mein Herz sehnt sich nach dem einfachen Leben, umgeben von Mangobäumen unter dem weiten Himmel Sambias, wo die Familie und die Gemeinschaft im Mittelpunkt stehen. In meinen Ohren ist der Klang der Trommeln; ich höre sie jeden Tag. Ich sehne mich danach, in die Arme meiner Mutter Afrika zurückzukehren.

Epilog

Wenn ich heute über mein Leben nachdenke, wird mir klar, dass HIV alles andere als das Ende von allem war. Im Gegenteil, das Leben mit einer der berüchtigtsten unheilbaren Krankheiten der Welt ist in vieler Hinsicht ein Segen. Für mich war es der Beginn eines völlig neuen Lebens, denn ich habe mich entschieden, positiv zu leben inmitten des Leids, und mir ständig in Erinnerung gerufen, dass zwar das Virus in mir lebt, aber ich nicht in dem Virus. Es besitzt weder mich noch meine Seele. Es ist nur ein Fremder auf Besuch in meinem Körper. Meine Bereitschaft, meinen HIV-Status einzugestehen und andere zu ermutigen, dasselbe zu tun, hat viele meiner Träume wahr werden lassen.

Der größte Segen meiner HIV-Erkrankung ist vielleicht die Erkenntnis, dass jeder einzelne Tag zählt. Meine Zeit läuft mir davon. Ich glaube, dass jeder Mensch sich das klarmachen sollte, denn ob Sie nun Staatsoberhaupt sind, Bischof, Wissenschaftler, Lehrer, Krankenschwester, Vater, Mutter, Menschenrechtler oder einfach ein Freund, für jeden einzelnen Menschen auf Erden gilt: Unsere Zeit, etwas zu bewirken, ist begrenzt. Wir mögen zwei Jahre haben, zwanzig Jahre, fünfzig Jahre, aber wir wissen nicht, wie viel Zeit uns zugemessen ist.

Wenn unsere Zeit auf Erden vorüber ist, sollte unser Leben nicht nur daran gemessen werden, wie lange wir gelebt oder wie viele Besitztümer wir angehäuft haben, sondern danach, was wir in der uns zugemessenen Zeit erreicht haben, was wir bewirkt haben, wie viel oder wenig es auch sei, und wie wir mit den Geringsten unserer Brüder und Schwestern umgegangen sind. Wir müssen uns Gedanken über den Sinn unseres Lebens machen und sorgfältig abwägen, welches Vermächtnis wir hinterlassen wollen.

Welche Leidenschaften auch immer in Ihrem Herzen brennen, welche Versprechen Sie sich selbst oder anderen auch gegeben haben, verschwenden Sie keinen einzigen Tag auf dem Weg zur Verwirklichung Ihrer Ziele, nur weil Sie denken, Sie hätten noch genügend Zeit. Die Zeit hat die Eigenschaft, uns davonzulaufen. Glauben Sie mir, einem Menschen, der nur zu gut weiß, dass die Zeit davonläuft: Wenn die Jahre vergangen sind und wir alle diese Welt verlassen haben und unsere Enkel fragen: »Was haben sie getan?« – welche Antwort würden wir dann gerne hören? Lassen Sie uns zusammenstehen und eine Spur hinterlassen!

Anhang

Schließen Sie sich dem Kampf gegen extreme Armut und Krankheit an.

Wir müssen eine Entscheidung treffen. Werden wir die Generation sein, in der das Leid, das extreme Armut, HIV und Aids und vermeidbare Krankheiten mit sich bringen, ein Ende haben wird? Im Folgenden habe ich ein paar Vorschläge, wie Sie sich unserem Kampf anschließen können.

1. Lernen, analysieren und fragen

Die meisten Belegstellen, die in diesem Buch zitiert sind, stammen aus dem Internet, sind also leicht zugänglich. Das Folgende ist eine Zusammenstellung unserer Lieblingsseiten und -bücher, die Ihnen helfen können, an unserer Zukunft mitzuwirken.

Sachs, Jeffrey: *Das Ende der Armut. Ein ökonomisches Programm für eine gerechtere Welt.* Edition Pantheon, München 2006
   Der bekannte Ökonom Jeffrey Sachs, der an der Formulierung und Kostenermittlung der Millenniumsziele mitgewirkt hat, zeigt uns anhand von Fakten und Kostenmodellen, wie wir der Armut noch in unserem Leben ein Ende machen können. Sein Buch liefert Ihnen eine gute Grundlage zu diesem Thema.

Nolen, Stephanie: *28 Storys über Aids in Afrika*. München Piper 2007.

Eindrucksvolle Geschichten von Afrikanern, die HIV-infiziert sind oder Aids haben. Fernfahrer, Lehrer, im Gesundheitswesen Tätige, Großeltern und sogar der große Nelson Mandela – sie alle demonstrieren uns die weitreichenden, zerstörerischen Auswirkungen des Virus. Jede dieser 28 Personen repräsentiert eine Million Menschen, die an Aids gestorben sind.

Millenniumsziele www.undp.org/mdg/

Erfahren Sie mehr über die Millenniumsziele und die Fortschritte, die bereits erzielt sind. Vgl. den Bericht des United Nations Development Program (UNDP) »Are We on Track to Meet the Millennium Development Goals by 2015?«

Millennium Villages www.millenniumvillages.org/

Eine Art beschleunigte Version der Millenniumsziele in ausgewählten Dörfern. Sehen Sie, was machbar ist, wenn wir unsere Kräfte konzentrieren. Das Team unter der Führung von Jeffrey Sachs versucht zu beweisen, dass wir die Armut ausrotten können, beim Dorf angefangen, und stellt zu diesem Zweck praktische, simultane Maßnahmen in der Landwirtschaft und in Kliniken vor, wie z. B. die Bereitstellung von sauberem Trinkwasser etc.

Report on the Global AIDS Epidemic www.unaids.org/en

Alle zwei Jahre veröffentlicht UNAIDS einen detaillierten Bericht über die Aids-Pandemie, der jedes Mal lesenswert ist.

The 2009 Data Report, Monitoring the G8 Promise to Africa
http://one.org/international/datareport2009

Bonos Organisation DATA und die globale Aktivistengruppe ONE haben sich zusammengeschlossen. Sie veröffentlichen jedes Jahr einen Bericht, damit wir die Versprechen, die wir Afrika gegeben haben, nicht vergessen.

The Global Fund www.theglobalfund.org

Informieren Sie sich über den Fortschritt des Global Fund im Kampf gegen Aids, Tuberkulose und Malaria.

ONE International www.one.org/international/

ONE ist eine Kampagne und Hilfsorganisation, die sich dem Kampf gegen extreme Armut und vermeidbare Krankheiten, in erster Linie in Afrika, verpflichtet hat. Einer ihrer Mitbegründer ist Bono. Auf der Website von ONE finden Sie Informationen und erfahren auch, wie Sie selbst tätig werden können.

World Vision www.worldvision.org

Eine gute Quelle für Informationen darüber, wie die Hilfsorganisation *World Vision* sich für unseren Kampf engagiert.

Global Poverty Project www.globalpovertyproject.com

»1,4 Milliarden Gründe« ist eine beeindruckende, eineinhalb-stündige Präsentation, in der sämtliche relevanten Informationen über extreme Armut zusammengetragen sind und zugleich aufge-zeigt wird, was jeder Einzelne von uns tun kann, um dem Leiden ein Ende zu machen. Wenden Sie sich noch heute an das Global Poverty Project, um eine Informationsveranstaltung an Ihrer Schu-le, Ihrem Arbeitplatz oder in Ihrer Gemeinde zu organisieren.

Ellyard, Peter: *Designing 2050: Pathways to Sustainable Prosperity on Spaceship Earth.* Yarraville, Victoria TPN TXT, 2008.
Der ehemalige UN-Ratgeber und bekannte Futurist Dr. Peter Ellyard zeigt auf, wie wir im Jahr 2050 als Völkergemeinschaft miteinander in Frieden, Harmonie und Wohlstand auf unserem Planeten leben können.

2. Meditieren und beten

Beten und meditieren Sie und bitten Sie um Weisheit, Gnade und Gottes Führung in Ihrem Entschluss, tätig zu werden. Es wird ein Weg sein, den nur Sie allein gehen können, entsprechend Ihrer ganz persönlichen Mittel und Begabungen.

3. Sagen Sie es allen!

Wenn Sie sich entschlossen haben, dann reden Sie darüber mit Ihrer Familie, Ihren Freunden und Kollegen, mit den Teilnehmern Ihres Gebetskreises, mit Ihren Kommilitonen – mit allen Men-schen, die bereit sind, Ihnen zuzuhören. Werden Sie eine Stimme der Veränderung, ein(e) Botschafter(in) der Hoffnung. In dieser Sache sind wir alle gefragt, wir alle müssen tun, was wir können. Wir alle sind Teil der Lösung.

4. Was können Sie ganz praktisch tun?

Schreiben Sie an die Politiker. Sie müssen wissen, dass uns etwas an dieser Sache liegt, dass wir etwas tun wollen. Fordern Sie sie auf, die Versprechen der Millenniumsziele zu halten, die ungerechte Schuldenlast zu senken und sich für die Schaffung gerechterer Handelsbedingungen einzusetzen.

Schließen Sie sich einer Vereinigung an, die die Armut in Ihrem eigenen Land und im Ausland bekämpft.
Setzen Sie sich in Ihrer Gemeinde, Ihrer Schule und an Ihrem Arbeitsplatz dafür ein, Geldmittel aufzubringen oder Projekte zu gründen, die helfen, der Armut ein Ende zu machen. Seien Sie kreativ – Ihrer Fantasie sind keine Grenzen gesetzt. Sie werden überrascht sein, wie schnell Sie eine ganze Welle der Veränderung bewirken.

Spenden Sie an eine Organisation, die gegen Armut, HIV und Aids kämpft. Der Kauf dieses Buches ist ein guter Anfang, denn zehn Prozent des Erlöses gehen an Hilfsorganisationen, die sich für die Aidsopfer einsetzen.

Auf die Gefahr hin, bestimmte Organisationen vor den Kopf zu stoßen, möchten wir Sie ermutigen, sich Ihre ganz persönliche Lieblingsorganisation zu suchen. Entsprechende Auflistungen namhafter Stiftungen finden Sie unter www.givewell.net oder www.thelifeyoucansave.com

Weitere Ideen, wie Sie tätig werden können, finden Sie unter:

www.one.org/international
www.worldvision.org
www.theglobalfund.org
www.virginunite.com
www.oxfam.org
www.savethechildren.org
www.plan-international.org
www.aerzte-ohne-grenzen.de

Ich danke Ihnen, dass Sie mithelfen wollen, unsere Welt zu einem besseren Ort zu machen.

Dank

Mein (Princess Kasunes) herzlicher Dank gilt

- den Hörern, mit denen ich in den letzten zehn Jahren zu tun hatte und die mir Mut gemacht haben, dieses Buch zu schreiben,
- meinem Mann David Schoefernacker, der mich wieder gelehrt hat zu lieben,
- meinen Töchtern Joy und Faith und meinen Adoptivkindern Brian, Rhoda, Armstrong, Deophister und Laika für ihr Verständnis und ihre Unterstützung und dafür, dass sie mein Leben Tag für Tag reich und hell machen,
- meinem Mentor und großen Bruder Dr. Mike Mantel, der mich immer ermahnt, nicht aufzugeben, und der darauf bestand, dass diese Geschichte erzählt wird,
- Belinda Collins, die sehr viel mehr ist als meine Co-Autorin und deren herausragendes Talent dieses Buch zu dem machte, was es heute ist – ihr gilt mein besonderer Respekt,
- Darren Collins, der uns geduldig schreiben ließ, und den Familien der Richardsons und Collins' – danke dafür, dass ihr mir eure Tochter und Schwester in den letzten drei Jahren ausgeliehen habt,
- meiner Freundin Mae Cannon, deren Bemühungen es zu verdanken ist, dass wir einen Verleger fanden,
- Mrs Chilufya Mwaba Phiri und Dr. Mannasseh Phiri, meinen Ersatzeltern, für ihre unermüdliche Unterstützung,
- Al Hsu und dem Team bei IVP für ihre Kompetenz und Geduld,
- meinem Lehrer Professor Paul Koptak von der North Park University, der mich immer wieder zum Bibelstudium und Predigtdienst ermutigt hat. Sein Unterricht war für mich von unschätzbarem Wert und ein ständiger Ansporn. Je mehr ich bei ihm lernte, desto stärker wurde mir bewusst, wie wenig ich weiß …,
- Pastor Daniel Hill, meinem Mentor,

- meiner Cousine Tubya Kasune, die mir half, die gegenwärtige Situation in Sambia einzuschätzen, und sich die Zeit nahm, mein Manuskript sorgfältig gegenzulesen,
- meinen Brüdern Nathan und Muyani Kasune, die dafür sorgten, dass ich meiner Familie in diesem Buch genügend Raum gewidmet habe,
- meiner Schwiegermutter Linda Schoefernacker, die das Manuskript als Erste las und mir sagte, dass sie bei der Lektüre gelacht und geweint und den Text gleichermaßen humorvoll wie berührend gefunden habe,
- Alex Mukuta und Chola Musukuma von ZNBC für die Lektorierung der originalsprachlichen Wendungen. Sherrine Masupelo, deren Verbindungen unverzichtbar für das Verständnis der lokalen Dialekte waren,
- David and Kelsey Starrs, die mir halfen, als ganz am Ende, unmittelbar vor dem Abgabetermin, mein Laptop kaputtging. Ihre Hilfe kam genau zur rechten Zeit.
- Paul, Susie und dem ganzen Gebetskreis, allen Freunden und Angehörigen und Mitgliedern meiner Großfamilie, die mir erlaubten, ihre Namen zu nennen und ihre Geschichte in diesem Buch aufzuschreiben,
- allen Kindern, Frauen und Gemeinschaften in Sambia, die mich an ihrem Leben teilhaben ließen und mir ihre Geschichte erzählten,
- Organisationen wie UNAIDS, Eternity Fountain, Oxfam und *World Vision*, deren Kompetenz mir Einblick in die Arbeit der Hilfsorganisationen verschaffte und mir bewusst machte, wie wichtig es ist, den Stimmlosen eine Stimme zu verleihen und sie zu unterstützen,
- Mawi Asgedom, Edward Gilbreath und Victor Weykyoi Kori, deren Rat in der Zeit, als dieses Buch zu entstehen begann, von entscheidender Bedeutung war. Jo Kadlecek, die diese Reise mit mir zusammen angetreten hat. Joan Mussa, die mich immer in

der Überzeugung bestärkt hat, dass Gottes Timing richtig ist, und Joseph Salesini für seine Unterstützung,

- vor allem aber möchte ich Gott danken, der einen größeren Plan und eine höhere Bestimmung für mein Leben hatte, als ich mir je hätte träumen lassen. Ich bin überglücklich, dass er mich einer solchen Aufgabe, und eines Buches wie des vorliegenden, für würdig hielt. Es ist ein weiterer Beweis dafür, dass Gott ganz gewöhnliche Menschen gebraucht, um außergewöhnliche Dinge zu tun.

Mein (Belinda Collins') herzlicher Dank gilt

- Princess Kasune Zulu, meiner Schwester, weil du daran geglaubt hast, dass ich deine Geschichte aufschreiben kann. Es war mir eine große Ehre, und die Arbeit an diesem Buch hat mich persönlich sehr gesegnet. Ich hoffe, ich bin deiner unglaublichen Geschichte gerecht geworden. Die letzten drei Jahre waren zwar sehr anstrengend, aber ich werde trotzdem traurig sein, wenn unsere gemeinsame Reise vorüber ist. Ich werde deine achtstündigen Telefonanrufe, deine Weisheit und deine Leitung vermissen …,

- meinem Mann Darren, der mir den Freiraum gab, den ich brauchte, um diesen Traum wahr werden zu lassen, der kochte, putzte und mich bei jedem Schritt auf dem Weg aufheiterte. Du bist einzigartig. Unserem Sohn Samuel, der mit mir nach Seattle reiste und jeden einzelnen Tag so unverfälschte, reine Freude in unser Leben bringt,

- meiner Familie: Ken, Sue und Darren Richardson, Meredith Hennessy und Nana, Mrs Ada Richardson, meinen Schwiegereltern Mary und Neale, Mike und Glenn. Ich glaube nicht, dass es eine liebevollere, hilfreichere Familie gibt,

- Melanie, Danielle, Kate, Rubina, Kate, Vicki, Leanne, Naomi, Adam – meiner ganzen Familie und meinen Freunden, die ich in den letzten drei Jahren vernachlässigt habe,

- meinen klugen Ratgebern Professor Louise Rolland, Sue Coffey, Colin Parkes und Dr. Peter Ellyard; insbesondere Peter für seine Anleitung bei der Beschreibung des »Dorfes der Zukunft«,

- Al Hsu und dem Team von InterVarsity Press für ihre Kompetenz, Freundlichkeit und Ermutigung,

- Dorothy Hansen für ihr sorgsames Korrekturlesen,

- Melinda Tankard Reist und Angela McMahon für die Korrektur meiner Einführung und Melinda, Veronique Filippini, Dianne Clarke und Emily Wood für ihre unermüdliche Inspiration und Ermutigung,

- Benjamin Scantlebury für seine Geduld bei der Erstellung der Website princesszulu.com,
- Simon Moss vom Global Poverty Project und Simon Duffy von *World Vision* Australia für ihre redaktionelle Hilfe,
- David Horgan und Janet Rowe für ihre Hilfe in der Welt des Verlagswesens,
- unserer Anwältin Lisa Oritz von Perins Coie, ebenfalls für ihre Hilfe in der Verlagswelt,
- DVA Navion für ihre Unterstützung bei den Reisekosten und der Beschaffung von Laptops.

Endnoten

1 Stephanie Nolen: *28 Stories of AIDS in Afrika*. New York: Walker, 2007, S. 102.
2 Botschaft der Republik Sambia, »Major Tribes«; www.zambiaembassy.org
3 S. Kumbula Tendyja: Zambia. *World Press Encyclopedia 2003*. www.encyclopedia.com/doc/1G2-3409900243.html
4 Weltgesundheitsorganisation, »Core Health Indicators – Zambia. http://apps.who.int
5 Weltgesundheitsorganisation, Zambia Statistics. www.who.int/countries/zmb/en/
6 Elizabeth Davies, »Aids Reduces African Life Expectancy to 33«, *The Independant World*. www.independent.co.uk/news/world/africa
7 Stephanie Nolen: *28 Stories of AIDS in Afrika*. New York: Walker, 2007, S. 7.
8 ebendort
9 ebendort
10 ebendort, S. 220.
11 UNAids, »2008 Report on the Global Aids Epidemic«, S. 33. http://www.unaids.org/en/KnowledgeCentre/HIVData/GlobalReport /2008/2008_Global-Report.asp
12 Weltgesundheitsorganisation: »Core Health Indicators for Zambia«, 2008. http://www.who.int/whosis/database/core/core_select_process.cfm? country=zmb&indicators=healthpersonnel.
13 OECD Social Institutions and Gender Index, »Gender Equality and Social Institutions in Zambia«. http://genderindex.org/country/zambia.
14 Jesaja 45,1-3; rev. Elberfelder
15 Weltgesundheitsorganisation, »Global Access to HIV Therapy Tripled in Past Two Years, but Significant Challenges Remain«, http://www.who.int/hiv/mediacentre/news57/en
16 Stephanie Nolen: *28 Stories of AIDS in Afrika*. New York: Walker, 2007, S. 255.
17 Jeffrey Sachs: Das Ende der Armut. *Ein ökonomisches Programm für eine gerechte Welt*. Edition Pantheon. München 2006, S. 97.
18 OECD, Social Institutions and Gender Index, Gender Equality and Social Institutions in Zambia, »Family Codes«. http://genderindex.org/country/zambia.
19 Stephanie Nolen: *28 Stories of AIDS in Africa*. New York, Walker, 2007, S. 46

20 Dave Chibesa, »Quelling Chirundu Sex Menace«. Times of Zambia. http://www.times.co.zm

21 Stephanie Nolen: *28 Stories of AIDS in Afrika.* New York: Walker, 2007, S. 46

22 Ebendort

23 Inzwischen ist das Buch auch auf Deutsch erschienen: Nolen, Stephanie: 28 Stories über Aids in Afrika. München Piper 2007

24 Stephanie Nolen: *28 Stories of AIDS in Afrika.* New York: Walker, 2007, S. 328.

25 John S. James: »Durban Declaration on HIV and Aids«. 7.Juli 2000. http://www.thebody.com

26 Roll Back Malaria: »Malaria Fact Sheet« for World Malaria Day 2009. http://www.rollbackmalaria.org/worldmalariaday

27 Ebendort

28 Ebendort

29 Ebendort

30 UNAids, »Greater Involvement of People Living with or Affected by HIV/ Aids (GIPA)«. http://www.unaids.org/en/PolicyAndPractice/GIPA/defa ult.asp

31 Peter Singer, *The Life You Can Save: Acting Now to End World Poverty.* Melbourne, Text Publishing, 2009, S. 7.

32 Ebendort

33 Jeffrey Sachs: Das Ende der Armut. Ein ökonomisches Programm für eine gerechtere Welt. Pantheon Edition. München 2006, S. 33-34.

34 Australiens »Schnitter Tod« Fernsehspot zur HIV-Prävention. http://www.youtube.com/watch?v=U219eUIZ7Qo

35 »New HIV Infections in Australia Up 41 Percent from 2000, Study Finds«, October 12, 2006, National Aids Treatment Advocacy Project (NATAP). http://www.natap.org/2006/newsUpdates/110906_27.htm

36 Dave Chibesa: »Quelling Chirundu Sex Menace«, Times of Zambia. http://www.times.co.zm

37 Lynn Arnold: »Millions Deas and Economic Devastation – This Is the Other War«, Sydney Morning Herald, November 29, 2002. http://www.smh.com.au/articles/2002/11/28/1038386256534.html

38 Elikia M'bokolo: »The Impact of the Slave Trade on Africa«, *Le Monde diplomatique,* English edition. http://mondediplo.com/1998/04/02africa

39 Stephanie Nolen: *28 Stories of AIDS in Africa.* New York: Walker 2007, S. 73

40 UNAIDS, 2008 Report on the Global Aids Epidemic, S. 215. www.unaid s.org/en/KnowledgeCentre/HIVData/GlobalReport/2008/2008_Global _report.asp

41 Elizabeth Davies, »Aids Reduces African Life Expectancy to 33«, *The Independent World.* www.independent-co.uk/news/world/africa

42 Jenny Eaton and Kate Etue, »Letter from the Editors«, *TheaWAKEProject: Uniting Against the African Aids Crisis*, Vanderbilt University. http://www.vanderbilt.edu

43 »Cabrini-Green«, http://en.wikipedia.org/wiki/Cabrini–Green

44 »Cabrini-Green«, Amanda Seligman, Encyclopedia of Chicago, http://www.encyclopedia.chicagohistory.org/pages/199.html

45 Stephanie Nolen: *28 Stories of AIDS in Africa.* New York: Walker, 2007, S. 29.

46 UNAIDS, 2008 Reports on the Global Aids Epidemic, S. 215. www.unaids.org/en/KnowledgeCentre/HIVData/Globalreport/2008/2008_Global_Report.asp.

47 Siehe www.pepfar.gov

48 Nolen, 28 Stories, S. 49

49 World Food Program, Hunger Stats. www.wfp.org/hunger/stats

50 *World Vision*, HIV and AIDS Fast Facts, 2001. www.worldvision.org/content.nsf/about/press-development-aids

51 World Health Organization, Media Center, Fact sheet 94, »Malaria – Key Facts«, Januar 2009. www.sho.int/mediacentre/factsheets/fs094/en/

52 Jeffrey Sachs: Das Ende der Armut. Ein ökonomisches Programm für eine gerechtere Welt. Panteon Edition. München 2006, S. 41.

53 World Bank, »Low-Income Countries Face Long Recovery – Serious Challendes Require More and Better Support«, 16. September 2009. http://web.worldbank.org/WBSITE/NEWS/0,,contentMDK:22316262pagePK:34370-piPK:34424-theSitePK:4607,00.html

54 Plan Australia, Media Releas, »Because I Am a Girl, The State of the World's Girls«, 22. September 2009.www.plan.org

55 United Nations Development Program, »About the MDGs: Basics: What are theMillennium Development Goals?« www.undp.org/mdg/basics.shtml

56 Ebendort

57 One International, »HIV/Aids and Malaria – the Opportunity«. www.one.org

58 The DATA Report 2008, S. 8. www.one.org/report

59 UNICEF, »Global Child Mortality Continues to Drop«, 10. September 2009.www.unicef.org/childsurvival/media_51087.html

60 United Nations Development Program, »Zambia Millennium Development Goals: ProgressReport 2008«. www.undp.org

61 Eurostep, »Commission Signs £225 Million MDG Contract with Zambia«. www.eurostep.org/wcm/content/view/548/158

62 Joint Press Release by WHO, UNAids and UNICEF, »More than four million HIV-positive peoplenow receiving life-saving treatment«, September
2009. www.unaids.org/en/KnowledgeCentre/Resources/FeatureStories
/archive/2009/20090930_access_treatment_4million.asp#

63 United Nations Development Program, »Zambia Millennium Development Goals: Progress Report 2008«, from the foreword. www.undp.org

64 Joint Press Release by WHO, UNAids and UNICEF, »More than four million HIV-positive peoplenow receiving life-saving treatment«, September
2009. www.unaids.org/en/KnowledgeCentre/Resources/FeatureStories
/archive/2009/20090930_access_treatment_4million.asp#

65 Dr. Peter Piot, Vorwort zu UNAIDS, 2008 Report on the Global Aids Epidemic, S. 11. www.unaids.org/en/KnowledgeCentre/HIVDataGobalRep
ort/2008/2008_Global_report.asp

66 United Nations Development Program, »Millennium Development Goals«.
Millennium Project.
http://www.unmillenniumproject.org/reports

67 Costs and Benefits: Expanding the Financial Envelope to Achieve the
Goals«, Millennium Project.
http://www.unmillenniumproject.org/reports

68 »The Cost and Benefits of Achieving the Millennium Development
Goals«, S. 253.256.http//www.unmillenniumproject.org

69 OECD, »Development aid at its highest level ever in 2008«, www.oecd.or
g/document/35/0,3343,en_2649_34487_42458595_1_1_1_1,00.html

70 Jeffrey Sachs, »Facts on Foreign Aid«, Economic Possibilities for Our
Time. www.earth.columbia.edu/pages/endofpoverty/oda

71 OECD, »Development aid at its highest level ever in 2008«.
www.oecd.org

72 Ebendort

73 »President Obama's National HIV Testing Day Message«.
www.youtube.com/watch?v=VWj88CckQW8

74 Transparency International, 2008 Corruption Perceptions Index
www.transparency.org/policy_research/surveys_indices/cpi/2008

75 Peter Singer: *The Life You Can Save: Acting Now to End World Poverty*. Melbourne: Text Publishing, 2009, S. 155.

76 ONE International, »Malaria«. www.one.org

77 Vgl. www.hoopsofhope.org

78 Act:s: The World Vision Activism Network, »AIDS«.
www.worldvisionacts.org/?q=aids

79 Stephanie Nolen: *28 Stories of AIDS in Africa*. New York: Walker, 2007,
S. 68.

Mary-Ann Kirkby

Ich bin eine Hutterin
Die faszinierende Geschichte
meiner Herkunft

Gebunden, 13,5 x 20,5 cm, 256 S.,
s/w-Fotografien
Nr. 395.272, ISBN 978-3-7751-5272-3

Die »Bruderhöfe« der Hutterer ähneln den Amischen. Sie teilen
den Glauben, den alten deutschen Dialekt und ihren Besitz. Eine
Traum-Kindheit für Ann-Marie. Doch über Nacht verlassen ihre
Eltern die Gemeinschaft und sie muss sich in einer neuen Welt
zurechtfinden.

Nicola Vollkommer

Unter dem Flammenbaum
Wo meine Seele ihr Nest hatte

Gebunden, 13,5 x 20,5 cm, 288 S.
Nr. 395.250, ISBN 978-3-7751-5250-1

Eine Kindheit im Herzen Afrikas. Nicola Vollkommer erzählt
von ihrer Familie, die zwischen die Fronten eines Bürgerkrieges
geriet. Und von ihrem Vater, der durch seinen Einsatz vielen das
Leben rettete. Ein Buch, das die Farben und Klänge Afrikas lebendig werden lässt.

Bitte fragen Sie in Ihrer Buchhandlung nach diesen Büchern!
Oder schreiben Sie an: SCM Hänssler, D-71087 Holzgerlingen;
E-Mail: info@scm-haenssler.de; Internet: www.scm-haenssler.de